헤비듀티

ヘビーデューティーの本
by Yasuhiko Kobayashi

실용 총서

헤비듀티

고바야시 야스히코 지음
황라연 옮김

워크룸 프레스

실용 총서. 헤비듀티
고바야시 야스히코 지음
황라연 옮김

초판 1쇄 발행. 2018년 11월 10일
4쇄 발행. 2023년 1월 22일
편집·디자인. 워크룸
인쇄·제책. 세걸음

워크룸 프레스
03035 서울시 종로구 자하문로19길 25, 3층
전화. 02-6013-3246 / 팩스. 02-725-3248
wpress@wkrm.kr
workroompress.kr

ISBN 979-11-89356-09-5 04080
978-89-94207-98-8 (세트)

일러두기

이 책은 일본 부인화보사에서 1977년에 출간한 『헤비듀티의 책(ヘビーデューティーの本)』의 복각판(2013년, 산과계곡사)을 한국어로 옮긴 것이다. 지은이는 복각판에서 헤비듀티라는 개념이 태동해 일상에 자리 잡기 시작한 1970년대 당시의 분위기를 그대로 전하고자 원본에 수정을 가하지 않았고, 한국어판 또한 되도록 그를 따랐다.

외국 인명, 브랜드명은 되도록 국립국어원의 외래어표기법을 따르되, 통용되는 표기가 있거나 한국에 공식 진출한 브랜드에서 자체적으로 사용하는 표기가 있는 경우 그를 따랐다. 본문에 등장하는 브랜드의 원어는 「찾아보기」에서 병기했다.

옮긴이와 편집자의 주는 대괄호([ ])로 묶었다.

초판 서문

『멘즈 클럽(Men's Club)』에 헤비듀티에 관한 글을 쓰다 보니 결국 이런 책이 나오고 말았다. 나는 그저 헤비듀티를 좋아하고, 그에 관해 친구들과 이야기하는 게 좋은 정도의 단순한 팬이었다. 내세울 만한 지식도 없고 기억력이 워낙 나빠서 책이 나올 수 있을지부터가 걱정이었다. 가르침을 받을 전문가도 없었다. 여기저기 쓴 원고를 모아 고치거나 덧붙이면서 어떻게든 한 권으로 정리했다.

이 책에서 다루는 항목 하나하나에 대해서는 이미 훌륭한 전문가나 책이 많지만, 나 같은 위치에서 정리한 사람은 없었다. 이를 계기로 언젠가는 좀 더 근사한 책을 쓰고 싶다. 독자 여러분의 의견과 질타를 부탁한다.

이 책이 나오기까지 편집자분들이 무척이나 고생을 했다. 부인화보사의 가미오 겐지, 마쓰다 히토미 씨의 초능력에 감사할 따름이다. 헤비듀티를 지켜주고 육성해준 『멘즈 클럽』과 편집장 니시다 도요호 씨에게도 감사 인사를 드린다.

1977년 여름
고바야시 야스히코

복각판 서문

1970년은 미국에서 어스 무브먼트가 느닷없이, 그리고 엄청나게 유행한 시기였다. 얼마 뒤 『멘즈 클럽』에 「'진짜'를 찾아 떠나는 여행: 헤비듀티 서베이」를 비정기적으로 연재하기 시작했다. 1976년에는 같은 잡지에 「헤비아이당 선언」을 쓰고, 1977년에는 『헤비듀티의 책』이 나왔다. 내게 헤비듀티의 시대는 1970년부터 1977년까지다. 하지만 1984년 무렵에 등장한 여피(Yuppie)는 L.L. 빈의 하버 색에 메인(Maine) 헌팅 슈즈 차림으로 매디슨가를 거닐었다. 그들은 아이비리그 출신이었고, 그래서 '진짜 헤비아이'였다. 이제야 뉴욕에도 헤비아이가 나타났다는 생각에 어안이 벙벙해졌다. 1987년 무렵에는 시부야에 시부카지[渋カジ, 차분한 캐주얼을 뜻하는 일본식 조어]가 등장했다. 시부카지도 헤비듀티의 룰을 꽤나 제대로 지키고 있었다. 친구와 요즘 젊은 친구들도 꽤 한다면서 헤비아이의 입김이 제법 오래간다는 대화를 나누기도 했다.

요즘에도 그레고리의 백팩을 맨 여학생, L.L. 빈의 카누 모카신(Moccasin)을 신은 니트 청년, 바버의 스톰 코트를 입은 헤비트래[헤비듀티

트래디셔널] 아저씨가 심심찮게 보인다. 헤비듀티는 이제 기본 아이템이 된 셈이다. 헤비듀티 시대의 꿈을 꾸는 듯하다.

그러던 어느 날, 산과계곡사에서 『헤비듀티의 책』을 복각하고 싶다는 연락을 받았다. 아무리 헤비듀티가 기본 아이템이 됐다지만, 40년 가까이 지난 책이 (물론 당시 중쇄를 찍었어도) 사람들한테 읽힐지 궁금했다. 출판사에서는 어떻게든 해볼 테니 일단 허락해달라고 했다.

추억 속의 책은 그렇게 다시 태어났다. 복각판인 만큼 1977년 당시 그대로여도 괜찮다고는 해도 아무래도 신경이 쓰여서 다시 읽어보니 지금과 다른 점이 꽤 있었다. 처음에는 이해하기 어려운 부분은 고쳐야겠다고 생각했지만, 이런 차이가 복각판에서 누릴 수 있는 즐거움이라고 생각해서 그만뒀다. 그러니 뭔가 이상한 점이 있더라도 그냥 웃어주시면 좋겠다.

2013년 여름

고바야시 야스히코

헤비듀티

'헤비아이[헤비듀티 아이비]'로도 부르는, 도대체 이건 뭘까? 우리 생활과 어디서 어떻게 연결될까? 헤비듀티는 우리에게 어떤 의미일까?

헤비듀티(heavy-duty)의 사전적 의미는 '튼튼한'이다. 거친 환경에서 일하거나 혹사에 견딘다는 뉘앙스도 풍긴다.

이 책은 헤비듀티를 바탕으로 한 생활과 도구를 밝힌다. 그러려면 헤비듀티를 좀 더 파고들어 가봐야 한다. 우리는 미국을 통해 헤비듀티를 처음 의식했다. 하지만 미국에서 헤비듀티는 그저 '튼튼한'일 뿐이다. 여기에 그 이상 의미를 덧붙이는 건 지나친 해석일지 모른다. 아무러면 어떤가? 헤비듀티의 배경에는 '튼튼한'만으로 설명할 수 없는 의미가 있다. 이를 살펴보는 게 이 책의 목적이다.

첫 번째 지나친 해석은 '헤비듀티는 진짜'라는 것이다. 헤비듀티는 물건의 본질을 근거로 하는 것, 목적을 만족시키는 것, 필요하면서 충분한 것, 기능적인 것, 한마디로 '진짜'다. 헤비듀티의 훌륭함과 아름다움은 본모습에 있다. 여기에 다른 건 필요 없다. 본모습 그대로라서 거짓 없는 아름다움이 있다. 진짜 취향이 파고들 수 있다. 카누를 탈 때 쓰는 펠트 모자는 어두운 초록색이어야 한다거나 등산화 끈은 빨간색이어야 한다는 규칙도 그런 이유에서다.

헤비듀티라고 하면 미국이 가장 먼저 떠오르고, 물론 지금은 미국적 헤비듀티의 시대다. 하지만 사람이 사는 곳에는 헤비듀티가 있다. 미국이 헤비듀티의 본토로 여겨지는 건 사실 요즘에 생긴 경향이다. 미국의 헤비듀티는 원주민을 바탕으로 영국이나 유럽의 유산을 이어받아 북미 대륙의 환경에서 발전했다. 사냥꾼, 나무꾼, 카우보이 같은 사람들이 헤비듀티를 키워왔다. 개척 시대의 소박하지만, 그래서 더 인간다운 삶, 척박하고 거대한 자연 속의 자유가 헤비듀티의 기술과 도구를 만들었다. 그들의 공통점은 셀프 에이드(self aid)를 좇는 삶이었다.

오늘날 미국의 젊은이들은 셀프 에이드에

주목했다. 일찍이 문명의 최첨단을 맛본 터라 그에 따른 허무함을 가장 먼저 깨달았기 때문이다. 그들은 자연인으로서 인간과 인간이 살아야 할 환경을 생각하기 시작했다. '창백한 푸른 점' 지구의 생태계에서 사는 게 셀프 에이드고, 셀프 에이드를 가능케 한 게 헤비듀티다. 최근 몇 년 동안 미국의 움직임은 모두 셀프 에이드를 향한다. 통나무집과 돔(dome) 하우스 같은 핸드 메이드 주택, 식량 및 에너지 플랜트, 약에만 의존하지 않는 의료법, 건강식, 조깅 같은 셀프 에이드 스포츠,

"THE COMPLETE WILDERNESS PADDLER"
から写した

낚시나 애니멀 워칭에서 크로스컨트리(cross-country) 스키나 백패킹에 이르는 아웃도어 활동, 셀프 에이드 이동 수단으로서의 자전거 같은 것 말이다.

이런 움직임에 따라 당연히 일상도 바뀐다. 옷차림은 패션 이전에 장비가 되고, 옷을 입는 즐거움은 도구를 사용하는 즐거움과 비슷해진다. 이런 즐거움을 위해 만들어져 일상에 스며든 게 헤비듀티라고 하는 시스템이다. 이 가운데 일부는 미국이나 유럽의 전통이고, 또 일부는 그 전통을 재해석한 것이다. 여기에 적은 비율이긴 하지만, 현대 과학이 낳은 완전히 새로운 게 더해져 시스템을 완성한다.

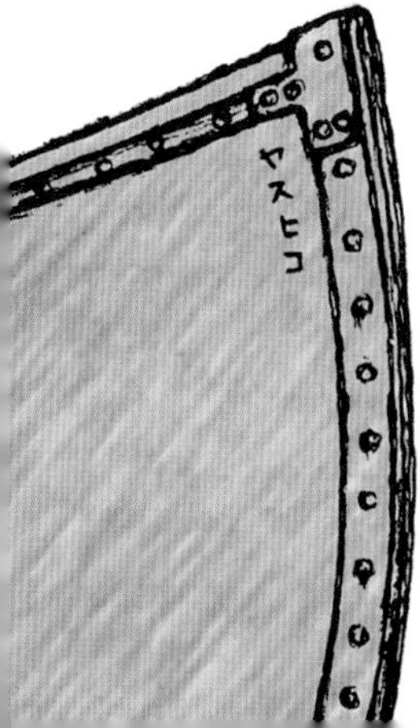

헤비듀티를 옷차림 시스템으로 보면 놀랄 만큼 아이비 트래디셔널과

비슷하다. 헤비듀티의 전통 부문은 아이비 트래디셔널의 아웃도어나 컨트리 부문이고, 아이비 트래디셔널의 아웃도어 부문은 헤비듀티다. 한때 '양복 후진국'이었던 일본의 청년이 아이비 룩을 거치면서 양복 입는 생활의 본질을 깨달은 것처럼 아웃도어 활동의 본질을 헤비듀티에서 발견할 수 있지 않을까.

헤비듀티는 시스템이다. 따라서 명확한 규칙이 있다. 티셔츠에는 버펄로 플래드 울 셔츠와 마운틴 파카를 입고, 트레일(trail) 팬츠에는 러그 솔 워킹 부츠를 신어야 한다. 아이비 룩에서 티셔츠에는 버튼 다운 옥스퍼드 셔츠와 크루 넥(crew neck) 셰틀랜드(Shetland)

스웨터를 입고, 면바지에는 페니 로퍼(penny loafer)를 신어야 하는 것처럼 말이다. 헤비듀티와 아이비는 아이템 말고도 제작 방식까지 닮았다.

영화를 보면 전통을 제대로 소화하는 노신사가 휴일에 플라이낚시를 하러 갈 때는 펜들턴의 클래식 울 셔츠에 필슨의 매키노(mackinaw) 크루저를 입고, L.L. 빈의 메인 헌팅 슈즈를 신는다. 이렇게 헤비듀티에도 전통이 있고, 아이비 트래디셔널에도 헤비듀티의 정신이 있다. (아이비 룩의 디테일을 보면 알 수 있다.) 여기서 힌트를 얻어 헤비듀티에 붙인 애칭이 '헤비아이'다. (물론 내 마음대로 만든 말이다.) 헤비아이의 '아이'에는 아이비 룩의 유니폼 기능까지 포함했다.

헤비듀티는 미국에 한정되지 않지만, 지금은 미국을 중심으로 이야기할 수밖에 없다. 지금까지의 이야기로 헤비듀티가 무엇인지

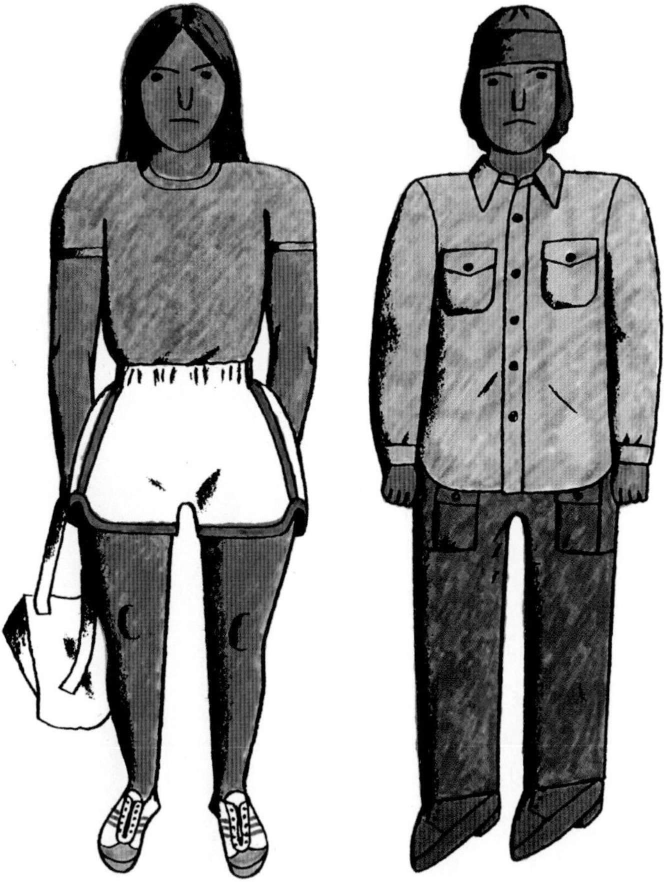

대충이나마 짐작했으리라 생각한다. 뒤에서는 '헤비아이'나 전기(前期) 헤비듀티의 전통 부문을 강조한 '헤비트래' 같은 말도 나오는데, 이는 헤비듀티를 좀 더 명확히 나누기 위해서였다.

헤비듀티는 아웃도어 스포츠나 레저 활동 외에도 군사 활동을 포함한 모든 노동을 망라한다. 물론 이런 것도 중요하지만, 이 책에서는 아주 일부만 다뤘다. 사실 노동을 위한 헤비듀티는 당연하다. 고르거나 즐길 여지가 없다. 군용품은 말할 것도 없다. 이런 게 헤비듀티에 미친 영향은 인정하지만, 이 시스템 안에 넣을 수는 없었다. 워크 부츠는 원래 콘크리트나 아스팔트 환경에서 일하는 노동자의 발을 위해 설계됐다. 비포장도로나 눈길, 진흙탕에서는 전혀 쓸모없고, 걷기에도 적합하지 않다. 이렇게 헤비듀티와 비슷하면서도 완전히 다르므로 이는 다른 기회에

다뤄야 할 것 같다.

이 책에서는 옷과 도구를 중심으로 헤비듀티를 인식하고, 우리의 일상에도 헤비듀티를 적용하면 좋겠다는 마음으로 이야기를 풀어가려 한다.

헤비듀티 워드로브

기본적인 헤비아이: 데이트가 있어서 버펄로 플래드(plaid)를 입었다. 여기에 다운 조끼는 너무 뻔하니 60/40 마운틴 파카로. 도시에서 괜찮은 선택은 아니지만, 비가 오면 방수가공을 거친 원단이 빛을 발한다. 가방은 데이 팩(day pack)도 좋지만, 이런 날에는 L.L. 빈의 하버 색(harbor sack)만 한 게 없다. 트레일 팬츠는 치노 클로스가 원칙.

버펄로 플래드는 빨간색과
검은색 체크무늬가 진짜다.
날씨가 추우면 다운 조끼나
점퍼를 겹쳐 입자.
마운틴 파카는
60/40으로.
마운틴 파카는 언제
어디서나 만능.
헤비듀티한 하버 색.
치노
트레일
팬츠.
이럴 땐 모카신.

헤비듀티한 정리법: 귀마개가 달린 필드 캡에 구스 다운을 잔뜩 넣은 아크틱(arctic) 다운 파카. 라인드 퀼팅 바지에 신발은 소렐 다운 부츠나 스노슈즈로. 여기에 허드슨 베이 컴퍼니의 도끼와 톱이 있다면 숲속에서 생활하는 것도 꽤 즐겁지 않을까?

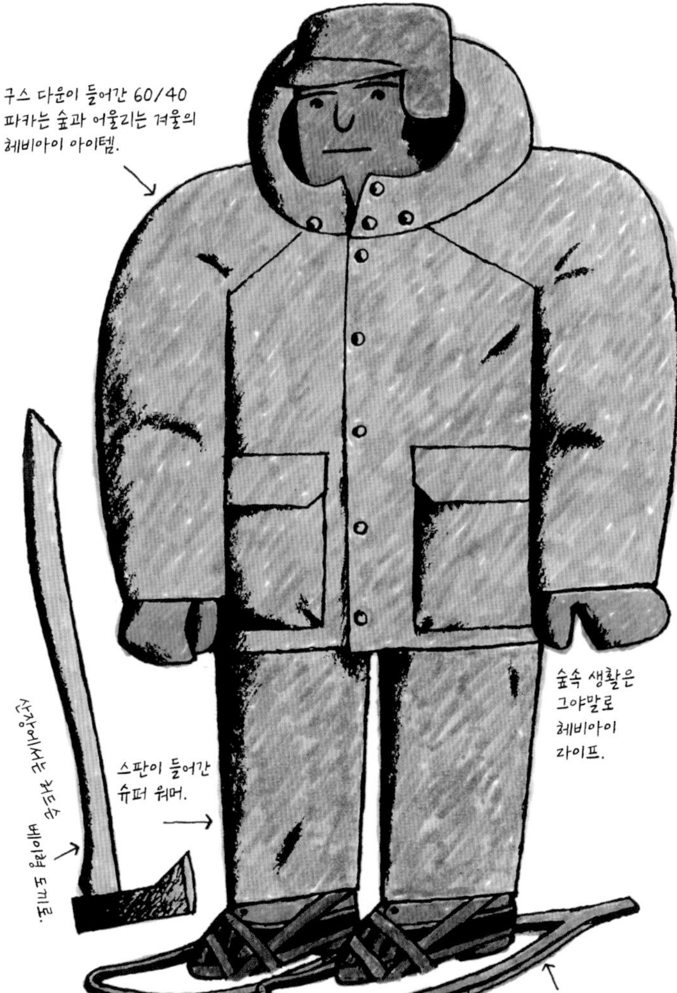
구스 다운이 들어간 60/40
파카는 숲과 어울리는 겨울의
헤비아이 아이템.
숲속 생활은
그야말로
헤비아이
라이프.
스판이 들어간
슈퍼 워머.
산장에서는 모든 손
베이형 도끼로.
스노슈즈.

캠퍼스 생활을 위한 헤비아이: 가장 중요한 아이템은 1년 내내 입을 수 있는 나일론 점퍼. 헤비아이 정신은 겨울에도 이런 옷차림을 유지하는 데 있다. 짐 쇼츠(gym shorts)에 트레이닝슈즈는 말할 것도 없다. 데이 팩 가장 아래에는 책과 노트를, 그 위에 펜과 도시락과 나이프를 넣는다. 후드가 달린 나일론 점퍼. 추운 날에는 모자를 쓰고 바람을 등지고 걷는다. 이렇게 겨울에도 헤비듀티를 즐긴다. 추우면 트레이닝슈즈를 신고 운동장을 몇 바퀴 돌아본다. 그래도 춥다면 친구와 원반 날리기를 해보자.

나일론 점퍼 없이 헤비아이를 논할 수 있을까.
학교나 동아리 이름이 새겨진 게 진짜.
당연히 데일리 팩으로.
학교에 갈 땐 짐 쇼츠를 챙기자.
당연히 트레이닝 슈즈로.

자전거를 위한 헤비아이: 가끔 로드레이서(road racer)를 타고 캠퍼스나 거리를 달린다. 겨울에 자전거를 탈 때는 노르위전(Norwegian)식 니트 캡에 다운 스웨터, 코듀로이(corduroy) 팬츠에 트레이닝슈즈. 바이크 백은 로드레이서를 위해 어깨끈이 길어야 헤비아이로 인정할 수 있다. 헬멧도 준비한다. 땀이 나면 다운 스웨터를 접어 바이크 백에 넣으면 그만. 바이크 밴드로 바지를 고정해서 코듀로이를 지킨다. 겨울일수록 추운 표정은 짓지 않는다고 몇 번이고 되새긴다.

노르웨이식 니트 캡.
'다운 스웨터'로 불리는 이 우모복은 또 다른 헤비아이 아이템.
자전거를 탈 때는 반드시 헬멧을!
로드레이서가 다리가 돼준다.
로드레이서 자세에 맞게 만들어진 끈이 긴 바이크 백. 아주 헤비아이답다.

여행을 위한 헤비아이: 기차를 타고 갈 때는 풀 프레임 팩(full frame pack)보다 소프트 백팩이 좋다. 돈 젠센(Don Jensen)이나 이본 취나드(Yvon Chouinard) 같은 가방에 추억을 눌러 담으며 상황에 몸을 맡긴다. 북쪽을 여행한다면 60/40 다운 파카가 좋다. 가벼운 여행에는 알래스칸 셔츠나 스태그(stag) 재킷이 편하다. 여기에 헤비듀티한 면바지와 6인치 러그 솔 부츠로 여행을 완성한다. 침낭이 있으면 초등학교나 절에서 묵어본다. 미니 스토브나 조리 도구, 우비, 나침반, 지도를 챙기는 것도 상식.

캐리어 따위는 필요 없다. 이번엔 젠센 팩을 메보자.
여행에 빼놓을 수 없는 다운 파카. 역시 60/40이 좋다.
알래스칸 셔츠. 여행을 위한 헤비아이 필수품.
헤비아이 청년의 여행에 침낭을 빼놓을 수 없다.
워킹 부츠.

헤비아이 평소 코디: 플라노(flano) 필드 캡에 섀미(chamois) 클로스 셔츠. 최고의 코튼(cotton) 플라노로, 헤비아이의 필수품이다. 60/40 셸(shell) 다운 조끼를 레이어드해서 본격적인 스트레이트 블루진을 매칭한다. 이 정도만 갖추면 헤비아이로는 손색이 없다. 헤비아이를 시작하는 사람에게는 입문용으로 괜찮다. 그다음으로 버펄로 플래드나 트레일 팬츠를 구입하는 게 순서.

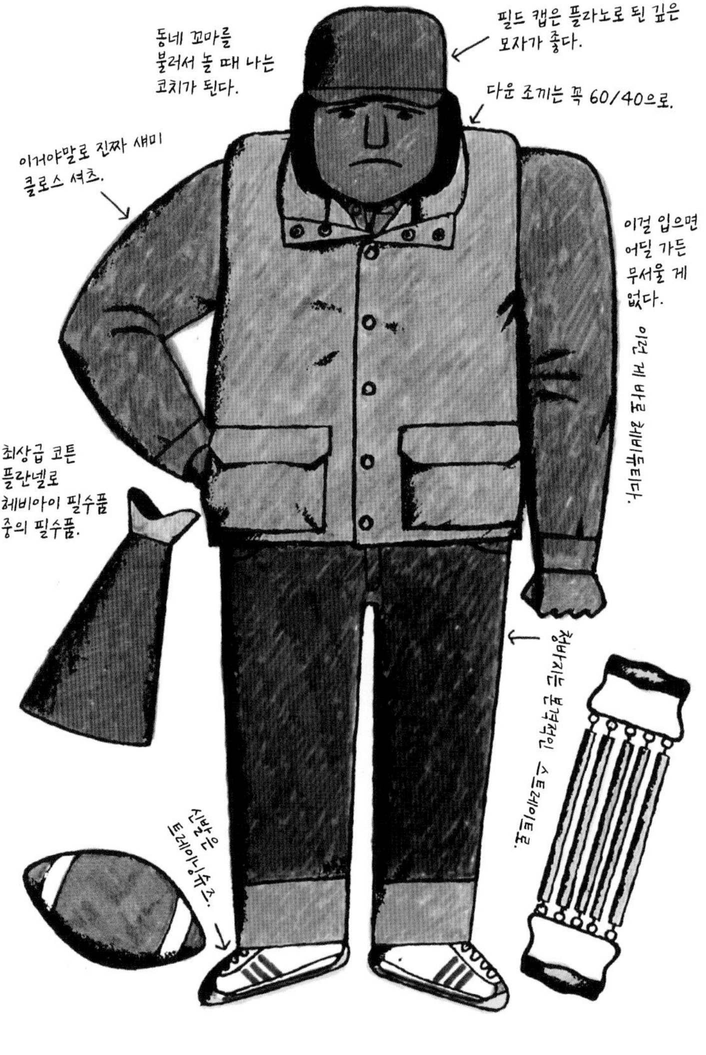
동네 꼬마를 불러서 놀 때 나는 코치가 된다.
필드 캡은 플라노로 된 깊은 모자가 좋다.
다운 조끼는 꼭 60/40으로.
이거야말로 진짜 섀미 클로스 셔츠.
이걸 입으면 어딜 가든 무서울 게 없다.
이런 게 바로 헤비듀티다.
최상급 코튼 플란넬로 헤비아이 필수품 중의 필수품.
청바지는 보편적인 스트레이트로.
신발은 트레이닝슈즈.

휴일의 헤비아이: 가장 중요한 아이템은 시모후리(霜降り) 후디 트레이너다. 풀오버(pullover)도 좋지만 앞쪽에 지퍼가 있어야 아무래도 현대적이다. 데님도 나쁘지 않지만, 헤비아이 규칙 제1조(사계절 내내 되도록 반바지로 생활할 것.)에 따라 컷오프 진으로 버틴다. 옆트임 사이로 흰 주머니가 살짝 보이는 게 헤비아이답다. 운동할 때나 개와 산책할 때, 스케이트보드를 탈 때도 이 정도 옷차림이면 된다. 하지만 아무리 헤비아이라도 한겨울에 반바지로 밖에 나가는 건 쉽지 않다.

책은 리처드
브라우티건의
『미국의
송어낚시』.
휴일엔 트레이너.
시모후리가
헤비아이하다.
스포츠는
원반 날리기나
스케이트보드,
소프트볼 정도로.
필드 캡도
헤비아이
필수품
가운데
하나다.
날씨가 아무리
추워도 컷오프
진으로. 약간
찢어진 옆
트임으로 주머니가
살짝 보이는 게
헤비아이답다.
신발은 역시
트레이닝슈즈로.

봄여름을 위한 헤비아이: 비가 많이 오는 일본에서는 방수가 되는 옷을 입는 게 헤비아이다. 모자와 파카 모두 우주 개발 덕에 얻은, 통기성과 방수성을 겸비한, 일석이조인 소재를 선택하자. [이 글이 처음 쓰인 1970년대는 세계 각국에서 우주 개발 열풍이 불었다.] 컬러 선택은 보색을 택해야 헤비아이답다는 걸 잊지 말자. 봄여름에도 당연히 반바지만 입어야 한다. 트레일 쇼츠, 컷오프 진, 짐 쇼츠, 스위밍 쇼츠 등으로 포인트를 주자. 신발은 기본적으로 트레이닝슈즈나 모카신이지만 장마철에는 특별히 러버 솔 모카신, 즉 위쪽은 오일탠드 레더에 아래쪽은 검(gum) 러버, 여기에 미끄럼 방지 솔이 있는 이 신발이 가장 헤비아이답다.

파카와 같은
소재의 레인 캡.
색은 파카와
보색으로 고르는 게
헤비아이답다.
캠퍼스 옷차림으로는
레인 파카.
폴리우레탄과
트리코트 신소재는
방수성과 통기성 모두
만점.
봄에서 여름으로 바뀌는
계절엔 방수 처리가 된
헤비듀티가 좋다.
러버 모카신 없이 헤비아이는
성립할 수 없다.
날씨가 약간 쌀쌀해도 헤비아이
청년이라면 반바지로 생활해보자.

봄여름을 위한 헤비아이 최고의 아이템은 경량 마운틴 파카다. 어깨에서 가슴까지는 이중으로 방수가 되는 나일론 트윌(twill)을, 그 아래로는 폴리에스터와 면을 사용해서 여름 등산, 캠핑, 낚시, 카누잉 등에 적합하다. 가볍게 내리는 비는 두렵지 않을 정도.

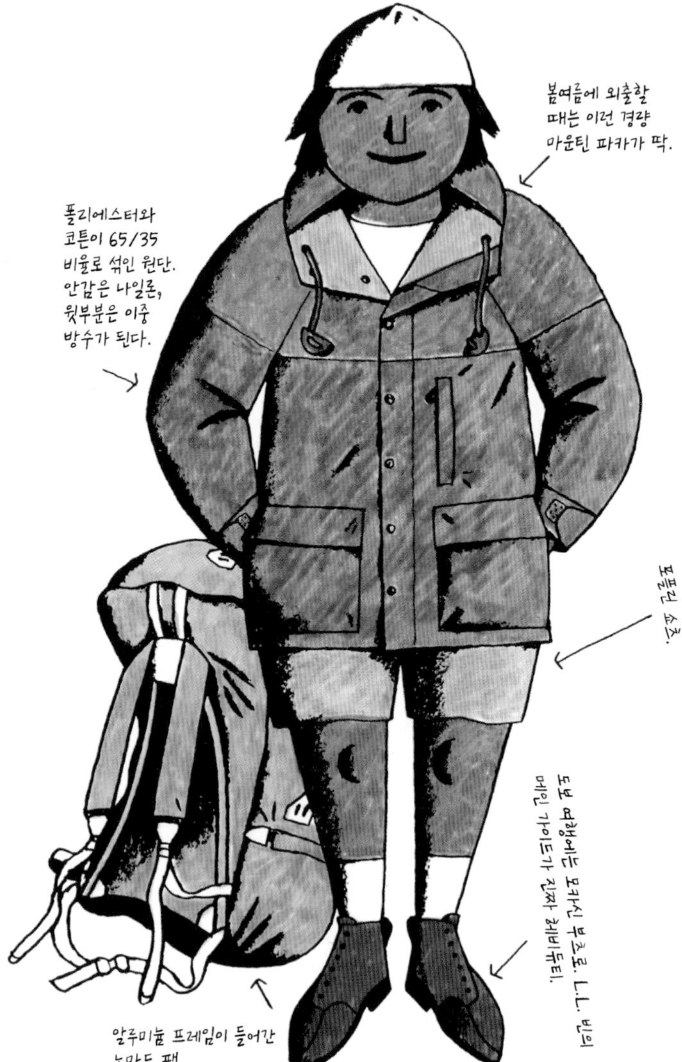
봄여름에 외출할
때는 이런 경량
마운틴 파카가 딱.
폴리에스터와
코튼이 65/35
비율로 섞인 원단.
안감은 나일론,
윗부분은 이중
방수가 된다.
포플린 쇼츠.
도보 여행에는 모카신 부츠로. L.L. 빈의
메인 가이드가 진짜 헤비듀티.
알루미늄 프레임이 들어간
노마드 팩.

봄여름판 헤비아이 평소 코디: 다운 조끼를 티셔츠에 레이어드하면 꽤 신선하다. 티셔츠만 입으면 아침저녁에 쌀쌀할 수 있으니, 다운 조끼를 걸친다. 휴양지에서도 꽤 센스 있는 옷차림이 된다. 보통 트레이닝슈즈를 신겠지만, 맨발도 좋다.

반다나 캡.
헤비듀티 의류 가운데 가장 대중적인 다운 조끼. 이렇게도 입어보자.
여성이 입으면 더욱 멋지다.
블루종에 티셔츠와 겹쳐 입자.
헤비아이비 보이의 평소 코디로 딱.
역시 컷 오프 진.
MAR. 1977
ヤスヒコ
익숙한 트레이닝 플랫이 가장 어울린다.

헤비아이 청년의 방

헤비듀티 라이프를 좇는다면, 옷이나 도구를 갖추는 것만으로는 안 된다. 헤비듀티의 목적은 생활양식에 있다. 그럼 내 공간부터 헤비듀티하게 바꿔보면 어떨까? 물론 직접 손으로. 이런 게 셀프 에이드다. 물론 친구에게 도움을 받아도 된다. 재료는 건물 철거 현장에서 얻어오자. 침대는 매트리스만 있으면 된다. 지푸라기가 들어 있는 게 헤비아이답다. 책장, 탁자, 의자, 옷장 할 것 없이 뭐든 만들어버리자. 튼튼하기만 하면 조금 못생겨도 그것대로 멋이 있다. 도구는 제대로 된 걸 필요한 만큼만 갖추자. 작업이 끝나면 도구를 방에 늘어놓고 다음 작업을 생각해보자. 도구는 기본적으로 디자인이 실용적이면서 오래된 게 좋다. 아무리 낡아도 '진짜'라면 충분히 쓸 수 있고, 오래됐다면 이미 충분히 검증을 거쳤다고

알래스카의 통나무집 입구.

볼 수 있기 때문이다. 재료가 남으면 벽면을 박스 아트풍으로 표현해보자. 낡은 등산화나 반지, 숲에서 주워온 나뭇가지, 송라(松蘿), 아니면 더 재미있는 물건을 찾아서 조합해보자.

틀 안에 있는 전구.
크로스컨트리와 다운힐용 판자.
스노슈즈.
알래스카 지도.
철제 침대.

★ 창고를 개조한 헤비아이 청년의 방.
종류별 백팩.
전부 스스로 만들거나
리폼한 것들이다.
공구가 잘
갖춰져 있다.
통나무를 잘라
만든 스툴.
1977 ㊈

— 헤비듀티 공간

아스펜에 있는 스키 마니아의 방.

핸드 메이드 주택에서 자주 볼 수 있는 박스 아트풍 인테리어.

알래스카의 스키 산장 입구.

소박하면서 따뜻함이 느껴지는 게 헤비듀티다.

주방의 오래된 스토브.

직접 만든 화장실.

헤비듀티 트래디셔널

전통을 보존하고 유지하는 일은 그 자체로 헤비듀티다. 헤비듀티의 전통은 우리에게 귀중한 재산이다. 헤비아이가 젊은이들의 생활양식이 된 것처럼 헤비트래는 헤비아이의 원형이자 기본이다. 헤비트래는 미국의 두 지역을 중심으로 확립됐다. 하나는 동부의 뉴잉글랜드다. 이쪽의 헤비듀티는 사냥꾼이나 나무꾼이 유럽에서 가져온 형식과 원주민 전통문화의 영향을 받았다. 언제나 실용적인 팩 바스켓(pack basket)과 헌팅 부츠에서 시작된 헤비트래는 이 지방의

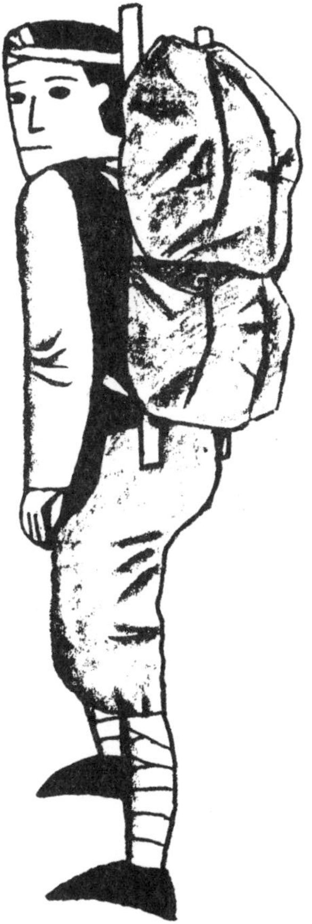

예로부터 일본에 전해지는 지게인 쇼이코는 헤비듀티 트래디셔널이다. 쇼이코의 현대판이 풀 프레임 백팩이다.

헤비트래의
대표인 매키노
크루저. 이건
전통적인
크루저다.
26온스로
만들어진
본격적인 매키노
원단에 물론
필슨 제품.
옛날부터 가죽 상인이나
사냥꾼이 사용하던 덜루스
카누 팩. 캔버스천과 가죽으로
만들어졌다. 헤비듀티 그 자체.
정통적인 모카신은
동부의 전통.

산물이다. 다른 하나는 노스웨스트 지방이다. 트래퍼 넬슨은 이쪽에 속한다. 그 뒤 헤비듀티는 전문가의 영역에서 레저 활동으로 바뀌어 스포츠 헌팅이나 낚시, 카누잉, 스노슈잉 같은 아웃도어 스포츠 안에 살아 숨 쉰다. 일본에도 쇼이코(背負子)가 있지만, 솔직히 전통이 잘 활용되는 편은 아니다.

미국의 헤비트래에는 트래퍼(trapper, 사냥꾼), 패스파인더(pathfinder, 개척자), 우드맨(woodman, 나무꾼) 등을 어원으로 하는 말이 많다. 매키노 크루저의 '매키노'는 원주민이 입던 옷이고, 아이리시 트위드(Irish tweed) 햇의 '아이리시'는 말 그대로 아일랜드를 가리킨다. 캠핑을 할 때 유용한, 사기 칠을 한 집기는 지금도 전통 디자인 그대로인데, '프런티어'라고 부른다. 카누를 탈 때 사용하는 캔버스 카누 백은 모피 상인이나 사냥꾼이 만들었다고. 물푸레나무에 가죽을 덧댄 스노슈즈와 물개 가죽으로 나무틀을 감싼 카누도 있다. 이렇게 그 땅에 뿌리내린 천연 소재와 전통 기술 헤비트래를 만들었다. 이제 스노슈즈는 경금속이나 합성피혁, 카누는 플라스틱이나 알루미늄으로 만든다. 이는 헤비트래가 새로운 모습으로 이어지고 있음을 보여준다. 그만큼 헤비아이의 기초가 되는 헤비트래를 살펴보는 건 분명히 의미 있는 일이다.

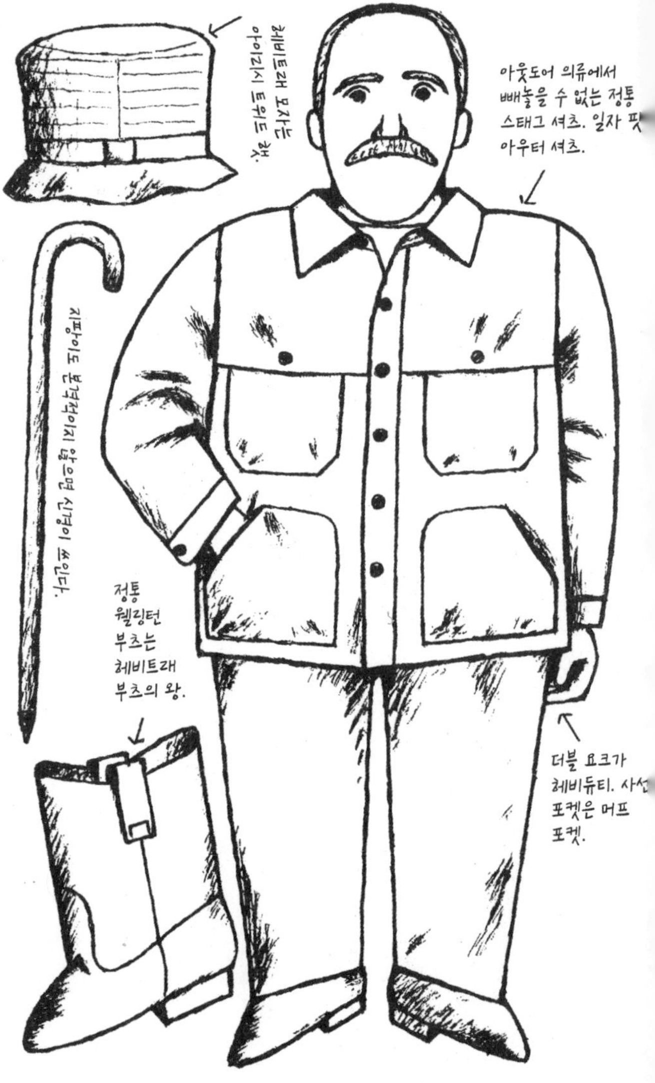
헤비트래 모자는 아이리시 트위드 햇.
아웃도어 의류에서 빼놓을 수 없는 정통 스태그 셔츠. 일자 핏 아우터 셔츠.
지팡이도 본격적이지 않으면 신경이 쓰인다.
정통 웰링턴 부츠는 헤비트래 부츠의 왕.
더블 요크가 헤비듀티. 사선 포켓은 머프 포켓.

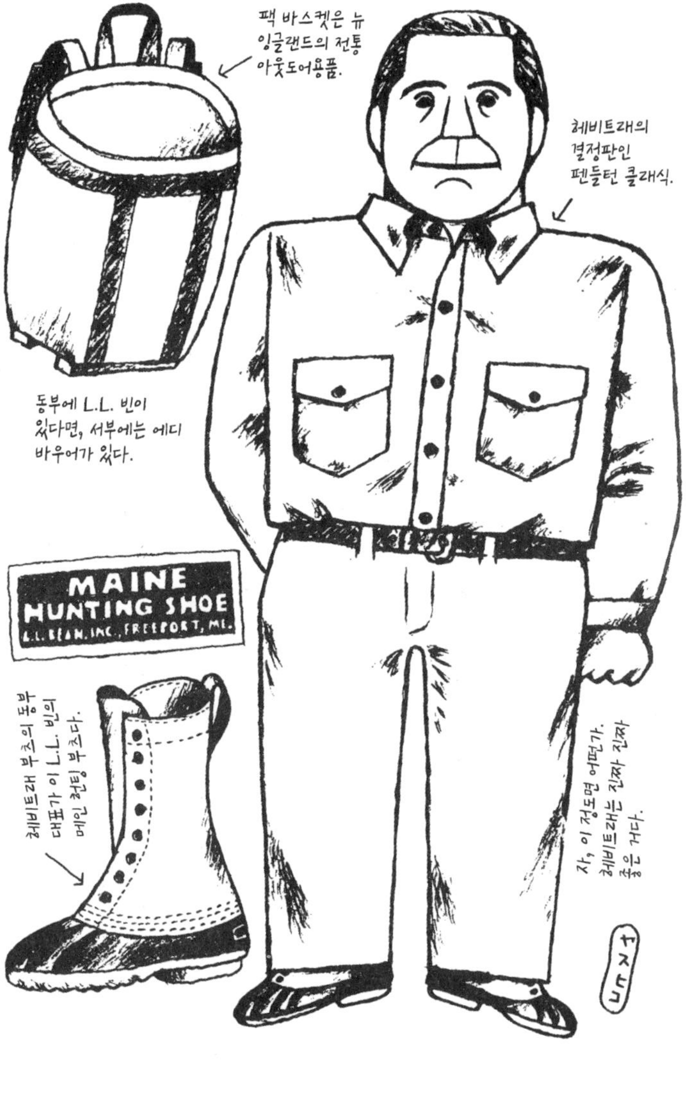
팩 바스켓은 뉴
잉글랜드의 전통
아웃도어용품.
헤비트래의
결정판인
펜들턴 클래식.
동부에 L.L. 빈이
있다면, 서부에는 에디
바우어가 있다.
MAINE
HUNTING SHOE
L.L. BEAN, INC., FREEPORT, ME.
헤비트래 부츠의 동부
대표가 이 L.L. 빈의
메인 헌팅 부츠다.
자, 이 정도면 어떤가.
헤비트래는 진짜 진짜
좋은 거다.

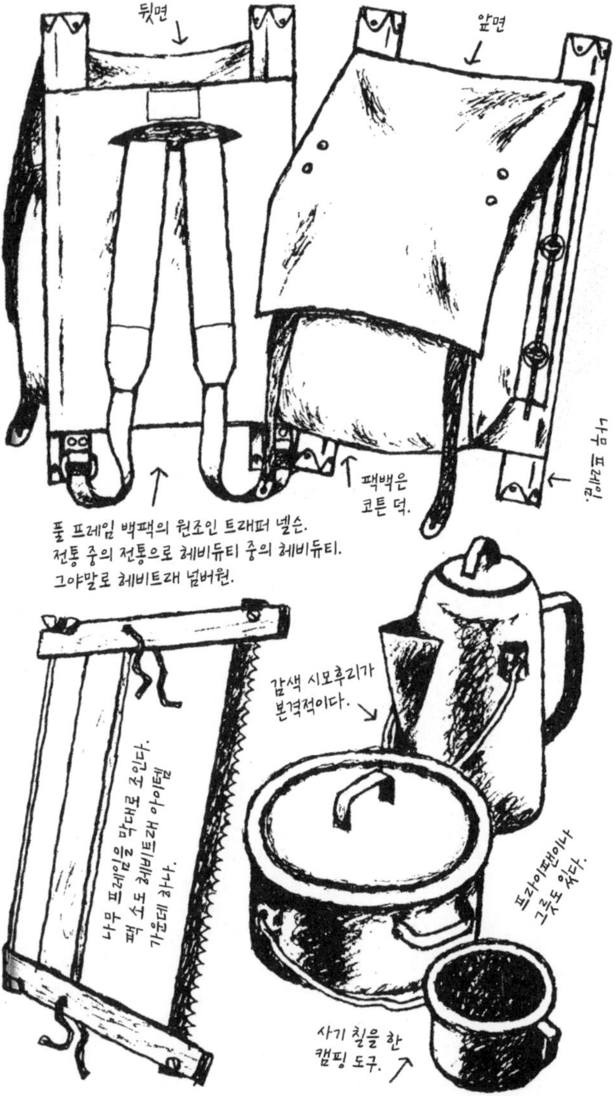
뒷면
앞면
나무 프레임.
팩백은 코튼 덕.
풀 프레임 백팩의 원조인 트래퍼 넬슨.
전통 중의 전통으로 헤비듀티 중의 헤비듀티.
그야말로 헤비트래 넘버원.
나무 프레임을 막대로 조인다.
팩 소도 헤비트래 아이템
가운데 하나.
감색 시모후리가
본격적이다.
프라이팬이나
그릇도 있다.
사기 칠을 한
캠핑 도구.

계절별 헤비아이 코디 목록

겨울

파카
- 폴라가드 60/40 파카
- 울 라인드 60/40 파카
- 헤비 다운 파카

재킷
- 알래스칸 셔츠
- 매키노 크루저
- 스태그 재킷

셔츠
- 벨로아 풀 오버 셔츠
- 다운 셔츠

팬츠
- 윈드 팬츠
- 니커보커스
- 다운 팬츠
- 코듀로이 트레일 팬츠
- 멜턴 라인 팬츠
- 우드맨 팬츠
- 인슐레이티드 오버 팬츠

모자
- 구스 다운 워치캡
- 귀마개가 달린 인슐레이티드 필드 캡
- 토끼털 트래퍼 캡
- 발라 클라바 모자
- 아이리시 트위드 햇

신발
- 더블 클라이밍 부츠
- 화이트 베이퍼 부츠
- 아크틱 부츠
- 인슐레이티드 헌팅 슈즈
- 라인드 모카신 부츠
- 펠트 이너 부츠

기타
- 알파인 시프 울 스웨터
- 다운 스웨터, 벙어리장갑
- 셰이커 니트 카디건
- 클라이밍 스웨터
- 파이버 필 헌팅 코트
- 블랭킷 라인드 부시 코트

여름

파카	레인 파카
	라이트 웨이트 마운틴 파카
재킷	나일론 셸 재킷
셔츠	티셔츠
	반팔 러거 셔츠
	반팔 당가리 셔츠
	런닝 셔츠
팬츠	짐 쇼츠
	컷오프 진
	트레일 쇼츠
모자	선캡
	레인햇
	코튼 필드 캡
	파일 데님 햇
	버킷 햇
신발	트레이닝슈즈
	레이스업 모카신
	러버 모카신
	덱 슈즈
	하이킹 부츠
기타	백플렉스 방수 레인 슈트
	나일론 판초
	반다나
	스패츠(각반, 게트르)

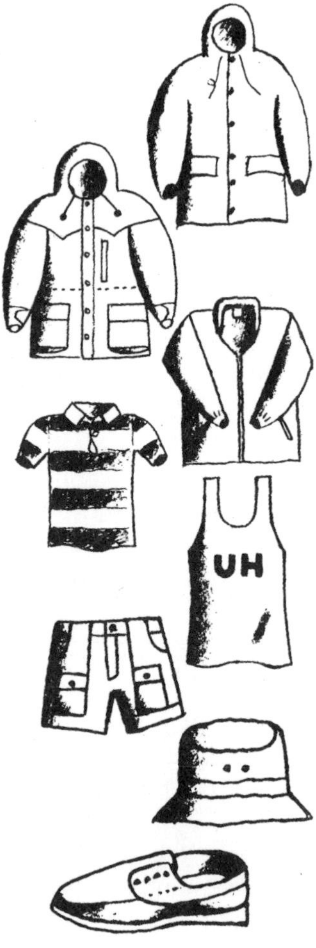

봄 / 가을

파카
60/40 마운틴 파카
구스 다운 파카
파이버 필 파카
65/35 파카

재킷
울라인드 점퍼
크루저
필드 코트
스태그 재킷

셔츠
펜들턴 클래식
섀미 클로스 셔츠
러거 셔츠, 스태그 셔츠
당가리 셔츠, 넬 셔츠
버펄로 플래드 셔츠
스피나커 셔츠
트레이너
후디 트레이너

팬츠
코듀로이 컨트리
치노 트레일 팬츠
크루저 팬츠
코튼 덕 러프 커버
치노 가이드 팬츠
청바지
포플린 필드 팬츠

모자
니트 워치캡
펠트 크러셔 햇
뉴포트 햇
레인 햇
플란넬 필드 캡
포플린 부시 햇
클래식 카우보이 햇

신발
트레이닝슈즈
클라이밍 부츠
헌팅 부츠
엔지니어 부츠
페스코 부츠
모카신 부츠

기타
다운 조끼
카고 울
아노락

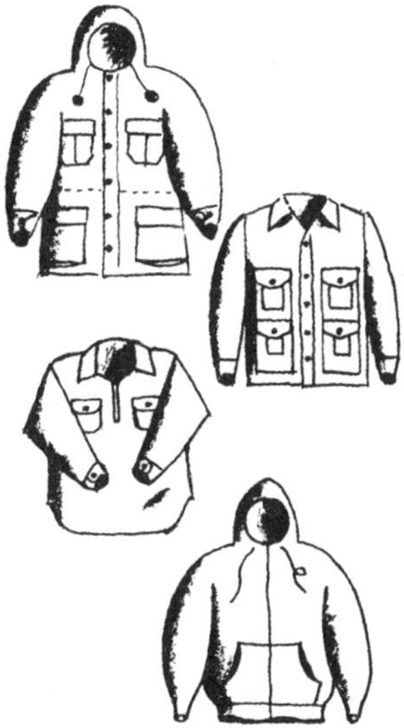

헤비듀티 이야기

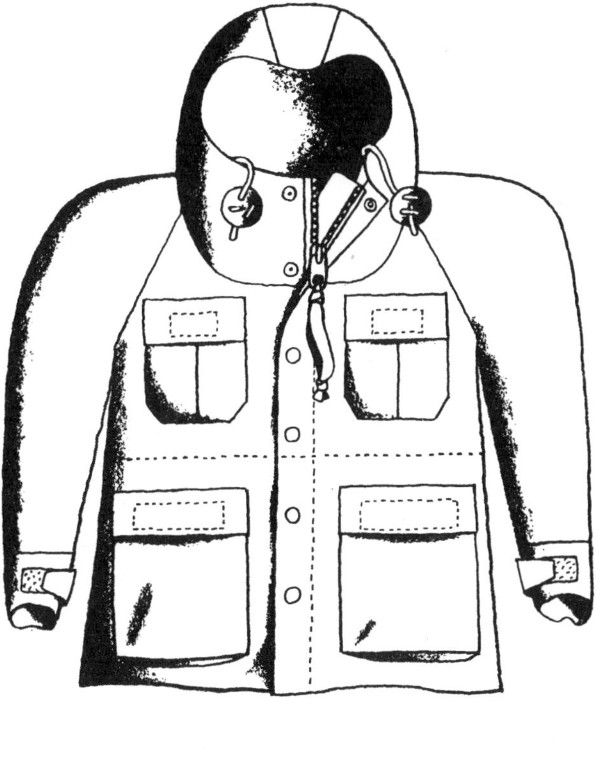

운반학

— 프레임 팩의 탄생

짐을 옮길 때 가장 합리적인 방법은 등에 메는 것이다. 짐의 무게가 가장 가벼워지고, 두 손이 자유로우니 편하고 안전하다. 예전에 일본에서는 주로 륙색(rucksack)의 일종인 키슬링을 멨다. 어쩌다 유럽의 작은 륙색 브랜드가 극동의 나라에서 인기를 끌었는지는 알 수 없다. 불가사의한 일이다. 키슬링은 가로로 늘려서 메는 게 유행이었고, 무조건 그렇게 메야 한다는 사람도 있었다. 그러다가 유행이 세로로 긴 형태로 바뀌면서 유럽에서는 일명 '어택백(attack bag)' 형태가 인기를 끌었다. 대형 가방도 세로로 길어졌다. 이런 형태가 미국에서는 풀 프레임 팩이 됐다. 아마 세계적인 유행 아니었을까.

유럽에서는 전통적으로 프랑스에 세로로 긴 가방이 많다. 특히 라푸마나 밀레 같은 브랜드의 가방이 그렇다. 반대로 독일식 가방은 짐을 넣으면 바닥이 늘어지면서 동그란 형태가 된다. 미국은 근대 알피니즘[alpinism, 스포츠 등산]에서 두드러지는 나라가 아니라서 그런지 이렇다 할 형식이 없다. 원주민이나 사냥꾼, 나무꾼의 풍습이 남아 있을 뿐이다. 나무로 된 프레임에 캔버스 천을 덧댄

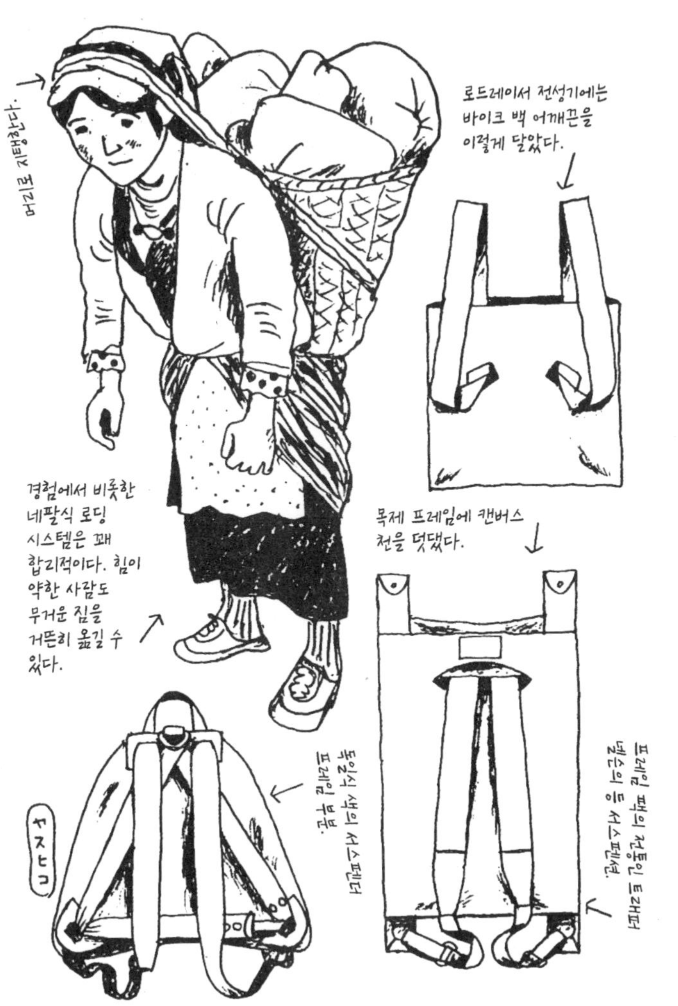
머리로 지탱한다.
로드레이서 전성기에는
바이크 백 어깨끈을
이렇게 달았다.
경험에서 비롯한
네팔식 로딩
시스템은 꽤
합리적이다. 힘이
약한 사람도
무거운 짐을
거뜬히 옮길 수
있다.
목제 프레임에 캔버스
천을 덧댔다.
동양식 색의 서스펜더
프레임 부분.
프레임 팩의 전통인 트래퍼
넬슨의 틀 서스펜션.

트래퍼 넬슨은 나중에 풀 프레임 팩의 원형이 됐다. 그렇게 보면 100년도 더 전에 엉덩이 보호대를 고안한 헨리 C. 메리엄(Henry C. Merriam)은 정말 대단한 사람이다.

미국에서 가방의 역사는 원주민이 가죽이나 실로 만든 자루에서 시작한다. 자루보다 조금 더 진화한 게 바구니다. 세계 곳곳에 비슷한 형태가 있는데, 특히 아래로 갈수록 좁아지는 바구니를 끈 하나로 이마에 대고 지탱하는 방법은 꽤 합리적이다. 네팔에서는 여전히 이 방법을 사용한다. 서부 해안 쪽에서는 갈대 끈으로 지탱한 삼나무 껍질로 만든 바구니를 사용했다. 평야의 원주민은 들소의 가죽이나 힘줄로 가방을 만들었다. 그러다가 여기에 색을 입히기 시작했다. 이걸 프랑스에서는 '파르파주'라고 불렀는데, 말에 채워서 새들백(saddlebag) 대신 사용했다. 북부 평야의 원주민은 나뭇가지로 팩 프레임 비슷한 걸 처음 만들었고, 가죽 자루로 프레임을 감싸기도 했다. 나무 막대기 두어 개를 그물로 묶어 팩 프레임을 만든 건 멕시코 원주민이었다. 원래 팩 프레임은 갓난아기를 옮기기 위해 사용했는데, 허리, 등, 어깨로 무게를 분산하는 게 중요했다.

식민지를 개척하러 유럽에서 온 사람들도

원주민이 사용하던 팩 프레임을 흉내 냈다. 그게 레저용이 된 건 19세기 뉴잉글랜드에서였다. 첫 등산용 배낭은 캔버스 천이나 가죽끈으로 짐을 동여매는 간단한 형태였고, 이게 나중에 메는 부분이 끈으로 된 냅색(knapsack)으로 진화했다. 독일식 룩색도 만들어졌다. 이런 초창기 백팩은 등산할 때는 괜찮았지만, 짐을 넣고 빼는 게 불편하고, 무게가 아래로 쏠려 형태가 무너졌다.

미국에서 처음으로 등장한 독창적인 가방은 존

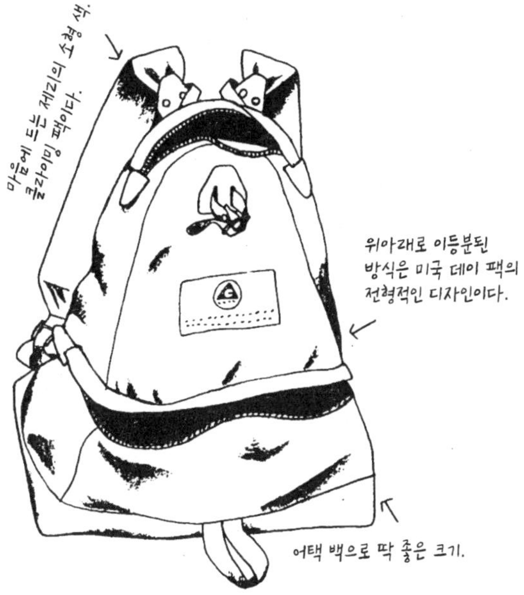
마음에 드는 제리의 소형 색.
클라이밍 팩이다.
위아래로 이등분된
방식은 미국 데이 팩의
전형적인 디자인이다.
어택 백으로 딱 좋은 크기.

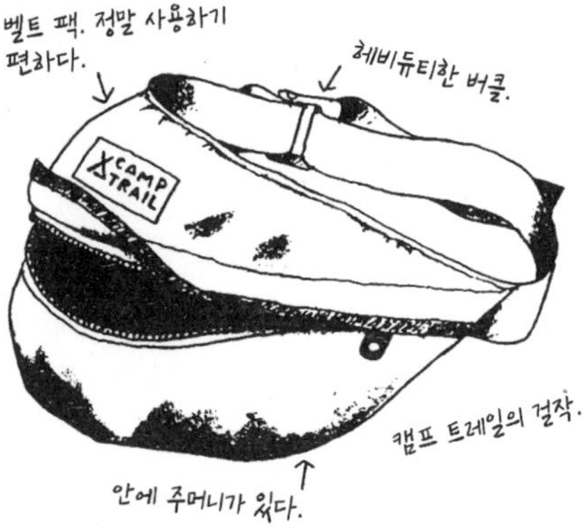

벨트 팩. 정말 사용하기 편하다.
헤비듀티한 버클.
CAMP TRAIL
캠프 트레일의 걸작.
안에 주머니가 있다.

러시(John Rush)가 1862년에 개발했다. 경첩이 달린 접이식 가방이었는데, 원래 간이침대를 만들려 했다고. 메리엄은 1878년에 처음으로 엉덩이 보호대가 달린 가방을 개발했는데, 프레임 옆 기둥에 나무 막대기와 딱딱한 팩 백을 매달았다. 요즘의 팩 프레임에 풀 벨트만 없는 형태로, 처음에는 인정을 못 받다가 100년 가까이 지난 뒤에야 주목받기 시작했다.

처음으로 대량생산된 팩 프레임은 북부 서해안 원주민의 가방을 본뜬 것으로, 시애틀의 사냥꾼인 트래퍼 넬슨(Trapper Nelson)이 개발해 1922년부터 만들기 시작해서 '트래퍼 넬슨'으로 불린다. 이 가방은 나무틀에 캔버스 천을 덧댔다.

제2차 세계대전 이후에는 A.I. 켈티(A.I. Kelty)가 알루미늄 프레임과 나일론을 사용하면서 흐름이 크게 바뀌어 지금 같은 형태가 됐다. 메리엄이 옳았다는 게 증명된 셈이다. 유럽식 가방에도 프레임이 있는 건 많지만, 특히 켈티 이후의 풀 프레임 팩이 젊은이들에게 압도적으로 인기가 많았다. 그런 점에서는 일본의 쇼이코도 꽤 훌륭하다. 현대적으로 재해석하지 못한 게 아쉽지만.

이후 풀 프레임 팩의 단점 몇 가지를 보완하기 위해 바디와 프레임이 하나인 모노코크(monocoque) 륙색, 즉 소프트 백팩이 만들어졌다. 이 형태를 처음 고안한 인물은 돈 젠센이다. 미국식 합리주의에서 태어난 구조적인 가방으로, 자주 오르내리고 환경이 다양하게 바뀌는 하이킹에 알맞다. 한편, 풀 프레임 팩 같은 대형 가방의 반대에 있는 데이 팩은 새로운 생활양식의 대명사가 됐다. 사람들은 바이크 백과 데이 팩을 자주 혼동하는데, 목적과 사용법이 전혀 다르다. 특히 로드레이서용으로 만들어지는 요즘에는 더더욱.

— 로딩 시스템

풀 프레임 팩과 소프트 백팩 모두 짐을 넣고 메는

법이 정해져 있다. 이걸 모르면 가방을 제대로 활용할 수 없다. 백팩은 구조적으로 팩 프레임과 팩 백으로 나뉜다. 팩 프레임은 짐의 무게를 모아서 균형을 잡아주는 부분으로, 브랜드에 따라 사다리식, U식, 역U식 등이 있다. 재료는 단단한 알루미늄

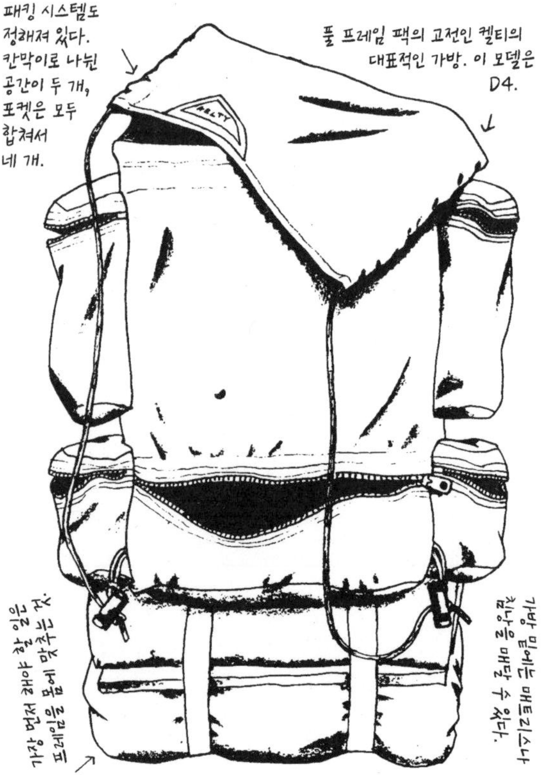

패킹 시스템도 정해져 있다. 칸막이로 나뉜 공간이 두 개, 포켓은 모두 합쳐서 네 개.
풀 프레임 팩의 고전인 켈티의 대표적인 가방. 이 모델은 D4.
가장 먼저 해야 할 일은 프레임을 몸에 맞추는 것.
가방 밑에는 매트리스나 침낭을 매달 수 있다.

튜브가 가장 좋고, 어떤 브랜드는 마그네슘 튜브를 사용하기도 한다. 튜브를 붙일 때는 용접을 하거나 나사로 고정한다. 백팩을 선택할 때는 단순히 키에 프레임을 맞추기보다 짐을 넣은 뒤 메고서 직접 걸어봐야 한다. 프레임의 크기는 백팩을 고르는 중요한 포인트다. 프레임은 어깨끈, 백 밴드, 허리 벨트를 이용해서 몸에 맞추는데, 무게가 허리 벨트, 등과 가방을 연결해주는 백 밴드, 어깨끈 순으로 실려야 편하다. 여기서 포인트는 패드가 들어간 허리 벨트다. 백 밴드의 위치나 어깨끈과 어깨 사이의 간격은 몸에 맞춰가면서 조절해야 한다. 옆에서 프레임을 봤을 때 S자인 건 그냥 멋이 아니라 인체 공학적인 설계의 결과다. 그게 아니라면 굳이 있을 필요가 없다. 백 밴드는 천이나 그물로 된 게 있고, 패드가 들어간 게 있는데, 일반인에게는 아무래도 패드가 들어간 게 편하다.

백팩은 백패킹에 필요한 최소한의 도구를 부족함 없이 넣을 수 있어야 한다. 특히 칸막이로 나뉜 백팩은 도구를 어떻게 넣을지 충분히 생각해야 한다. 설계자의 의도와 다르게 사용하면, 백팩을 멜 이유가 전혀 없다. 요컨대 자신의 행동과 장비를 숙지하고 거기에 맞는 걸 골라야 한다. 백팩은 보통 위아래로 나뉘는데, 위에는 덮개가 있고, 아래는

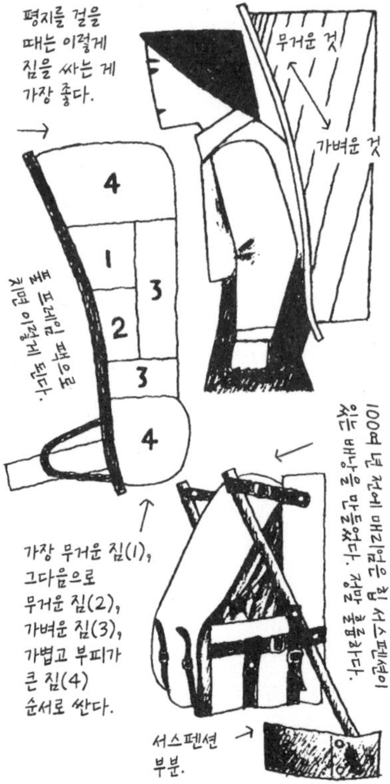

평지를 걸을 때는 이렇게 짐을 싸는 게 가장 좋다.
무거운 것
가벼운 것
4
1
3
2
3
4
팩 프레임 팩으로 치면 이렇게 된다.
가장 무거운 짐(1), 그다음으로 무거운 짐(2), 가벼운 짐(3), 가볍고 부피가 큰 짐(4) 순서로 싼다.
100여 년 전에 매리엇은 힙 서스펜션이 있는 배낭을 만들었다. 정말 훌륭하다.
서스펜션 부분.

지퍼로 여닫는다. 주머니는 양쪽에 두 개, 정면에는 하나, 위쪽 덮개에 하나가 있다. 윗주머니는 보통 1리터짜리 병이 들어갈 크기고, 아래 주머니는 그보다 조금 작다. 지퍼는 세로형과 가로형이 있는데, 세로형은 암벽을 탈 때 고장 나기 쉽다. 낡은 금속 지퍼식은 추우면 고장이 잦아진다.

지도 주머니는 덮개보다 등 쪽에 넣는 방식이 지도가 잘 상하지 않는다. 팩 백을 팩 프레임에 고정시키는 방법은 와이어, 핀 링, 팩 백에 붙이는 주머니에 팩 프레임 일부를 넣어서 버클로 고정하는 방법이 있는데, 이 가운데 와이어로 고정하는 게 일반적이다. 팩 프레임 일부를 넣어 고정하는 방법은 주머니가 망가지기 때문에 추천하지 않는다. 핀으로 고정할 때는 보통 핀 세 개를 사용한다. 네 번째부터는 여분이다. 팩백으로는 6~7온스짜리 우레탄 방수가공 나일론 원단이 일반적이다. 발수 원단은 방수 원단보다 땀에 강하다.

짐을 쌀 때는 가방이 설계된 의도를 고려해야 한다. 보통 무거운 짐이 위로, 가벼운 짐이 아래로 가게끔 싼다. 그래야 무게중심이 불안정하고, 세로로 긴 프레임 팩은 무게중심이 불안정해야 멨을 때 움직이기 편하다. 짐을 넣는 요령은 다음과 같다. 요리 도구나 식료품처럼 딱딱한 물건은 수건으로 감싸서 가방 밑부분의 칸막이에 넣는다. 속옷, 우모복, 스웨터처럼 부드러운 물건은 윗부분에 넣고, 그 위에 우산, 우비, 파카 같은 물건을 넣는다. 물이나 연료는 바깥 양쪽 주머니에, 약, 나침반, 손수건처럼 이동할 때 자주 사용하는 물건은 아래 주머니에 넣는다.

소프트 백팩의 원조는 젠센 팩으로, 프레임이 없는 팩 가운데 이런 형태를 '소프트 백팩'이라고 한다. 일단 소프트 백팩에서 가방 바닥의 침낭 주머니는 허리를 감싸는 벨트가 되는데, 이게 '랩 어라운드 힙 벨트'라고 하는 소프트 백팩의

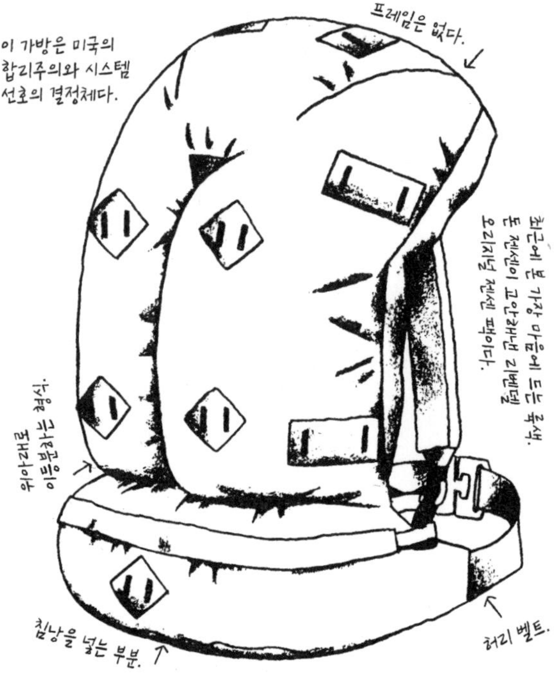

생명이다. 이 벨트가 무게중심을 허리에서 온몸으로 배분하는 장치 역할을 한다. 위에서 양쪽으로 나뉜 두 칸은 균형을 잡기 위해 짐을 나눠서 넣을 수 있다. 그러니 짐을 쌀 때 무게와 부피를 따지지 않으면 짐을 싸는 의미가 없다. 짐을 잘 싸면 움직이는 동안 무게가 한쪽으로 쏠릴 일이 없고, 짐을 넣었다 빼기 쉽다. 가장 위의 하나로 이어진 칸에는 특히 무거운 짐을 넣는다. 몸을 감싸기 때문에 짐도 거기에 맞게 싸야 한다는 걸 잊지 말아야 한다. 잡동사니는 보조 가방에 넣고 싼다. 균형이 잘 잡히게 짐을 싸면 한번 직접 메보자. 먼저 어깨끈을 걸고 허리 벨트를 편한 위치에 고정한 다음에 다시 어깨끈을 조절한다. 짐을 잘 싸고 몸에 잘 맞게 조절하면 아이를 업은 것처럼 온몸에 무게가 분산된다. 게다가 무게중심이 높아서 균형이 깨지지 않고, 튀어나온 게 없으니 움직이기도 편하다. 이쯤 되면 걷는 데 이상적인 상태가 어떤 건지 몸으로 알게 된다. 반드시 오리지널 젠센 팩이 아니더라도 이런 형태의 소프트 백팩은 모두 구조가 비슷해서 규칙에 따라 사용해야 한다.

백패킹

요즘 눈에 띄는 말 가운데 이렇게 적응이 안 되는 말도 없는 것 같다. 등산이나 하이킹과 뭐가 어떻게 다른지 묻는 사람도 있고, 왜 세로로 길게 메야 하는지 궁금해하는 사람도 있었다. 백패킹은 한마디로 하이킹이다. 그것도 되도록 사람의 손길이 닿지 않은 자연으로 들어가는 여행이다. 백패킹을 할 때는 당연히 모든 걸 자급자족해야 한다. 우리는 일상에서 지나칠 정도로 타인에게 의지하곤 하는데, 이는 여행에서도 마찬가지다. 산에는 산장이, 시골에는 여관이 너무 많다. 과도한 경쟁에서 비롯한 서비스에 익숙하다. 백패킹의 본질은 '혼자'와 '자급'이다. 여럿이서 함께 움직일 때도 마찬가지. 백패킹은 빠른 생활과 집단적 사고방식에서 졸업할 기회다. 백패킹을 할 때는 셀프 에이드로 자기 짐은 끝까지 자기가 들자. 그럴 수 없다면 여행 계획에 뭔가 문제가 있다는 걸 알아야 한다.

— 자연 속 하이킹

백패킹의 목적은 자연과 가까워지는 것이다. 아무도 가보지 못한 높은 산이나 비경만이 목표가 아니다. 어떻게든 자연과 마주할 수만 있으면 된다. 자연

앞에서 겸허해지는 게 백패킹의 본질이다. 가져온 건 그대로 가져가고, 더럽힌 건 원래대로 되돌려놓는 것도 그와 일맥상통한다.

일부 등산에 있는 정복 같은 공격성이나 그 반대에 있는 도피성도 없다. (전체주의나 집단히스테리와는 더더욱 관련이 없다.) 모험 같은 백패킹은 있을 수 있지만 모험이 곧 백패킹은 아니다. 알래스카에는 광대하고 사람 손이 닿지 않는 자연이 있지만, 산지인 지치부(秩父)나 고원인 오쿠닛코(奥日光)에도 자연 본래의 모습이 살아 숨쉰다. 산장에 묵어가면서 일주일 동안 종주한 알프스에 없던 게 누구

하나 만나지 않고 딱 하룻밤 야영한 가벼운 산행에 있었다. 산을 여행하는 사람이라면 이런 경험은 한 번쯤 있을 것이다.

지금까지 일본에는 트레일[캠프장이나 보안 설비만 갖춰진 자연 길]이 없었지만, 앞으로는 계속 필요할 것이다. '슈퍼 숲길[일본의 산림 개발 공단이 1960대에 숲 부흥을 목적으로 미개발 삼림 지대를 규격화해서 만든 길로 자연 파괴의 전형적인 예로 언급되곤 한다.]' 같은 건 제발 좀 집어치우고, 트레일이나 많이 만들어주면 좋겠다. 요즘에는 일반 등산로나 캠핑장, 야영 금지 지역만 아니면 누구나 백패킹을 할 수 있다. 산장에서 묵는 등산과 달리 백패킹은 모든 걸 자급자족해야 한다. 야영을 할 수 있으면 자유롭게 코스를 짜서 계획을 세울 수 있다. 물론 입산 허가를 받거나 야영 신고를 하는 등 필요한 절차는 당연히 밟아야 한다.

보통 등산이나 하이킹으로 가지 않는 곳에는 좋은 장소가 많다. 묵을 데가 마땅치 않거나 가는 데 시간이 오래 걸리기 때문이겠지만, 이런 곳은 전혀 생각지 못한 백패킹 장소가 되기도 한다. 백패킹은 어떻게든 이런 장소를 찾아서 계획을 세우는 데서 시작한다.

셀프 에이드 여행에는 모름지기 여행을

지탱해줄 시스템이 필요하다. 자기 외에는 의지할 게 없는 만큼 시스템이 여행의 성패를 좌우한다. 이 시스템을 확립하는 과정에서 지금의 백패킹이 만들어졌다.

백패킹이 처음 만들어진 곳은 미국이다. 왜 하필 미국일까? 나는 미국이어서 가능했다고 생각한다. 전쟁과 대량생산에 따른 인간의 소외를 가장 빠르고 치열하게 경험한 1960년대 미국의 젊은이들이 도달한 곳에 백패킹이 있었다. 자연인으로서 인간을 확인하고, 문명을 다시 바라보고, 환경을 보존하는 것에서 백패킹은 탄생했다. 자동차에만 의존하던 미국인들이 갑자기 제 발로 걷기 시작한 것과 이어지는데, 이 낯선 행동은 사회에 신선한 충격을 줬다. 미국은 새로운 흐름이 빠르게 퍼지기 쉬운 나라여서 이 충격은 곧바로 전국적으로 퍼져나갔다. 무엇이든 합리적이고 구조적으로 접근하려는 성질 덕에 하이킹의 즐거움을 더 완벽하게 완성하고자 했다. 즉, 철저한 시스템을 추구했다. 오늘날 일본에 들어온 백패킹의 형식이 바로 그 결과다. 그런 의미에서 백패킹은 '미국식 하이킹 시스템'이라고 해도 과언이 아니다.

— 백패킹 시스템
✷ 서바이벌 도구: 서바이벌이라는 말에는 자연 속에서 자급자족하는 백패킹의 본질이 드러난다. 하지만 여기서는 보다 본질적인 뜻이다. 레스큐(rescue) 시트는 은박지나 플라스틱 필름으로 막을 씌워 비상시에 몸을 감싸는 도구다. 모포보다 따뜻하고, 접으면 담뱃갑 정도로 작아진다. 파이어스틸은 탄소봉을 긁어서 불을 피우는 도구다. 물에 젖은 상황에서도 사용할 수 있어서 성냥을 사용할 수 없을 때 유용하다. 시그널 미러는 햇빛을 반사해서 신호를 보낼 수 있는 비상용 거울이다. 퍼스트 에이드 키트는 엄선한 구급약품을 한데 모은 것이다. 뱀에 물렸을 때는 스네이크 바이트 키트를 사용한다. 독을 빨아내는 도구, 상처 주변을 동여매는 실, 메스, 소독약이 있다. 그 밖에 지도, 나침반, 코펠 같은 건 굳이 설명하지 않아도 될 것 같다.
✷ 식량과 취사: 백패킹용 식량으로는 가볍고 영양가가 높고 간단히 요리할 수 있는 인스턴트식품이나 냉동건조 식품만 한 게 없다. 식품 가공법의 발달이 백패킹을 지탱하는 셈이다. 지금은 종류도 다양해져서 식품 선택과 조리법이 백패킹의 성패를 좌우한다. 페미컨[pemmican, 마른

여름 백패킹에는 이 정도면 적당하다.

쇠고기에 과실과 지방을 섞어 빵처럼 굳힌 식품]을 챙기는 것도 상식. 미니 스토브는 간편하게 주머니에 넣을 수 있고, 부탄가스 하나로 40분 정도 사용할 수 있다. 겨울용 가솔린 스토브는 스베아 123이나 프리무스 71L가 괜찮다. 코펠은 자기 끼니만 해결하면 되니까 소형 포트, 프라이팬, 그릇 겸용 뚜껑, 그립, 케틀 정도만 갖추면 충분하다.

☀ 의류: 여기서 주목할 건 우모복이다. 미국산 제품은 백패킹 덕에 단 몇 년 사이 놀랄 말큼 발전했다. 백패킹에서는 다운 스웨터만으로도 충분하다. 가벼운 무게, 높은 보온성, 작게 줄어드는

부피 등 모든 게 백패킹에 안성맞춤이다. 우비는 등산용이면 충분하다.

☀ 야영용품: 텐트나 침낭은 백패킹에 맞는 제품을 고르면 된다. 미국에는 백패킹용 텐트가 따로 있지만, 일본에서는 간이 천막 정도만 잘 이용해도 된다. 침낭은 에어 매트 대신 그냥 가볍고 휴대하기 편한 게 상식이다.

☀ 신발: 등산화만으로도 충분하다. 요즘 눈에 많이 띄는 암벽화는 맞지 않는다.

☀ 백팩: 백팩은 앞에서 이야기한 도구를 일정과 코스에 맞게 엄선해서 넣기 위한 가방이다. 백팩의 구조는 대충대충 짐을 싸도 다른 사람한테 의지해서 어떻게든 할 수 있는 여행에는 맞지 않는다. 자재를 나를 때 백팩을 사용하기 어려운 이유다. 전형적인 풀 프레임 팩은 66쪽 도판 같은 모습이다. 풀 프레임 팩은 무게중심을 조절할 수 있고 무게를 어깨, 등, 허리로 분산한다. 특히 허리에 쏠리는 무게중심이 중요하다. 팩 프레임에 달린 허리 벨트가 허리를 감싸는 형태에서는 벨트에 따라 무거운 짐을 놀랄 만큼 가볍게 멜 수 있기 때문이다. 이쯤 되면 이 시스템을 백패킹이라고 하는 게 우연이 아니다. 오르내리는 게 까다로운 여행이나 스키로 등산을 할 때 메는 젠센 팩도 마찬가지다. 자세한 건 60쪽

「운반학」을 참고할 것.

어찌 보면 백패킹은 지나치게 미국적이다. 그런 만큼 모든 걸 그대로 가져올 필요는 없다. 환경에 맞는 하이킹 기술과 도구가 확립돼야 한다. 반다나(bandana)에 청바지와 다운 조끼를 입었다고 해서 좋은 백패킹이 되는 건 아니지만, 여기 있는 셀프 에이드의 사고방식과 합리성을 이해하는 건 반드시 필요하다. 이를 통해 불가능하게만 생각한 여행이 가능해지거나 어려운 코스가 즐겁고 쉬워진다. 무엇보다 목적에 맞는 여행을 할 수 있다. 미국에는 백패킹 시스템을 응용한 일반 여행자나 히치하이커가 실제 백패커보다 많고(전체를 뭉뚱그려서 백패커라고 하기도 한다.) 여행 방식도 다양하다. 자급자족하는 습관과 기술을 익히기 위해서라도 백패킹은 좋은 교본이다.

데이 팩

짐을 등에 메면 양손이 자유로워진다. 걷기 시작하고, 자전거를 타기도 한다. 데이 팩은 지금 필요한 것과 그렇지 않은 걸 생각하게 만드는, 나와 가장 가까운 도구다. 당신이 헤비아이 청년이라면 데이 팩에 무엇을 넣을 수 있을까.

— 데이 팩은 사용법이다
데이 팩은 하루 치 물건을 담을 수 있는 크기의 어깨에 메는 가방이다. '어깨에 메는'이라는 말처럼 데이 팩이 우리 일상에 들어온 건 사람들이 자동차보다 걷기나 자전거 타기를, 시내로 나오기보다 자연으로 들어가기를 떠올리기 시작하면서부터다. 오랜만에 걷거나 자전거를 타보니 꽤 신선했던 것처럼 자연으로 들어가면 생각지 못한 경험을 할 수 있다. 데이 팩을 메는 환경은 새로운 삶의 방식으로 이어졌다. 어느 날 길에서 스친 사람도 나처럼 데이 팩을 메고 있었다. "어라, 당신도 그 가방 메는군요!" 그 사람한테 이런 말을 들어서 친근함을 느꼈다. 그렇게 모두 데이 팩을 메게 됐다.

새롭게 등장한 가방 같지만 데이 팩은 등산이나

하이킹을 할 때 메는 서브 색이나 어택 색과 다르지 않다. 데이 팩은 가방의 이름이 아니라 사용법과 의미를 드러내는 말이다. 데이 팩은 등산이 보급되지 않은 미국에서 처음 만들어졌다. 유럽식 륙색과는 여러모로 다른데, 미국인들의 도구관을 바탕으로

학생들이
선호하는
컴파트먼트
하나짜리,
포켓이 딸린
데이 팩.
자켓도 들어가는 켈티의
컴파트먼트 세 개짜리 팩.

지금 쉽게 볼 수 있는 형태가 완성됐다.

형태는 보통 삼각형이다. 서양 배식이나 물방울식도 바탕은 삼각형이다. 내부를 둘로 나눈 칸막이 형태와 칸막이 없이 바깥에 주머니가 있는 형태가 있다. 피켈이나 침낭을 매달 수 있고, 밑부분에 가죽을 덧대거나 가방을 몸에 딱 붙일 수 있게 허리 밴드가 달린 형태는 원래 등산용인데, 기능적이고 무엇보다 제대로 만들어져 요즘에는 젊은이들도 애용한다. 책을 많이 넣으려면 칸막이가 없는 게 낫고, 자전거를 탈 때는 아무래도 허리 밴드가 달린 게 편하다. 테니스 라켓이나 스케치북을 접지 않고 넣을 수 있는 것도 있다. 하지만 내부가 아주 넓지는 않아서 반드시 필요한 것만 넣어야 한다. 물론 자기만의 필수품 하나 정도는 괜찮겠지만.

— 다양한 데이 팩

제리, 알파인 디자인, 시에라 디자인, 노스페이스, 홀루바, 스포츠 샤크 클라이머 등의 데이 팩은 서로 형태나 디테일이

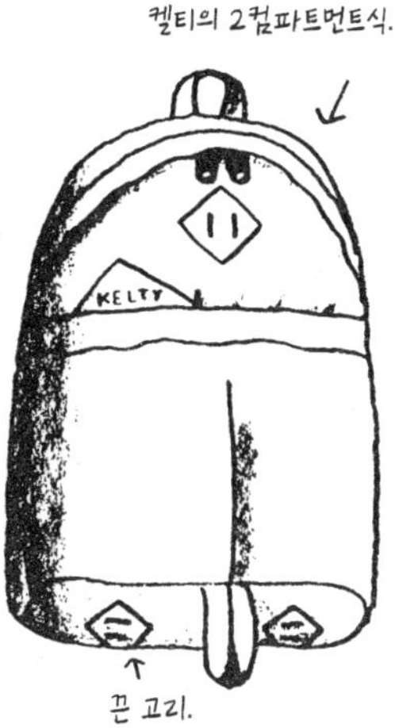

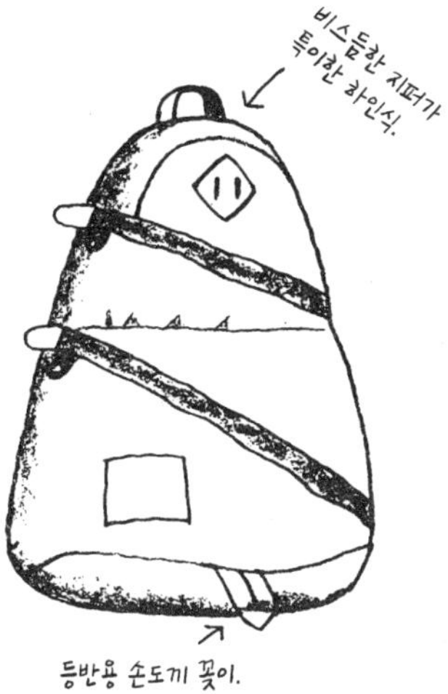

조금씩 다르지만, 모두 위아래로 둘로 나뉜 정통파다. 켈티의 제품은 약간 다르다. 위아래로 나뉜 변칙적인 두 공간이 있고, 뒤쪽에 세로 지퍼로 여닫을 수 있는 공간이 하나 더 있다. L.L. 빈에서 새로 나온 데이 팩도 비슷하다. 하인 스노브릿지에서

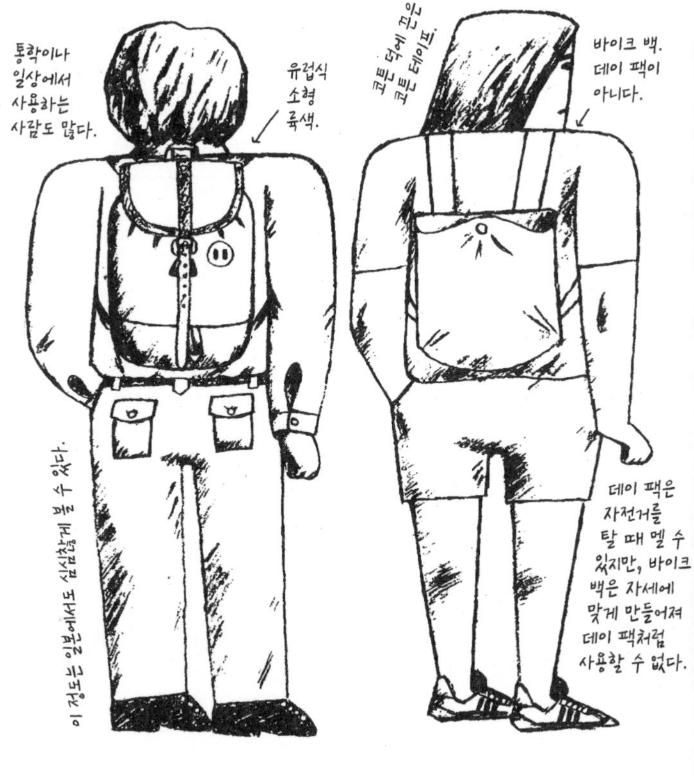
통학이나
일상에서
사용하는
사람도 많다.
유럽식
소형
륙색.
코튼 덕에
코튼 테이프.
바이크 백.
데이 팩이
아니다.
이 정도는 일본에서도 심심찮게 볼 수 있다.
데이 팩은
자전거를
탈 때 멜 수
있지만, 바이크
백은 자세에
맞게 만들어져
데이 팩처럼
사용할 수 없다.

만든, 비스듬한 지퍼가 두 개 달리고, 공간이 두 개 있는 데이 팩은 어째 좀 이상하다. 비스듬한 지퍼로 물건을 넣었다 빼는 게 헤비듀티에 맞는지 아무래도 잘 모르겠다.

내부가 나뉘지 않은 데이 팩은 제리의 미니 팩을 시작으로 무척 다양하다. 켈티의 사이클 하이커, 노스페이스의 뽀끼또, 잔스포츠의 색처럼 앞주머니가 있는 것도 있다. 여기에는 다른 물건과 섞이면 헷갈리기 쉬운 작은 물건을 넣으면 좋다. 어쨌든 모두 짐을 싸기 편해서 짐을 싸는 게 영 적응이 안 되는 사람이나 어린이에게 알맞다.

내부가 둘로 나뉜 데이 팩 가운데 대형은 아래 칸에 다운 의류나 여름용 침낭, 우비를 넣을 수 있다. 부피가 크면서 가벼운 물건, 낚싯대나 삼각대처럼 긴 물건은 바깥 바닥에 달린 끈으로 고정시킨다. 위 칸에는 당연히 무거운 물건이나 카메라, 나침반, 약, 나이프, 펜 같은 작은 물건을 넣는다. 지도는 아래 칸에 넣어도 되지만, 되도록이면 겉옷 주머니가 낫다. 따지고 보면 파카나 재킷의 주머니도 물건을 넣기는 나쁘지 않다.

바이크 백은 로드레이서 자세에 맞게 엉덩이 가까이 늘어뜨려야 해서 걸을 때 메면 아무래도 불편하다. 물건을 떨어뜨리기도 쉽다. 입구를 똑딱단추나 끈으로 잠글 수 있는 것도 있지만, 너무 이것저것 궁리한 것 같다. 바이크 백이 헤비듀티인 건 다른 게 아니라 단순한 형태 때문인데 말이다.

다운

— 다운의 가치
겨울용 헤비듀티 의류는 당연히 우모(羽毛)복이다. 가장 처음 다운(down)을 넣은 옷은 조끼인데, 요즘은 테트론[Tetron, 일본에서 만든 폴리에스터 합성섬유의 상품명] 다운 조끼 같은 말이 나올 정도로 충전재가 뭔지 알 수 없을 정도다.

다운은 수금(水禽)류의 솜털로, 깃털인 페더(feather)와 구분된다. 다운은 페더보다 섬유 구조가 매우 복잡하고 아주 적은 양으로도 부피가 커진다. 성숙한 새에서 얻는 다운에는 미세한 마디가 많고, 그 마디가 결합력을 높인다. 이런 다운은 특히 구스, 즉 거위에서 많이 나온다.

그렇다면 왜 구스 다운이 따뜻한 걸까. 왜 구스 다운을 넣은 옷이 아웃도어 활동에

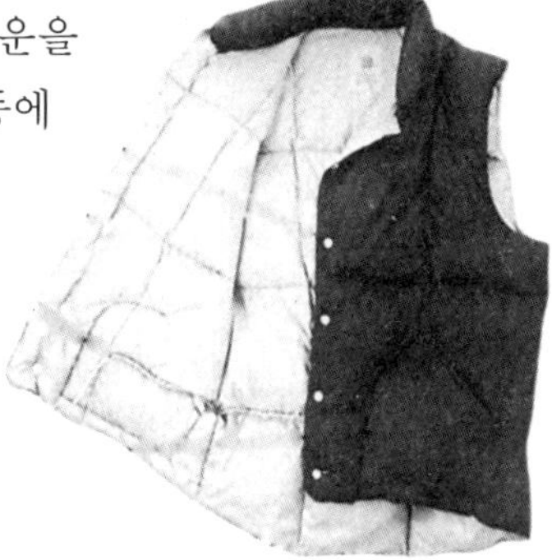

다운이 들어가 있는 하이 칼라.
— 똑딱단추
— 이너 셸
— 허리끈
— 키드니 워머
— 머프 포켓
— 헤비듀티 아우터 셸

적합한 걸까. 앞에서 이야기한 것처럼 일단 적은 양으로도 공기를 많이 머금기 때문이다. (공기는 아주 우수한 보온재다.) 통기성도 좋다. 게다가 꾹꾹 눌러서 납작하게 만들면 그 어떤 보온재보다 작아지는데, 짐을 싸는 데 제한이 있는 아웃도어 활동에는 무시할 수 없는 장점이다. 다운은 동물이 추위로부터 자기 몸을 지킬 수 있도록 신이 설계한 걸작이다.

구스 다운과 성질이 비슷한 덕 다운, 즉 오리털은 구스 다운과 함께 자주 언급된다. 미국의 아웃도어 브랜드도 덕 다운을 많이 사용한다. 요즘에는 수요에 따라 다운 가격이 올랐는데, 기능과 내구성만 보면 구스 다운이 덕 다운보다 몇 단계 위다. 하지만 스노라이언이나 이스턴 마운틴 스포츠 등 덕 다운을 주로 사용하는 브랜드는 단지 '구스'라는 말 때문에 비싼 돈을 내는 건 바보 같은 짓이라며 구스 다운 신화를 깨야 한다고 주장한다. 한편, 구스 다운을 사용하는 홀루바나 알파인 디자인에서는 구스 다운이 최고라고 단언하고, 시에라

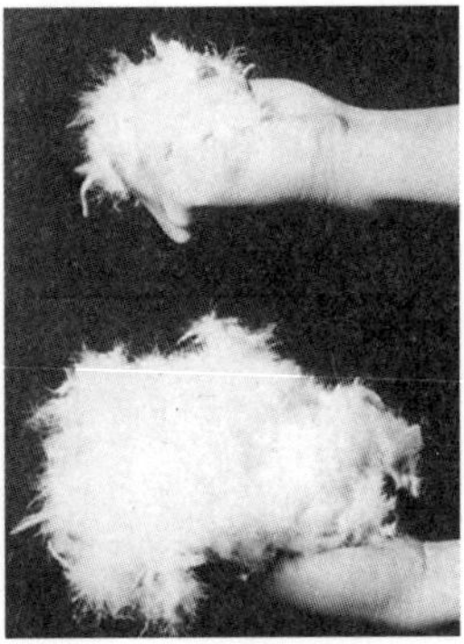

한 줌의 다운도 손을 펴면 이렇게 된다.

디자인은 구스 다운이 다른 다운보다 10~20퍼센트 정도 효과적이지만 22퍼센트 정도 비싸다고 말한다. 에디 바우어는 자사의 구스 다운이 타사의 구스 다운이나 다른 보온재보다 곱절이나 따뜻하다고 주장한다.

다운의 품질을 따지기 어려운 일반 소비자는 이런 상황에서 그저 당황할 수밖에 없다. 좋은 구스 다운을 가리키는 '노던(northern) 구스 다운'이라는 말이 있다. 여기서 '노던'은 덕 다운파의 주장처럼 플로리다나 타이완의 북쪽은 아니고, 추운 북쪽에서 자연스럽게 성숙한 거위를 말한다. 잠깐 거위 이야기를 하자면, 북방이든 남방이든 수요가 많아진 요즘에는 충분한 자연 속에서 충분히 성숙한 거위의 다운을 얻는 게 어려워졌다. 다운은 부산물이다. 다운을 위해서 거위는 인공 환경에서 빠르게 사육되고 제대로 크기 전에 도살된다. 시베리아나 폴란드에서는 자연산 다운을 얻을 수 있다고 하지만 아무래도 한계가 있다.

'100퍼센트 우량 구스 다운'이라는 말은 그냥 광고 문구다. 미국에서 다운은 80퍼센트가 솜털이고 16퍼센트는 깃털이다. 2퍼센트는 참새나 닭 등의 깃털이면 뭐든 가능하다. 마지막 2퍼센트는 아무거나 상관없다고 할 정도니까.

다음은 다운의 선별, 배합, 품질에 관한 이야기다.

— 다운의 품질을 판단하는 기본

브랜드는 우모업자에게 다운과 페더가 대충 섞여 있는 걸 사들인다. 물론 여기에는 이도 저도 아닌 부스러기도 꽤 섞여 있다. 이걸 가공업자가 씻어서 말린 다음 다운과 페더로 나눈다. 여기서 약간의 페더가 다운 쪽으로 들어가더라도 (들어가는 게 보통이다.) 규격에는 합격이다. 다음으로 부피를 측정한다. 일정 중량의 다운이 부피가 어느 정도인지 알아보는 것으로, 미국에서는 시험관에 1온스의 다운을 넣고, 정량의 누름돌을 올려서 얼마나 가라앉는지 살펴본다. 이 결과는 그대로 단열도의 척도가 된다. 다운이 차지하는 부피만큼 보온 효과가 올라가기 때문이다.

자연에서 성숙한 구스 다운은 보통 700~800제곱인치가 보통이다. 인공적으로 사육한 덜 자란 구스 다운은 400~500제곱인치 정도다. 여기서 질이 좋고 나쁜 구스 다운을 섞어서 500~600제곱인치 정도의 중급 다운을 만든다.

'화이트 구스 다운'과 '그레이 구스 다운'이라는 말도 있는데, 색에 따른 품질 차이는 없다는 게 정설이다. 색만 다르지 내용에는 별 차이가 없다고 생각하면 된다. 다만 셸이 얇은 데다가 색까지 옅으면 셸 밖으로 화이트 구스 다운은 보이지 않지만, 그레이 구스 다운은 희끗희끗하게 보인다.

나쁜 다운은 여러 가지가 있다. 주로 질 낮은 덕 다운과 페더를 섞은 것이다. 중고나 불량품, 아니면 둘을 섞은 것, 닭 페더의 깃대를 깎아 둥글게 말아서 가공한 것 등.

좋은 구스 다운은 아이더 덕, 즉 솜털 오리의 다운이다. 북쪽에서 생활하는 이 새는 멸종 위기에 처해 있다. 암컷은 자기 다운을 뽑아서 둥지를 만든다. 새끼가 다 자라서 떠난 둥지를 모은 게 전설의 보온재인 '슈퍼 다운'이다. 설계를 어떻게 하든 셸 안에는 보통 빈 공간이 생기는데, 슈퍼 다운에는 천연적인 접착력이 있어서 셸 안에서 흩어지지 않는다. 슈퍼 다운은 정말 귀하다. 엄청나게 비싼 건 물론이고.

우모 제품의 성능은 우모의 질과 셸의 완성도가 좌우한다. 아래 그림은 침낭 구조의 종류.

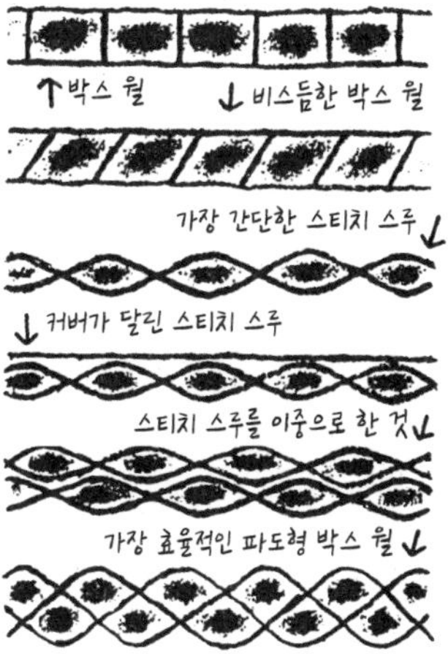

다른 다운보다 구스 다운이 우수한 건 틀림없다. 그렇다고 덕 다운도 무시할 수는 없다. 품질이 보장되는지 조금 걱정되기는 하지만, 자기 옷을 찢어서 다운을 꺼낼, 용기 있는 소비자는 거의 없다. 다운을 꺼냈다고 해서 실험을 하는 건 또 다른 문제다. 결국 직접 입어보는 수밖에 없다. 일반 소비자가 할 수 있는 건 믿을 만한 브랜드의 제품을 믿을 만한 매장에서 사는 것, 그리고 관리를 잘하는 것 정도다. 뭐랄까, 고생하시네요 같은 느낌이 드는데, 혹한기에 산을 오르거나 극지를 탐험하는 사람들에게는 웃을 일이 아니다.

다운의 대체제인 파이버는 어떨까? 파이버는 폴리에스터 파이버가 보통이다. 미국에는 '폴라가드(Polaguard)'라는 제품이 있는데, 마카로니처럼 가운데 구멍이 뚫린 폴리에스터 섬유를 솜 상태로 만든 것이다. 파이버는 다운보다 습기에 강해서 등산이나 스키에 적합하다. 무게, 유연성, 보온성, 수납성 등을 보면 아직 다운이 한 단계 더 위지만, 파이버가 언제 다운을 뛰어넘을지 알 수 없다. 하지만 사람들에게 다운이 사랑받는 건 성능보다 (인공적으로 사육하더라도) 다운이라는 천연 소재에 대한 신앙 때문이기도 해서 그 인기는 여전할 것 같다.

60/40

— 우수한 컴비네이션 원단

60/40은 면을 60퍼센트, 나일론을 40퍼센트 혼방해서 만든 실로 짠 천이다. 면은 부드럽고 자연스러우며 기분 좋게 몸을 감싼다. 나일론은 바람을 막고 가볍고 튼튼하다. 물을 빨아들이는 면의 성질을 보완하는 게 물을 튕기는 나일론이다. 마찰과 열에 약한 나일론의 성질은 면이 보완한다.

60/40은 소재는 '진짜'를 원하고, 실질을 취하고, 야생의 생활을 가까이하고, 아웃도어 스포츠를 즐기는 헤비듀티 세대에 환영을 받았다. 성능과 촉감이 그들의 생활양식에 딱 맞았기 때문이다.

60/40으로 만든 아우터 셸에 다운을 넣은 아크틱 파카.

하지만 아무리 소재가 좋아도 그 자체로는 어떤 흥미도 줄 수 없다. 60/40이 주목을 받은 건 마운틴 파카에 사용됐기 때문이다. 다양한 옷과 도구에 60/40을 사용하지만, 마운틴 파카야말로 60/40의 대표작이자 헤비아이의 고전이다.

— 60/40의 무대

마운틴 파카는 말 그대로 등산을 할 때 유용하도록 방풍성과 방수성을 갖추고 튼튼하고 기능적이며 자연에 잘 어울리는 옷이다. 60/40은 마운틴 파카에 딱 맞는 천이다. 능선에서 부는 강풍도 잘 버티고, 갑자기 내리는 비도 잘 튕겨낸다. 바위 모서리의 마찰에도 강하고 눈을 맞아도 그냥 털어내기만 하면 된다. 게다가 데이 팩이 무색할 만큼 주머니가 많다. 보통 마운틴 파카에는 가슴에 주머니 두 개와 옆 주머니 두 개, 이중 머프(muff) 포켓, 등 쪽에는 지퍼가 달린 주머니가 있다. 앞쪽의 카고 포켓에는 벨크로(Velcro)로 붙였다 떼는 덮개가 있어서 비를 막아준다. 등에 있는 주머니에는 지도나 부피가 큰 물건도 들어가지만, 종이 한 장만 넣어도 보온 효과가 좋아진다.

대부분의 마운틴 파카는 이중 구조다. 겉감은 물론이고 후드와 소매 윗부분의 안감도 60/40이다.

시에라 디자인의 오리지널 60/40 마운틴 파카.

시에라 디자인의 울 라인드 파카.

경량화와 통기성을 위해 몸통과 소매 아랫부분은 보통 나일론이다. 마운틴 파카는 아웃도어 활동뿐 아니라 일상에도 편리함과 즐거움을 제공한다.

마운틴 파카 가운데 가장 유명한 제품은 시에라 디자인에서 1968년에 개발한 60/40 파카다. 이 제품은 60/40 마운틴 파카의 기본이 됐다. 울리치, 이스턴 마운틴 스포츠, 제리, 레이 등에도 비슷한 파카가 있다. 65/35(폴리에스터/면)도 있지만 60/40과는 전혀 다르다.

— 풍부한 베리에이션

60/40을 사용한 신제품으로는 울 라인드 60/40 파카나 폴라가드 60/40 등이 있다. 모두 시에라 디자인의 제품이다. 울 라인드 60/40 파카는 오리지널 60/40 파카 안쪽에 울을 80퍼센트, 나일론을 20퍼센트 혼방한 천을 덧댔다. 후드와 몸통, 어깨에서부터 팔 전체를 울로 감싸서 온도 조절을 꾀한다. 폴라가드 60/40은 통기성이 좋고 튼튼하고 따뜻한 폴라가드를 누볐다. 둘 다 스웨터나 우모복과 레이어드하는 걸 고려해서 설계된 60/40 파카와는 용도가 다르다. 눈에 잘 띄지 않지만 60/40 파카에는 장갑을 낀 상태에서 묶을 수 있는 조임끈 끝부분의 가죽이나 털이 지퍼에 다치지 않도록 보호하는 넥 플랩(neck flap), 지퍼를 잠그는 스티치 두 개, 풀지 않아도 옷을 벗을 수 있는 보온용 허리띠 등 이런저런 디테일이 숨어 있다.

애슬레틱 슈즈

애슬래틱 슈즈는 레더 부츠나 모카신과 어깨를 견줄 헤비듀티 신발이다. 예전에는 농구화, 테니스화, 덱 슈즈 정도였지만, 이후 트레이닝슈즈가 추가되면서 헤비듀티 애슬래틱 슈즈의 체계가 완성됐다.

농구화는 기본적인 형태가 완성된 지 오래다. 주로 실내에서 신기 때문에 기능도 여기에 맞춰져 있다. 기능을 따질 때도 이런 배경을 미리 생각해야

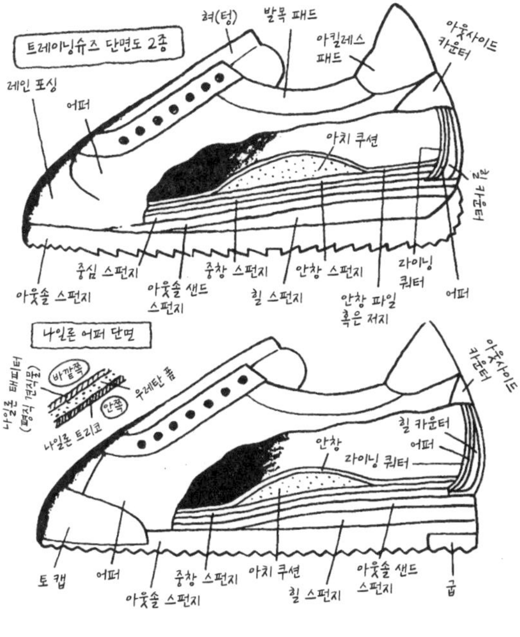

한다. 테니스화는 다양한 코트에 맞게 만들어져서 어떤 코트에서 신을지를 미리 따져야 한다. 어퍼에 캔버스 천을 사용한 것도 농구화와의 공통점이다. 트레이닝슈즈는 다양한 스포츠 트레이닝을 위한 신발이다. 애슬래틱 슈즈가 일상용 헤비듀티 슈즈라면, 주류는 트레이닝슈즈다. 어퍼는 크게 나일론과 가죽으로 나뉘고, 솔은 무척 다양하다. 조깅도 트레이닝의 일부인 만큼 육상화도 목적에 맞춰야 한다.

트레이닝슈즈는 트랙용, 잔디나 육상 경기 바닥용, 포장도로용, 비포장도로용 등이 있다. 러닝이어도 조깅, 디스턴스, 크로스컨트리, 마라톤 등 목적에 따라 형태가 크게 다르다. 비가 올 때는 어퍼가 나일론보다 레더가 좋다는, 조건에 따른 사용법도 알아야 한다. 스파이크슈즈는 일상적이지 않아서 헤비듀티의 범위에는 넣지 않았다.

— 애슬래틱 슈즈 브랜드

☀ 아디다스: 서독에 본사가 있는 세계 1위의 브랜드. 일반 신발의 점유율도 높다. SL-72~6(바닥 패턴이 앞부분과 뒷부분이 반대. 나일론 어퍼 트레이너의 걸작.), 컨트리(크로스컨트리용. 러버 솔이 힐과 토를 감싸고 있고 어퍼는 가죽. 모조품이 많은 모델.)

러너(장거리달리기용. 나일론 메시와 벨로아의 조합.), 스탠 스미스(새하얗고 아름다운 테니스화.) 같은 모델이 대표적이다. 로고는 옆면의 선 세 개.

✷ 푸마: 아디다스와 마찬가지로 서독에 본사가 있다. 형제 회사인 아디다스를 발 빠르게 추격한다. 바나나(노란색 나일론 어퍼와 잘 설계된 쿠션.), 빅레드(바나나와 같은 종으로 색깔만 다르다.), 매치(슈어 그립 솔과 레더 어퍼. 테니스화.) 같은 제품이 대표적이다. 상징은 폼 스트립.

✷ 나이키: 짧은 기간에 전 세계에 이름을 알린 미국의 브랜드. 오리건 와플(오리건 대학교의 트랙 코치인 빌 보워먼[Bill Bowerman]의 조언으로 만들어졌다. 와플[waffle] 패턴 솔을 갖췄다. 오리건 대학교의 상징인 노란색과 초록색.), 코르테스 레더(흰색에 빨간색 윙이 인상적인 레더 어퍼와 헤링본[herringbone] 솔.), 보스턴(독특한 석션 솔에 나일론 어퍼. 마라톤 슈즈의 걸작.) 등은 일본에서도 인기가 많다. 상징은 승리의 여신 니케의 날개를 본뜬 로고.

✷ 뉴발란스: 미국의 대표적인 브랜드. 320(나일론 어퍼와 헤링본 솔. 1976년 미국의 트레이닝 전문지 『러너스 월드[Runner's World]』에서 선정한 신발 1위)이 대표적.

☀ 브룩스: 뉴발란스와 마찬가지인 새로운 미국의 브랜드. 빌라노바(나일론 어퍼에 밑으로 퍼지는 석션 솔. 『러너스 월드』에서 선정한 신발 2위)로 알려졌다.

☀ 컨버스: 몇 년 전까지만 해도 '스니커는 농구화, 농구화는 컨버스'가 상식이었다. 트레이닝슈즈 시대로 접어들면서 후퇴한 느낌이 들지만, 별 로고의 올스타 시리즈는 여전하다. 컨버스는 역시 컨버스.

☀ 케즈: 서부의 컨버스에 맞서는 동부의 케즈도 미국의 대표적 스니커다. 옆면에 빛나는 레드와 블루의 라인, 프로 케즈 시리즈도 여전하다.

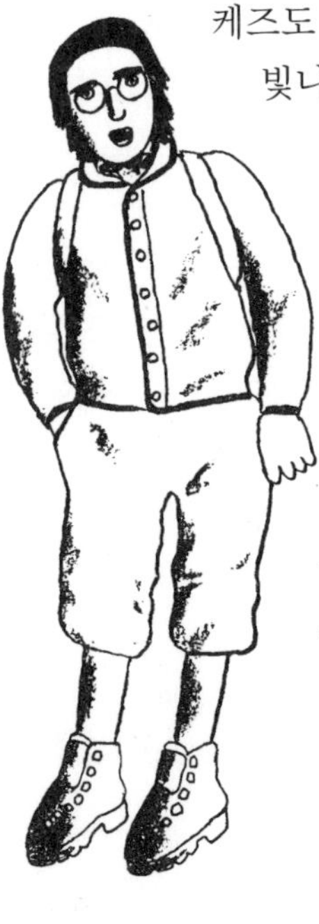

☀ 오니츠카 타이거: 일본의 대표적 브랜드 오니츠카에서 세계 시장에 도전하는 브랜드. 격자 형태의 로고는 아디다스, 나이키와 함께 세계의 스포츠맨에게 알려졌다. 제품은 비카 림버 업, 마립 등을 시작으로 애슬래틱 슈즈 전반에 이른다.

신발

— 신발에도 기능과 양식이 있다

몸에 걸치는 물건 가운데 신발만큼 사용자의 생활에 밀착된 게 있을까? 물건을 몸을 꾸미는 것과 생활의 기초에 있는 것으로 나누면, 신발은 후자 가운데 단연 으뜸이다. 신발은 취향이나 패션 이전에 사용자의 생활에 따라 결정된다. 일단 포장도로용, 비포장도로용, 모든 날씨에 대응하는 용으로 나뉜다. 첫 번째는 일상용으로 실용성이 일정하고(그래서 옷에 가깝다.) 이리저리 꾸밀 때 좋다. 두 번째는 오직 헤비듀티함만 필요하므로 튼튼함과 실용성을 기준으로 모든 게 결정된다.

신발의 형태는 발을 어떻게 감싸는지에 따라 결정된다. 감싸는 게 발등부터인지, 바닥부터인지, 위아래로 감싸는지, 발바닥에 패널을 덧대는지 등을 따진 결과다. 이에 따라 신발을 신는 방식, 높이, 접합부 등이 고안됐다.

일상용 신발은 기능의 부담이 적어서 스타일로 결정된다. 나이나 사회적 지위 같은 TPO(Time, Place, Occasion), 취향이나 패션을 고려하면 된다. 윙 팁(wing tip)을 플레인 토(plain toe)로 바꿔도 문제 될 게 없다. 헤비듀티한 신발 가운데 작정하고 특수한 신발을 고르더라도 하나의 스타일이 된다. 하지만 그 반대는 없다. 이런 점 때문에 도시 생활이 싫어질 때가 있다. 이런 구조를 이해하고 신발을 고르는 건 괜찮지만, 그렇지 않은 무수한 아류가 도시를 좀먹는다. 비브람 솔(sole) 워킹 부츠는 원래 길을 걷는 용이 아니라는 사실은 사람들한테는 별로 중요하지 않으니까.

— 헤비듀티 슈즈

신발이 사용자의 생활에 따라 결정된다면, 사용자의 생활을 결정하는 신발이야말로 신발 중의 신발이다. 이런 신발의 목적은 단 한 가지다. 그 목적을 위해서 태어나 사용되고 사라지는 것. 그게 신발이라는 도구이자 물건이다. 이런 신발에 스타일 같은 건 없다. 자연과 인간을 잇는 방식에 따라 고안된 형태만 있을 뿐이다.

☀ 모카신: 지금 가장 필요한 신발. 모카신 형태의 디자인과는 다르다. 트래퍼, 캠프, 카누, 보트, 워킹 부츠 등 다양한 종류가 있다.

러그솔 워킹 모카신.

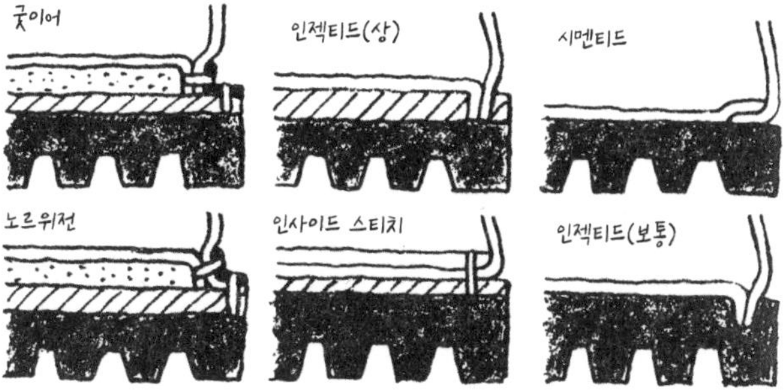

☀ 워킹 부츠: 옥스퍼드, 앵클부츠, 6~8인치짜리 등이 있다.
☀ 그 밖에: 등산화, 암벽등반 전용인 클레터 슈즈, 헌터 부츠(6, 8인치), 풀 온 부츠, 솔의 배리에이션, 디테일별, 스노모빌 부츠. 애슬래틱 슈즈, 고무장화, 승마화, 스키 등에 사용하는 애프터 부츠, 각종 모터사이클 부츠, 아크틱 부츠(레더와 고무 조합에 이너 부츠가 딸린). 베이퍼 부츠(고무). 펠트 등의 워딩 부츠.

여기서 자신에게 맞는 걸 고르면 된다. 이는 세상에는 6인치의 비브람 솔 워킹 부츠와 페코스 부츠와 트래퍼 모카신과 9인치의 아크틱 부츠와 애슬래틱 슈즈로 생활하는 사람이 있다는 뜻이다. 여기서 스케이트화 같은 특수한 신발은 제외했다.

가죽

헤비듀티에서 빼놓을 수 없는 게 가죽이다. 다른 건 몰라도 가죽만큼은 다른 소재로 대체할 수 없다. 우리는 신발을 시작으로 가방, 옷, 벨트 등에 가죽을 사용해왔다. 가죽에는 여러 동물의 가죽이 있지만, 헤비듀티에서 가죽은 소가죽이다. 물론 일부에서는 말이나 돼지의 가죽도 사용하지만, 어쨌든 소가죽만 한 게 없다.

— 가공

가죽을 제대로 사용하기 전에는 무두질을 거쳐야 한다. 가죽은 섬유 덩어리다. 섬유를 풀어서 찌꺼기를 걸러내고, 필요한 부분을 보충하는 작업이 무두질이다. 이 과정에서 타액이나 소금을 이용하기도 한다. 무두질로 가죽이 썩는 걸 방지하고, 강도를 조절할 수 있다. 무두질을 거친 가죽은 안정되고 품질이 균등해진다.

무두질은 크게 크로뮴(chromium)산을 이용하는 크로뮴 무두질과 타닌(tannin)이나 감물을 이용하는 베지터블 무두질로 나뉜다. 천연 타닌인 감물은 보통 나무껍질에서 얻는다. 양산용으로 합성 타닌이라는 것도 있다.

광물성인 크로뮴으로 무두질을 하면 일반적으로 단가가 낮아진다. 가죽 단면이 푸르스름한 색을 띠면 크로뮴 무두질을 거친 것이다. 크로뮴 무두질보다 단가가 높은(신발을 예로 들면 한 켤레당 1,000원 정도 차이가 난다.) 베지터블(vegetable) 무두질을 거치면 가죽이 자연스럽다. 차리혁[일본 특유의 공법으로 무두질한 가죽으로 슈렁큰 가죽과 비슷하지만 타닌 같은 자연 소재를 사용함]처럼 단면이 갈색이고 전체적으로 자연스러운 느낌이 들면 베지터블 무두질을 거쳤다고 보면 된다. 신발에서 어퍼에는 크로뮴 무두질을, 창에는 베지터블 무두질을 해야 한다고도 하는데, 반드시 그런 건 아니다.

가죽 제조 기술은 유럽이 최고고, 미국과 일본이 그 뒤를 잇는다. 미국산 가죽은 거칠지만 자연스럽다. 게다가 유럽이나 일본보다 단가가 저렴해 잔뜩 사용할 수 있어서 헤비듀티에 딱 맞다.

가죽 표면은 은면(glazing layer)이라고 하고, 은면을 그대로 사용하는 걸 '풀 그레인(full

grain)'이라고 한다. 가죽 한 장을 여러 장으로 벗겨서 사용하기도 하는데, 은면 쪽 한 장 외에는 보풀이 일어난다. 이 가죽을 '상혁(床革)'이라고 한다. 상혁은 가죽 한 장에서 여러 장 나오는 만큼 저렴하지만, 강도가 약하고 촉감이 썩 좋지 않다. 러프아웃(roughout)은 통가죽의 뒷면을 앞면으로 사용하는 걸 말한다. 촉감은 상혁과 비슷하지만, 통가죽이어서 풀 그레인(full grain) 가죽처럼 강도가 높다. 헤비듀티한 신발이나 등산화에는 두꺼운 러프아웃 가죽을 사용한다. 풀 그레인 가죽은 은면이 긁히기 쉽고, 긁힌 부분에 물이 스며들면 내부가 젖지만, 러프아웃 가죽은 잘 긁히지 않아 똑같이 긁혀도 물이 잘 스며들지 않는다.

무두질을 하려면 먼저 가죽을 벗긴 다음 소금에 절여 보존이나 무두질 효과를 높인다. 그다음으로 물로 염분이나 먼지를 깨끗하게 씻고, 털을 뽑은

다음 다시 물로 씻는다. 그리고 탈지를 거치면 섬유만 남는다. 그러고 나서 크로뮴이나 타닌으로 무두질을 하고, 색을 입힌다. 마지막으로

L.L. 빈의 메인 헌팅 슈즈. 여기서 중요한 건 어퍼 가죽의 품질이다. 원재료는 소가죽. 베지터블 무두질 과정에서 방수성이 생긴다. 튼튼하고 부드럽게 완성됐다.

유지나 왁스로 가공을 하면 비로소 하나의 가죽이 완성된다.

헤비듀티에서 자주 사용하는 오일탠드(oil-tanned) 가죽은 마지막 단계에서 유지를 충분히 먹인 가죽이다. 왁스를 먹인 건 '왁스 풀 업(wax pull up) 가죽'이라고 한다. 손으로 만져보면 유지나 왁스가 묻어날 정도다. 충분히 유지나 왁스가 스며든 가죽은 수분을 튕기고, 탄력이 있다. 하지만 신발을 만들 때는 접착제로 어퍼와 창을 붙이는 시멘트 제법을 사용할 수 없다. 유지는 잘 산화되지 않는 게 좋다. 예전에는 주로 말기름을 사용했지만, 지금은 동물성, 식물성, 광물성 등 종류가 다양해서 용도에 따라 사용한다. 일본에는 수요가 없어서 오일탠드 가죽이나 왁스 풀 업 가죽을 거의 사용하지 않는다.

가죽은 은면에서 뒷면까지의 사이(심)가 오밀조밀한 섬유조직에서 거친 조직까지 그러데이션처럼 돼 있다. 상혁처럼 층이 나뉜 가죽은 층에 따라 질이 조금씩 다르다. 가죽은 생물이어서 같은 동물 가죽이라도 차이가 있고, 가죽 한 장도 부분에 따라 두께와 질이 다르다. 이런 점이 가죽의 자연스러움을 만들지만, 가공할 때 어려움을 주기도 한다.

스웨이드(suede)나 브러시드(brushed) 레더는 은면을 벗긴 통가죽을 가공한 가죽이다. 상혁은 원래 거의 보이는 곳에는 쓰지 않는 가죽이었다. 하지만 무두질 기술이 발달하면서 훌륭한 소재로 다시 태어났다.

— 가죽의 질을 좌우하는 것
질 좋은 가죽은 건강한 소에서 나온다. 정말 좋은 가죽을 얻으려면 소를 키우는 목장과 기후를 엄선해서 관리를 잘하고, 소도 종을 엄선해야 한다. 지금은 높은 인건비와 환경 문제 때문에 좋은 가죽을 얻기 어려워졌지만 말이다. 무두질도 가죽의 품질을 좌우한다. 가죽의 강도나 탄력은 여기서 결정된다. 전문가들은 얇으면서 탄력 있는 가죽을 '맛 좋은 가죽'이라고 부른다. 표면과 심의 성질이 다른 경우도 있다. 일본에서는 여전히 헤비듀티한 가죽을 조악한 가죽과 혼동하기도 한다. 목적을 고려해서 헤비듀티한 소재로 수요가 많아지면, 일본에서도 헤비듀티한 가죽이 많이 만들어지게 될 것이다.

나이프

도구는 신체의 각 부분, 예컨대 손이나 발의 기능을 돕고, 더 확대하고, 때로는 보호를 하기도 한다. 도구는 신체의 각 부분이 연장된 것이다. 그런 점에서 손의 기능을 한계까지 몰아세운 게 나이프 아닐까. 일본 남성에게는 나이프에 대한 로망이 있다. 나이프는 극한에 이르는 곳까지 기능을 갈고 닦은 극치고, 그 바탕이 되는 스포츠나 필드에 대한 로망이 있기 때문이다.

로빈슨 크루소 같은 상황에 부닥쳤을 때 가장 필요한 건 당연히 한 자루의 나이프다. 많은 사람이 자연인으로서 삶의 방식을 고민하는 시대가 됐다. 사람들이 다시 나이프에 관심을 두는 건 스스로 로빈슨 크루소라고 생각하기 때문은 아닐까. 물론 여기서 말하는 나이프는 폭력이나 살인과는 전혀 다른 종류다.

— 기본 조건

여기서 말하는 나이프는 사냥용과 레저용이 대부분이고, 나머지는 공작용이다. 나이프는 용도에 따라 결정된다. 기능을 극한까지 끌어올린 도구라서 철저하게 목적을 위해 만들어졌다. 뭐든지 자를 수 있는 만능 나이프는 없다. 사냥용은 빅 게임용에서 조류 사냥용 등으로 나뉘고, 낚시용은 기능에 따라 형태, 크기, 재질이 다르다. 빅 게임에는 나뭇가지를 자르거나 사냥감을 잡기 위해 두껍고 약간 무거운 나이프와 날카로운 소형 나이프가 필요하고, 조류 사냥에는 10센티미터 정도 되는 가벼운 나이프가 좋다.

나이프의 생명은 칼날이다. 당연히 튼튼하면서 잘 잘리는 게 좋지만, 너무 튼튼하면 오히려 갈기 어려워진다. 브랜드는 칼날이 적당히 튼튼한 나이프를 만들기 위해 고심할 수밖에 없다. 나이프의 경도는 보통 RC(Rockwell Scale)로 표현한다. RC55도 이상이면 합격이며, RC58도 정도면 충분하다. 특히 거버의 헌팅 시리즈는 알루미늄 다이캐스트[금속 주형으로 알루미늄 합금을 주조하는 것, 또는 그 합금]로 칼날을 주조하는데 이게 헤비듀티다.

손잡이는 무엇보다 손에 잘 맞아야 한다. 사냥용 나이프에는 주로 인도 큰사슴의 뿔이나 로즈우드나 흑단, 호두나무처럼 단단하고 무거운 나무를 사용한다. 플라스틱이나 면, 나뭇조각을 플라스틱으로 굳힌 건 온도 변화에 강하고 잘 변형되지 않아서 인기가 좋다. 핸드 메이드 나이프로

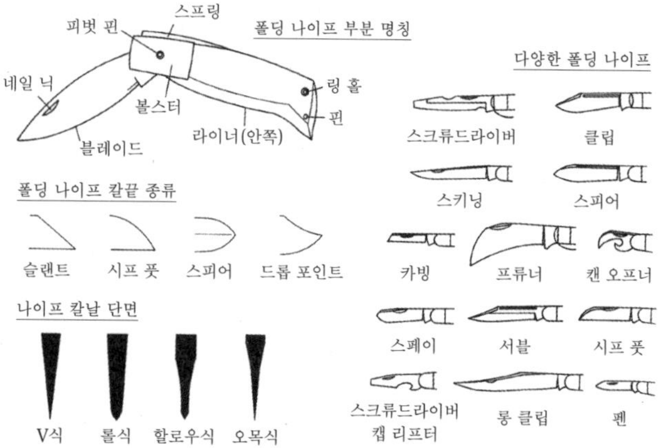

유명한 랜들에는 가죽으로 만든 손잡이가 많다. 상아(갈라지기 쉬운 단점이 있다.)를 사용하기도 한다. 미국의 나이프 손잡이는 대부분이 두꺼운 가죽으로 만들어졌고 만듦새도 좋다. 권총집과 마찬가지로 미국인의 독특한 취향이 드러난다.

— 폴딩 나이프

헤비듀티를 실천하기 위한 나이프로는 폴딩 나이프를 추천한다. 이 책의 독자는 빅 게임용 대형 시스 나이프나 보위 나이프[프런티어 나이프 이후에 등장해서 지금까지 생산되는 미국의 전투용 나이프]는 필요 없을 것이다. 물론 수집용으로 보면 조금 다르겠지만, 이런 나이프는 헤비듀티와는 별개다. 여기서는 폴딩 나이프를 중심으로 구하기 쉬운 제품부터 살펴보자.

☀ 벅 나이프: 벅 나이프는 1900년대 초에 캔자스 레븐월스의 호이트 벅(Hoyt Buck)이 나이프를 만들면서 시작됐다. 집 창고에서 취미로 만들던 게 조금씩 알려지면서 제2차 세계대전 때는 근처 공군 기지의 군인들이 휴대하기 시작했다. 그들을 통해 세계 각지에 벅 나이프가 퍼졌다. 전쟁이 끝나고 샌디에이고로 회사를 옮겨 대량생산을 하면서 통신판매를 시작했다. 호이트 벅은 1949년에 세상을 떠났고, 지금은 그 아들이 사장으로 있으며[2018년 현재 4대째가 사장으로 부임 중] 세계적 나이프 브랜드로 부동의 지위를 지킨다. 일본에서는 보통 총포점, 사냥용품점 등이나 총 대리점인 퍼스너스 인터내셔널에서도 취급한다.

주력 제품인 폴딩 헌터는 벅의 베스트셀러다. 고전적인 디자인은 헤비듀티 그 자체이자 헤비듀티 나이프의 상징이다. 진짜 중의 진짜다. 칼날은 튼튼함과 날카로움 모두 갖춘 440C 철로 만들어지고, 헤비듀티한 칼집이 딸린다. 그 밖에도 소형 폴딩 헌터인 레인저, 이보다 작은 에스콰이어가 있다. 스포츠용으로는 에스콰이어가 좋다. 폴딩 나이프는 용도에 따라 커데트, 요트맨, 트래퍼, 머스크랫, 스톡맨, 컴패니온, 랜서 등이 있고, 시리즈 나이프로는 패스파인더, 퍼스널, 스페셜, 제네럴, 프런티어즈, 피셔맨, 스키너, 우즈맨, 케이퍼 등이 있다.

☀ 거버 나이프: 거버는 고급 스테이크 나이프나 식칼 브랜드로 잘 알려졌다. 사냥과 낚시 마니아였던 선대 사장이 취미로 사용할 나이프를 제품화한 게 거버 헌팅 나이프 시리즈다. 이 헌팅 나이프 시리즈는 내마모성을 위해 고속도 공구강을 사용한 경질 크로뮴 도금으로 유명하다. 요즘 거버 나이프는 전문 사냥꾼이나 가이드 사이에서 인기가 높고, 알래스카 원주민들도 생활용으로 사용한다.

칼날은 고속도 공구강을 중심으로, 나머지 18퍼센트 정도는 텅스텐, 몰리브덴, 바나듐, 크로뮴, 카본으로 광택과 녹막이를 위해 두꺼운 경질 크로뮴을 도금한다. 거버의 칼날은 철을 자를 수 있는 정도인 RC60~2도이며, 탄성도 좋아서 실용적이다. 접이식, 프리 시리즈, 생선용 나이프는 440C 철로 만들어졌고, 17퍼센트 정도는 크로뮴이어서 녹이 슬지 않는다. 특히 접이식 나이프는 접은 상태로 오래 두면 습기가 차서 녹슬기

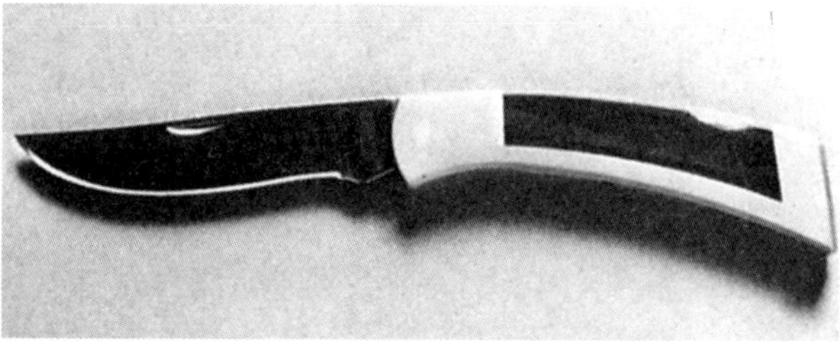

거버의 폴딩 스포츠맨.

때문에 이 금속으로 만든다. RC57~59도의 칼날은 경도, 탄력 둘 다 좋고, 갈기도 쉽다.

매그넘 폴딩 헌터는 440C 철을 사용한 거버의 대표작이다. 칼끝이 아래로 향하는 드롭 포인트가 특징이고 물결 형태의 손잡이도 눈에 띈다. 미끄럼 방지 처리도 했다. 길이는 8센티미터 정도. 폴딩 스포츠맨 2는 트레일링 포인트 형태고, 폴딩 스포츠맨 2d는 드롭 포인트 형태다. 길이가 9센티미터 정도 되는 정통파 나이프. 폴딩 스포츠맨은 토 트레일링 포인트로, 기본적인 형태다. 길이는 11.5센티미터 정도로 대형이다. 뉴 폴딩 스포츠맨은 폴딩 스포츠맨의 동생 격. 피츠 나이프 2와 피츠 나이프 2d는 폴딩 스포츠맨을 7.6센티미터 정도로 줄인 제품으로, 칼끝이 위로 향한 트레일링 포인트와 아래로 향한 드롭 포인트가 있다. 뉴 거버 '클래식'은 드롭 포인트의 아름다운 소형 나이프다.

손잡이는 데린저(Derringer) 같은 소형 권총처럼 나무로 만든다. 특정한 용도로 사용하는 핸디맨과 스쿠큼을 포함해서 여기까지가 모두 거버의 폴딩 나이프다. 일반인에게 맞는 나이프는 뉴 폴딩 스포츠맨과 거버 클래식 정도 아닐까? 둘 다 포켓 나이프라서 가죽집은 없다. 폴딩 스포츠맨이나 피츠 나이프도 괜찮다. 그 밖에도 거버에서는 프레젠테이션, 아머 하이드, 서바이벌 나이프, 피싱, 커스텀 에보니 시리즈 등의 시스 나이프가 있다. 주재료는 앞에서 이야기한 고속도 공구강이라 모두 헤비듀티다.

— 수제 나이프의 매력

미국은 핸드 메이드 나이프 마니아의 천국이다. 요즘에는 장인정신으로 무장한 브랜드가 많이 생겼다. 수집욕을 자극하는 물건은 책의 주제를 벗어나지만, 브랜드만 거론하는 정도는 괜찮을 것 같다.

☀ 랜들: 미국 핸드 메이드 브랜드의 원조로, R.W. 러브레스(R.W. Loveless)가 "우리가 나이프를 만든 건 순전히 랜들 때문이다."라고 했을 정도다. 최고 품질 스웨덴 강을 하나씩 제련해서 만드는

슈나이더의 커스텀 나이프.

헤비듀티의 극치다. 엄청나게 넓은 농원을 경영하면서 여유 있게 좋아하는 나이프를 만드는 랜들의 자랑은 NASA에서 우주인용으로 택한 나이프다. 그 밖에도 헌터, 캠프 & 트레일, 트라우트 & 버드, 알래스칸 스키너 등의 제품이 있다.

☀ 쿠퍼: 장인정신으로 무장한 남자. 그가 만든 쿠퍼는 튼튼함과 날카로움이라는, 상반된 조건을 모두 만족시키는 나이프다. 쿠퍼는 자기가 만든 나이프로 떡갈나무를 마구 때린 다음 솜털을 깎아서 보여주는 게 취미고, 아프리카에서는 한 번도 칼을 갈지 않고 큰사슴 일곱 마리의 가죽을 벗기기도 했다고. 그 밖에도 모히칸 스코, 미니 보위, 캘리포니아 헌터, 코만치 등의 제품이 있고, 모든 나이프의 손잡이에는 독특한 선이 있다.

☀ 러브레스: 실용적이고 헤비듀티한 나이프를 계속 만드는 핸드 메이드 나이프계의 유명인. 최고의 실력을 갖췄다. 러브레스만큼 다른 나이프 브랜드에

영향을 끼치는 사람도 드물다. 러브레스 나이프는 실용적 경도의 한계인 RC63, 64의 단단함을 자랑하며, 그레이드154C강으로 만들어서 내구성도 좋고 잘 녹슬지 않는다. 언젠가 러브레스는 타협하지 않고 최고를 갈구하는 아웃도어 스포츠맨을 위해, 금액에 맞는 나이프를 요구하는 엄격한 사람을 위해 나이프를 만들고 싶다고 말했다. 낭비나 장난 없이 헤비듀티한 러브레스의 나이프는 헤비듀티한 아름다움의 정점에 있다. 케이퍼, 핀, 유틸리티 헌터, 드롭 헌터, 세미 스키너 등의 제품이 있다.

☀ 그 밖에: 프랭크 센토판테(플로리다), 모세스(아칸소), 클라이드 피셔(텍사스), 월터(오하이오), 얀시(콜로라도), H.J 슈나이더(캘리포니아), 제스혼(캘리포니아) 등 수십 명의 장인이 미국 전역에서 실력을 겨룬다. 핸드 메이드 나이프는 당연히 비싸다. (장인과 제품에 따라 편차가 매우 크다.) 주문을 하고 기다려야 하는 것도 다반사다. 예컨대 러브레스만 해도 제품 납품일이 정해져 있지 않고, 보통 1년에서 2년이라고 한다.

통나무집

— 미국인의 자연 지향

요즘 미국이 자연을 사랑하는 나라가 된 것 같아서 좀 당황스럽다. 몇 년 전까지만 해도 미국에 자연 친화적인 이미지는 거의 없었다. 미국을 대표하는 이미지는 고속도로와 대형차, 풋볼, 고층 빌딩 등이었고, 자연이라고 하면 사막이나 그랜드캐니언, 서부극의 바위산, 오리건의 나무꾼과 삼림 정도를 떠올릴 수 있을 정도였다. 나는 미국인만큼 등산과 안 어울리는 건 없다고 생각했다.

제목을 잊어버린, 아주 오래된 영화 가운데

굴뚝.
로빈슨 가족이 만든 통나무집. 지나치게 잘 만든 감이 있지만...
걸어 올리는 덧문.
영화 등장인물인 토비가 노는 그네.

글렌 포드(Glenn Ford)가 암벽을 타는 영화가 있었다. 뭐랄까, 능숙함이라곤 눈을 씻고 찾아볼 수 없어서 이상했다. 글렌 포드가 이상했다기보다는, 할리우드에서 암벽등반 영화를 만들었다는 점이나 미국인이 암벽등반을 한다는 게 도무지 안 어울렸다. 하지만 요즘에는 친환경, 백패킹, 야생, 미국의 야생주의자 존 뮤어(John Muir), 백패킹 안내서 『컴플리트 워커(Complete Walker)』, 요세미티족, 클린 어센트[암벽등반을 할 때 암석의 손상을 방지하기 위해 사용하는 장비와 기술], 이본 취나드, 숲, 등산용품 브랜드 MSR 같은 말이 자주 들린다. 전반적으로 의식이 바뀌는 것 같다. 배경에는 에너지 문제나 베트남전쟁 패배 등이 있다. 조용해진 교실로 학생들이 돌아왔고, 원주민의 생활 방식이 다시 평가되고, 핸드 메이드 생활용품이 많아지고, 집까지 직접 만드는 사람이 등장했다. 아웃도어 스포츠도 급격하게 보급됐다.

일러스트레이터 일을 하다 보면, 미국의 유행을 경험할 기회가 많다. 어느샌가 미국인들이 등산, 등반, 스키 투어 등을 열심히 하게 됐다. 시스템을 좋아하고 상업적인 나라라서 그런지 관련된 옷이나 도구가 일상으로 눈에 띄게 들어왔다. 니트 모자에 넬 셔츠, 다운 조끼에 트레일 팬츠, 끈이

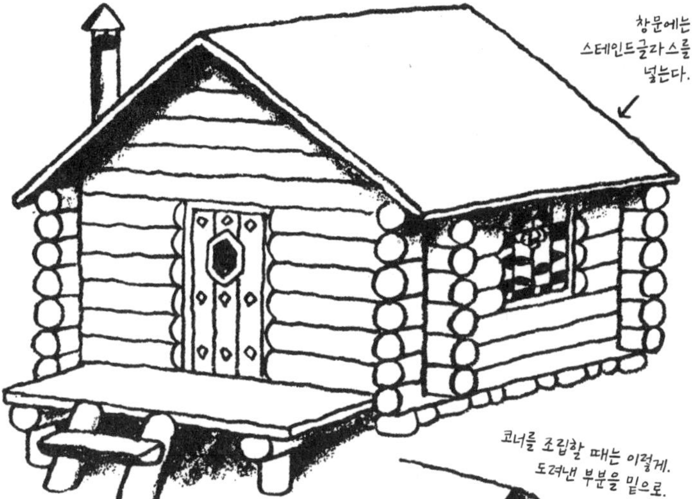
창문에는
스테인드글라스를
넣는다.

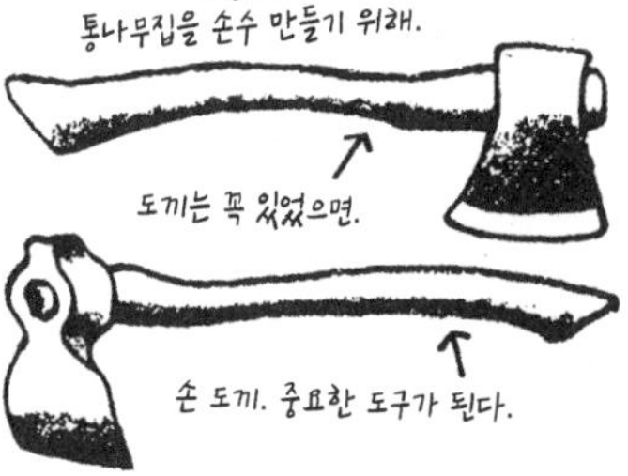
통나무집을 손수 만들기 위해.
도끼는 꼭 있었으면.
손 도끼. 중요한 도구가 된다.

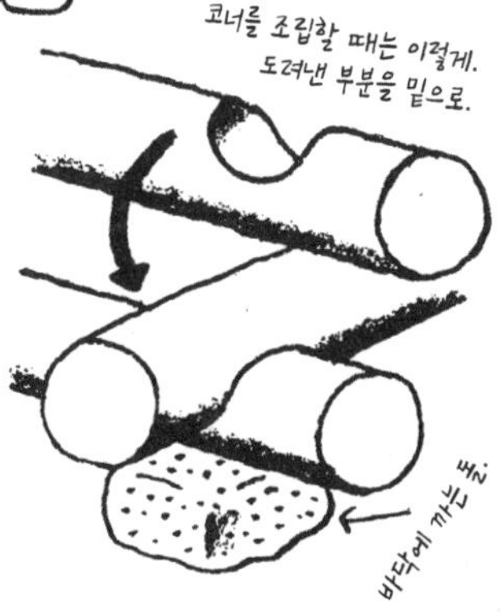
코너를 조립할 때는 이렇게.
도려낸 부분을 밑으로.
바닥에 까는 돌

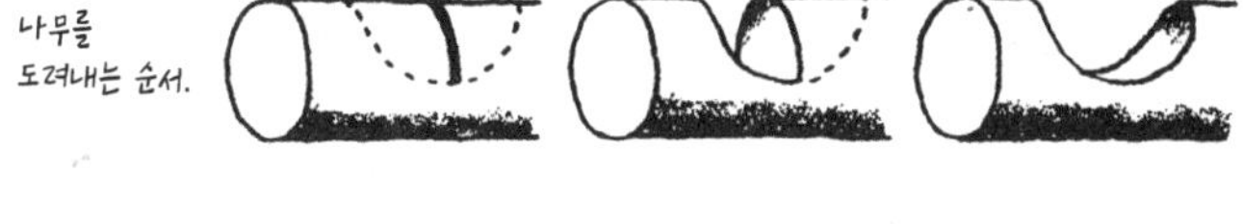
나무를
도려내는 순서.
① 도려낼 부분을 표시하고,
② 반을 자르고,
③ 나머지를 도려낸다.

빨간 등산화에 작은 어택 백으로 무장한 학생들이 캠퍼스에 넘쳐나는 광경은 이렇게 시작됐다.

나는 등산이나 하이킹은 멋대가리 없고 바보 같은 스포츠라고 생각했다. 그런데 이런 풍습이, 게다가 등산이란 개념이 없던 미국에서 나타나 전 세계에 퍼지다니, 상상도 못 할 일이다.

이 무렵에 영화「로빈슨 가족(The Wilderness Family)」이 개봉했다. 영화는 미국에서 대박이 났다. 초반에는 화면이 로스앤젤레스 시내의 빌딩 공사 현장에서 로키산맥 한가운데로 이동하면서 미국의 정반대 모습을 보여준다. 그리고 주인공들은 바깥과의 연결 고리는 라디오와 수상비행기뿐인 산속 호숫가에 통나무집을 세운다.

산짐승, 호수와 카누, 비와 바람. 영화는 봄과 가을 사이를 배경으로 진행된다. 눈이 내리기 전에 끝나서 아쉽기도 하다. 내용을 보면 일본어판 제목인 '어드벤처 패밀리'보다 원제인 'The wilderness family'가 낫다. 얼마 전에 자연파가 된 사람은 물론이고 원래 산을 좋아하는 사람이라면 누구나 구석구석을 들여다보는 즐거움이 있는 영화다. 그런데 영화 자체는 이런 게 자연을 다룬 영화에 맞는 방식인지 궁금해질 정도로 기교를 부리지 않는다.

영화에 나오는 로빈슨 가족의 생활이

유리 한 장으로 된 창문.
알래스카에서 본 통나무집. 1.5평 정도로 작았지만, 이 정도면 적당하다.
통나무집에 꼭 딸려 오는 크로스컨트리용 스키판.
ヤスヒコ

미국인들의 가장 기본적인 생활이라고 생각한다. 다른 영화나 소설에서 묘사하는 사냥꾼, 나무꾼, 카우보이 등의 생활에서도 비슷한 부분이 많고, 미국인이 생각하는 자연생활이란 이런 생활 방식을 떠올리게 되는 것 같다.

미국엔 산이 없다고 생각했지만, 유럽과 전혀 다른 산이 있었다. 미국에서 산은 유럽처럼 악마의 소굴보다 동물이 사는 곳이란 인식이 있다. 기분 좋은 천진난만함이다.

— 통나무집을 향한 로망

영화 초반에 가족 네 명이 산에 도착하자 거기에는 괴짜가 살았다는 설정으로 버려진 작은 통나무집이 있다. 이렇게 산속 생활을 시작하는데, 이 집이 꽤 좋다. 나는 통나무집이라면 뭐든지 좋다. 영화 세트긴 하지만, 통나무집이 나오는 장면이 재미있어서 열심히 보게 된다. 난로나 굴뚝도 좋다. 작은 집이지만 진짜 같은 완성도도 좋다. 가족이 힘을 모아서 통나무집을 만드는 장면이 재미있다. 높은 곳에 통나무를 올리는 기술도 나온다. 단 한 번이라도 통나무집을 만들어보고 싶다고 생각한 사람이라면 이 장면에서 미소를 머금게 된다.

그런데, 영화라서 어쩔 수 없다고는 하지만, 이 통나무집은 너무 잘 만들어져서 왠지 정이 안 간다. 나중에 곰의 습격과 바람 때문에 조금 부서지기는 해도 전체적으로 지나치게 훌륭하다. 굴뚝이나 걸어 올리는 덧문과 그네까지 있는데, 정작 중요한 지붕이 부서지기 쉬운 널판인 건 좀 이상했다. 통나무와 통나무 사이는 회반죽과 비슷한 스투코(stucco)로 마감하는 대신 진흙을 그대로 채워 넣었다. 잘은 몰라도 저렇게 하면 안 되는 거 아닌가 하는 생각이 들었다.

통나무집은 미국인의 이상을 반영한 집이다.

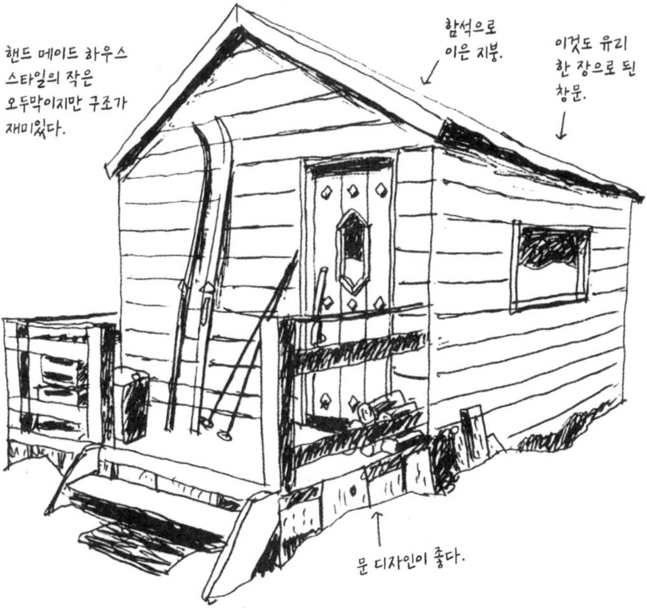
핸드 메이드 하우스
스타일의 작은
오두막이지만 구조가
재미있다.
함석으로
이은 지붕.
이것도 유리
한 장으로 된
창문.
문 디자인이 좋다.

요즘 유행하는 핸드 메이드 주택 가운데 통나무로 만든 집이 많다. 미국에서 가장 많이 볼 수 있는 핸드 메이드 주택은 한번 사용한 목재인 고재로 만든 집이다. 미국인들은 수레나 픽업트럭의 짐받이를 만들 때도 고재를 사용한다. 돔 하우스라는 것도 있다. 겉모습은 꽤 특이하지만, 내부는 다른 집과 다를 게 없다. 미국의 건축가인 버크민스터 풀러(Richard Buckminster Fuller)의 측지학(測地學)적인 돔 구조를 기준으로 한다.

가끔은 일부가 통나무집에 돔 하우스를 더한 독특한 집도 있다. 예전에 알래스카에서 오두막, 통나무집, 돔 하우스를 꽤 많이 본 기억이 있다.

부자의 별장처럼 멋진 오두막이나 학생들이 만든 것도 있다. 재미있는 건 지름 7~80센티미터 정도의 통나무로 짠 커다란 오두막이었다. 주인은 키가 2미터 정도의 남자였다. 커다란 곰 모피를 바닥에 깔고 소총과 엽총, 피스톨 몇 구, 사륜구동 트럭과 스노모빌, 설상차, 머스탱과 오토바이, 말 두 마리와 사모예드 두 마리, 그리고 초등학교 선생님인 부인과 아기가 있는 삶이었다.

3~4평짜리 오두막도 있었다. 작은 오두막에도 입구에는 발판이 있고, 안에는 벽난로, 밖에는 크로스컨트리용 스키판이 인원수만큼 세워져 있었다. 입구 근처에는 톱, 도끼, 소총, 그라인더, 바이스 등의 도구가 놓여 있었다. 그러고 보면 인간은 원래 이렇게 생활하게끔 태어난 것 같기도 하다.

돔 하우스는 바닥을 높혀 마루 아래 설치한 해치[hatch, 지붕 달린 현관]로 드나들었다. 나무에 판 벽널을 덧대고 밖에는 우레탄을 발랐다. 내부에는 단열재를 깔았다. 등유 난로를 때서 밖은 영하 20도였는데 거짓말처럼 따뜻했다.

이런 오두막은 소나무 숲속에 드문드문 있다. 다른 핸드 메이드 주택과 달리 환경이 정해져 있고, 그 외에서는 절대 성립할 수 없다. 「로빈슨 가족」처럼 호숫가에 있는 것도 좋지만, 무엇보다 가장 필요한 게 숲이다. 숲이 없으면 아무래도 통나무집은 만들기 어렵다. 통나무집은 숲, 계곡, 호수가 있어야 비로소 완성된다.

헤비듀티 카

헤비아이가 패션이 아니라 생활 방식인 것처럼 헤비듀티 카도 특정 자동차를 가리키지 않는다. 차를 타는 방식과 다루는 방식, 차를 필요로 하는 생활 등을 포함한다. 사륜구동은 헤비듀티 카의 대표격이지만, 헤비듀티 카라고 하려면 차주의 헤비듀티 라이프가 없으면 안 된다. 그 뒤에야 비로소 사륜구동이 헤비듀티 카라고 할 수 있다.

눈이 많이 오는 곳에서 활약하는 사륜구동 픽업트럭에는 차주의 헤비듀티 라이프가 차에 반영돼 있다. 차고는 작정하고 높고, 절대적으로 필요한 힘을 내뿜는 윈치(winch)도 확실하게 달렸다. 화물이나 사람을 태우기 위해 짐칸은 파이프 프레임이다.

사륜구동 밴이나 캠퍼도 생활 일부가 될 수 있다. 특히 캠퍼에 헤비듀티 카가 많은데, 그 가운데 루프에 카누, 앞뒤로 자전거나 오토바이를 설치할 수 있는 건 낚시나 사냥, 숲이나 호수 생활에 맞게 설계됐다. 대형 왜건(wagon)은 일반 승용차에 헤비듀티 정신을 더한 것으로, 헤비듀티 라이프를 위해 이용하면 훌륭한 헤비듀티 카가 된다. 특히 트렁크 바닥을 나눠서 좌석 두 개를 만들 수 있는 시스템은 꽤 헤비듀티하다. 스포츠 밴은 원래 상업용이었지만, 젊은이들이 자기 생활에 맞게 사용법을 바꿔 헤비듀티 카로 만들었다. 서핑 마니아를 시작으로 이제는 많은 사람이 애용하는 모델이 됐다.

눈에 강한 4WD 픽업.
트렁크의 프레임이
헤비듀티하다.
윈치.
강력한 스크럼블러가
달려 있다.

☀ 키트

— 키트 열풍

몇 년 동안 미국 아웃도어 잡지의 광고면에는 헤비듀티 키트(kit)가 자주 등장했다. 다운 파카, 마운틴 파카, 백팩, 침낭, 스패츠 등까지 갖춘 키트로 판매한다. 소비자가 직접 옷을 만들게 하는 취지 때문에 사용자가 늘고 있다. 이는 각종 아웃도어 스포츠가 급격하게 발전했기 때문이다. 이런 아이템의 발달과 보급 또한 미국인의 도구 사랑이나 도구를 사용하면서 즐거워하는 성격 때문이라는 것도 이미 눈치챘을 것이다. 시스템을 사랑하는 미국인의 성향도 꼽을 수 있다. 야, 이런 걸 해보니 재미있네. 그럼 다 같이 해보자. 그럼 시스템을 제대로 만들어서 길을 닦아 누구든 달릴 수 있게 한다. 아웃도어용품을 키트로 판매하는 건 이런 성향에 부합한다. 도구도 구조적으로 갖춰져 있다. 미국의 젊은이들에게 핸드 메이드는 이미 생활양식 자체가 됐다. 키트가 주목받는 중요한 이유다.

— 키트 브랜드와 종류

☀ 프로스트라인 키트: 종합 아웃도어 키트 브랜드. 아웃도어 스포츠의 소프트웨어는 모두 이 브랜드의

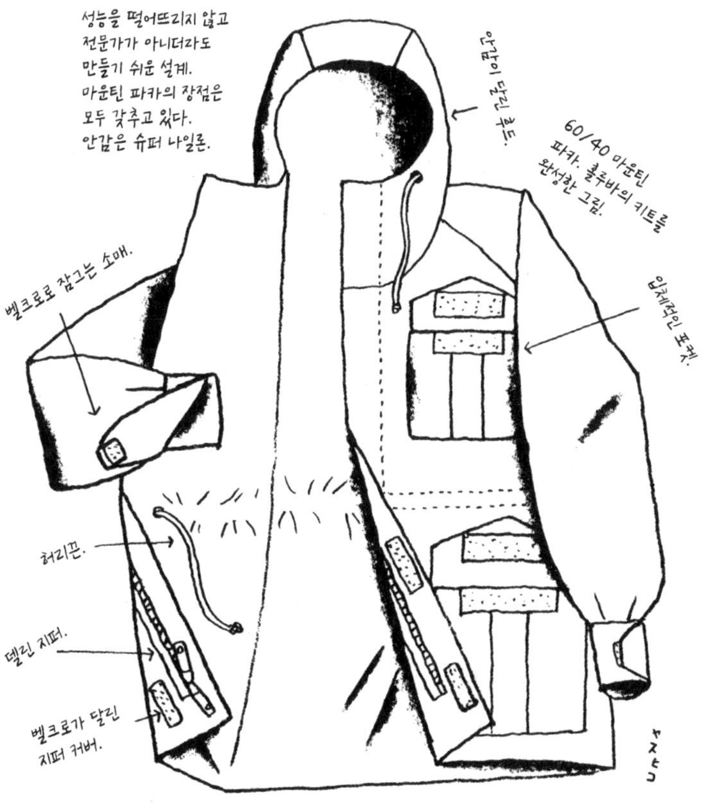

키트로 꾸릴 수 있을 만큼 폭이 넓다. 다운 재킷, 파카, 니트, 조끼, 마운틴 파카, 스키 파카, 다운 바지, 부츠, 후드를 비롯해 판초, 레인 파카, 레인 슈트, 바지 위에 덧입는 레인 챕스, 사냥용 리버시블 재킷,

오버나이트, 컨버치블 백, 토트백, 더플백 등의 여행 가방, 자전거 장비 등이 있다. 그 밖에도 프레임이 달린 베이비 토터, 다운 베개나 컴퍼터(이쯤 되면 거의 가정용품), 풀 프레임 백팩(프레임은 기성품), 모노코크 색, 데이 팩 같은 가방, 침낭, 텐트 등도 있고, 게다가 개별 키트도 주문할 수 있고, 앞에서 이야기한 모든 제품은 어린이용까지 있다. 미국답게 'Get your kit together(다 함께 키트를)'라고 인쇄된 티셔츠나 포스터, 자전거 깃발까지 있다.

키트는 사용자를 최대한 고려한다. 셸, 안감이나 라이닝, 주머니 패치, 퍼스너, 끈, 작은 부품 등의 부속품, 다운 등의 충전재 (비닐 백에 솜털이 흩날리지 않도록 안내서도 딸린다.), 찍찍이 테이프, 보강재, 실 등이 있어서 재봉틀과 시도할 마음만 있다면 누구든 도전할 수 있다. 이는 모든 브랜드의 공통점이다.

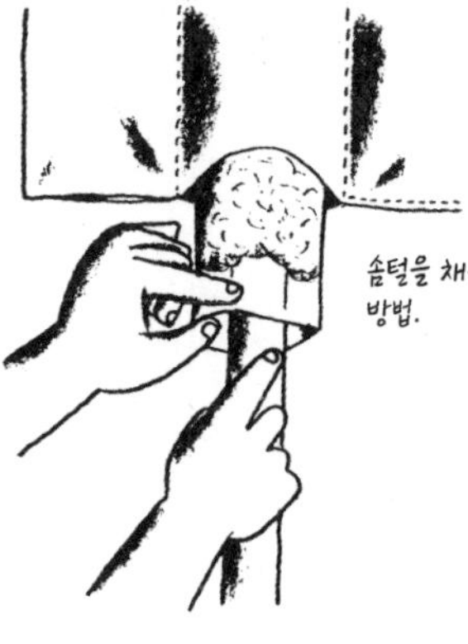
솜털을 채우는 방법.

☀ 홀루바: 다양한 다운 제품과 재킷, 파카, 니트, 조끼가 있고 어린이 옷도

있다. 마운틴 파카는 물론 스패츠, 레인 기어도 있다. 침낭은 주력 제품인 만큼 훌륭하고, 홀루바의 특징인 채널 설계가 키트에도 적용됐다. 각종 백팩과 텐트도 있다. 전체적으로 완성도가 높은 홀루바의 장점이 모든 키트에 반영됐다.

☀ 이스턴 마운틴 스포츠: 홀루바와 마찬가지로 기성품의 장점이 키트에도 반영됐다. 종류는 많지 않지만, 암벽등반에 맞는 시스템과 오리지널 디자인을 가진 이스턴 마운틴 스포츠의 제품이 키트로 만들어졌다. 레인 기어나 파이버

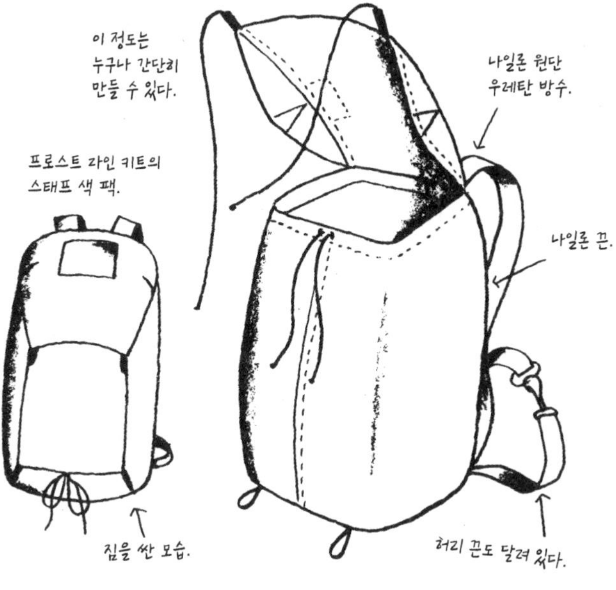
이 정도는
누구나 간단히
만들 수 있다.
나일론 원단
우레탄 방수.
프로스트 라인 키트의
스태프 색 팩.
나일론 끈.
짐을 싼 모습.
허리 끈도 달려 있다.

필(등산이나 마운틴 스키에서는 어떤 경우에는 다운보다 낫다)이 포함된 게 특징이다. 텐트, 침낭, 백팩 외에도 60/40 레인 코트가 있다.

☀ 알트라: 다운 파카, 조끼, 같은 걸로 어린이용, 마운틴 파카, 데이 팩, 침낭 등 일반 도구 외에도 다운을 넣은 침대보 등 가정용품까지 갖춘 점이 신선하다.

앞에서 이야기한 브랜드들의 캐치프레이즈는 '스스로 기워라(Sew it yourself)'다. 미국의 젊은이들이 지향하는 셀프 에이드를 겨냥한 판매 방식이다.

키트를 이용하면 얼마나 절약할 수 있을까? 기성품과 비교해보면 불필요한 데 돈을 쓰지 않는 미국인에게 키트가 매력적인 이유를 알 수 있다. 예컨대 홀루바의 마운틴 파카는 60달러 정도고, 키트로는 (단추는 벨크로로 대체되지만) 27달러 정도다. 직접 만들면 꽤 아낄 수 있다. 우비도 22달러짜리가 12달러면 된다. 침낭도 비슷한 사양으로 기성품이 약 15달러고, 키트로는 9달러다. 재미있게도 다운을 잔뜩 넣고 싶은 사람을 위해 20달러 안팎으로 다운만 따로 판매하기도 한다.

이스턴 마운틴 스포츠는 60/40의 기성품

레인 파카가 38달러 정도고, 키트로는 16달러 50센트 정도다. 켈티의 마운틴 파카는 완성품이 43달러 정도고, 키트로는 28달러 정도다. 미국의 물가(주거비나 식비는 일본보다 훨씬 싸고, 의료품이나 도구류는 일본보다 약간 비싸다. 평균소득은 여전히 일본보다 높다.)를 생각해보면, 그들에게는 매우 중요한 지점이다.

재미있는 건 손재주가 없는 사람을 위해 재봉사를 연결해주는 시스템이다. 브랜드마다 재봉사(아르바이트로 하는 사람이 많다.)가 있어서 제작을 의뢰할 수 있다. 비용은 키트의 절반 정도고, 데이 팩 같은 간단한 작업은 10분이면 끝난다. 기성품보다 20~30퍼센트라도 싸면 이득이라고 생각하는 미국인의 기질을 보여준다.

미국의 아웃도어 키트는 젊은이들의 생활양식에 스몄다. 여기에는 경제적 이유 외에도 스스로 만드는 즐거움도 크다. 약간만 수고를 더하면 세상에 단 하나뿐인 나만의 물건을 만들 수 있다. 무엇보다 그 물건을 쓰는 즐거움으로 헤비듀티 생활은 더 활발해진다. 우리도 한번 시도해보는 건 어떨까? (현재 프로스트라인 키트와 홀루바는 폐업하고, 이스턴 마운틴 스포츠와 켈티는 키트 시스템을 폐지했다. —원서 편집자)

카탈로그

미국은 카탈로그의 나라다. 그런 국토 면적과 인구로는 물자나 정보의 유통을 카탈로그에 의지할 수밖에 없다. 미국 남부 시골의 한 초등학교에서는 교과서 대신 미국의 거대 유통 기업인 시어스 로벅(Sears Roebuck)에서 펴낸 카탈로그로 물건을 가르친다고 하는데, 이는 카탈로그를 둘러싼 미국의 상황을 보여준다.

새로운 세대가 과거를 되돌아보는 것도 카탈로그를 통해 가능하다. 예컨대 『홀 어스 카탈로그(Whole Earth Catalog)』는 미국의 신세대는 물론이고, 비슷한 문제의식을 공유하는 일본인들에게도 큰 영향을 미쳤다.

헤비듀티 시대인 지금, 수많은 카탈로그가 나오는 건 당연하다. 다양한 카탈로그가 우리 앞에 있다. 이제는 좋은 제품을 고르는 눈은 물론이고, 제대로 사용하는 능력까지 갖춰야 한다.

『홀 어스 카탈로그』 1968년 가을호.

CAMP7
THE GREAT PACIFIC IRON WORKS
chouinard
equipment
patagonia
software
Alpine
Designs
camping &
backpacking 1977
MOUNTAIN SAFETY RESEARCH
SEATTLE
HOTEL
JANSPORT
TRAIL
STORE
L.L.Bean
Spring 1977
EMS77
KELTY
1977

헤비듀티 소재

☀ 60/40: 면을 60퍼센트, 나일론을 40퍼센트 혼방한 천. 면은 열에 강하고 부드러우며 나일론은 물에 강하고 튼튼하다.
☀ 65/35: 폴리에스터를 65퍼센트, 면을 35퍼센트 혼방한 천. 면의 장점을 살리고 폴리에스터가 면의 단점을 보강한다. 파카에 주로 사용한다.
☀ 85/15: 울을 85퍼센트, 나일론을 15퍼센트 혼방한 천. 보온성이 뛰어나고 물에 젖어도 온도를 유지한다. 아우터 셔츠에 주로 사용한다.
☀ 고어텍스(Gore-Tex): 나일론 트리코에 폴리우레탄 플루오로 에틸렌을 씌워서 방수성과 통기성을 갖춘 소재. 가볍고 튼튼하면서 부드럽다.
☀ 나일론 덕: 두껍고 튼튼한 나일론 능직물. 우레탄 방수가공을 거쳐 백팩 같은 배낭에 사용한다.
☀ 다이애거널(diagonal): 오른쪽 위에서 왼쪽 아래로 줄무늬가 있는 울 생지. 알래스칸 셔츠나 스태그 재킷에 주로 사용한다.
☀ 당가리(dungaree): 두껍게 짠 6~8온스짜리 면. 작업용 셔츠, 카우보이 셔츠, 세일러 작업복에 주로 사용한다.
☀ 데님(denim): 두껍게 짠 면. 바지에는 보통

13~4온스짜리를 사용하고, 인디고 블루로 염색하면 데님이 된다.

☀ 러거(rugger) 클로스: 면으로 만든 튼튼한 저지 직조물. 이 천을 부분적으로 보강하면 러거 셔츠가 된다.

☀ 립 스톱 나일론: 촘촘하게 짠 나일론 능직물. 깃털이 빠져나오지 않아서 다운 의류에 사용한다.

☀ 백플렉스(BagFlex): 나일론 트리코에 폴리우레탄 폼을 씌워서 방수성과 통기성을 갖춘 소재. 피터 스톰에서 개발했다.

☀ 벨크로: 탈부착 테이프. 미국의 벨크로에서 개발해서 벨크로라고 부른다. 일본에서는 '매직 테이프'라고 불린다.

☀ 시모후리: 흰색과 회색 실을 섞은 메리야스(medias) 천. 트레이닝파에게 인기가 높다.

☀ 알파인 시프(sheep) 울: 원래는 털을 탈지하지 않고 짰는데, 지금은 한 번 탈지한 뒤 다시 양의 유지로 가공한다. 발수 효과가 좋다.

☀ 오일스킨: 면이나 마 같은 얇은 직조물에 바셀린과 수지나 광유를 입힌 방수 생지. 영국의 낚시 의류가 대표적이며 60/40의 원형이다.

☀ 치노(chino) 클로스: 면 능직물. 가볍고 부드러워서 재킷, 파카, 팬츠 등에 사용한다.

☀ 코듀로이: 솜털 실로 골지를 만든 천. 부드럽고 따뜻해서 아웃도어 의류에 알맞다.
☀ 코튼 덕: 굵은 면 능직물. 헌팅 재킷, 군용 작업복, 가방 등에 사용한다. 방수가공을 하는 경우도 있다.
☀ 코튼 플란넬(flannel): 면을 사용해서 울 플란넬 같은 촉감으로 만든 천. 부드럽고 따뜻해서 셔츠나 옷 안감에 주로 사용한다.

헤비아이 타운

☀ 하노버(Hanover):
아이비리그 가운데 헤비듀티 정신을 뿜어내는 곳이 다트머스 대학교다. 캠퍼스 타운인 하노버는 다트머스 자체다. 뉴햄프셔에 있는 하노버는 보스턴에서 북서쪽으로 두 시간 반이면 도착한다. 코네티컷강을 사이로 버몬트와 가까운, 주 경계에 있는 작은 마을이다. 다트머스는 아웃도어 클럽으로도 잘 알려져 있다. 1909년에 시작한 이 전통적인 아웃도어 활동 전반에 걸친 학생 활동은 캐빈 & 트레일(암벽등반, 트레일 워킹, 스키 투어 등), 겨울 스포츠(알펜, 노르딕), 환경 연구(이콜로지, 자원 절약, 버드워칭, 바이시클링 등)로 나뉜다.

이곳은 헤비듀티한 학생, 스포츠맨, 조깅족과 더불어 다트머스 협동조합이나 제임스 캠피언 같은

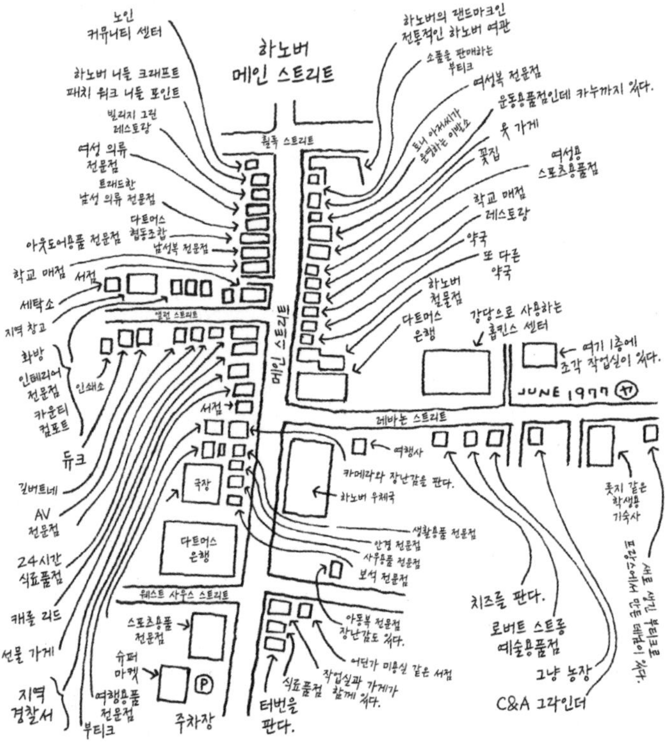

아웃도어용품점, 관련 책이 많은 협동조합 서점으로 대표된다. 모두 이곳이 동부 헤비아이의 요새라는 걸 증명한다. 이처럼 동부 아웃도어의 상징이 된 다트머스의 독특한 개성이 하노버를 물들인다.

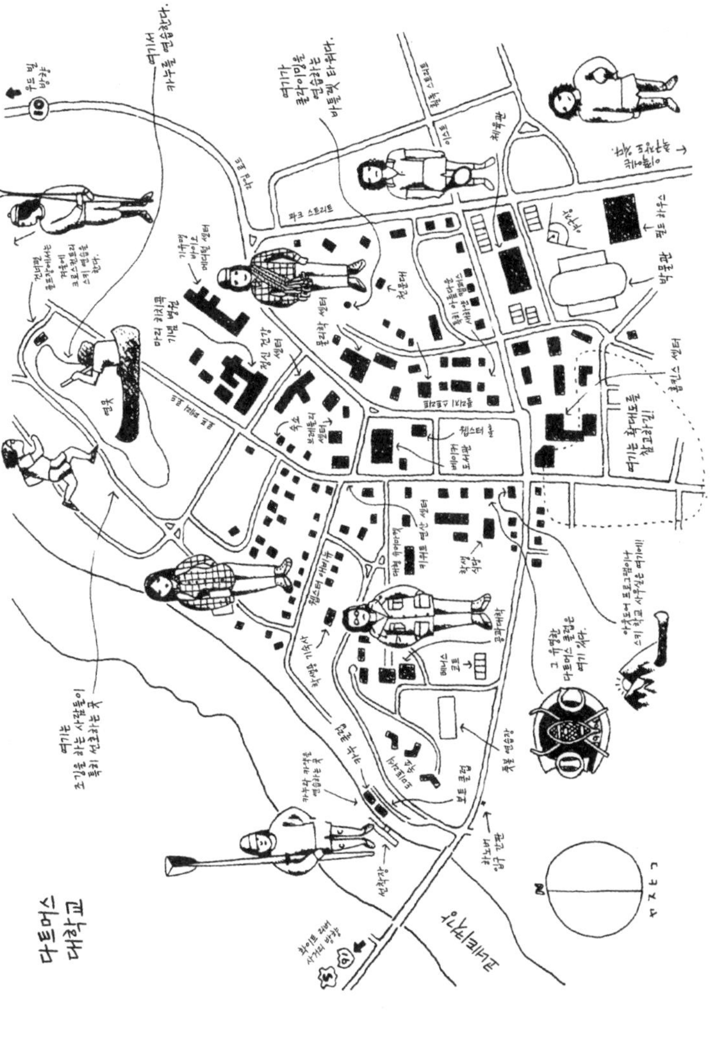
다트머스
대학교
우드 빌 방향
여기서
카누를 연습한다.
여기가
클라이밍을
연습하는
바트렛 타워다.
체육관
이스트
파크 스트리트
박물관
천문대
물리학 센터
마리 키치콕
기념 병원
정신 건강
센터
건너편
골프장에서는
겨울에
크로스컨트리
스키 연습을
한다.
연못
숙소
웹스터 홀
베이커
도서관
홉킨스 센터
여기는 확대도를
참고하길!
키위트 연산 센터
학생
식당
웹스터 애비뉴
학생용 기숙사
공과대학
테니스
코트
그 유명한
다트머스 클럽은
여기 있다.
아웃도어 프로그램이나
스키 학교 사무실은 여기이니!
보트 클럽
카누 클럽
카누와 카약을
연습하는 곳
여기는
조깅을 하는 사람들이
특히 선호하는 곳
선착장
하노버
입구 간판
코네티컷강
화이트 리버
사거리 방향

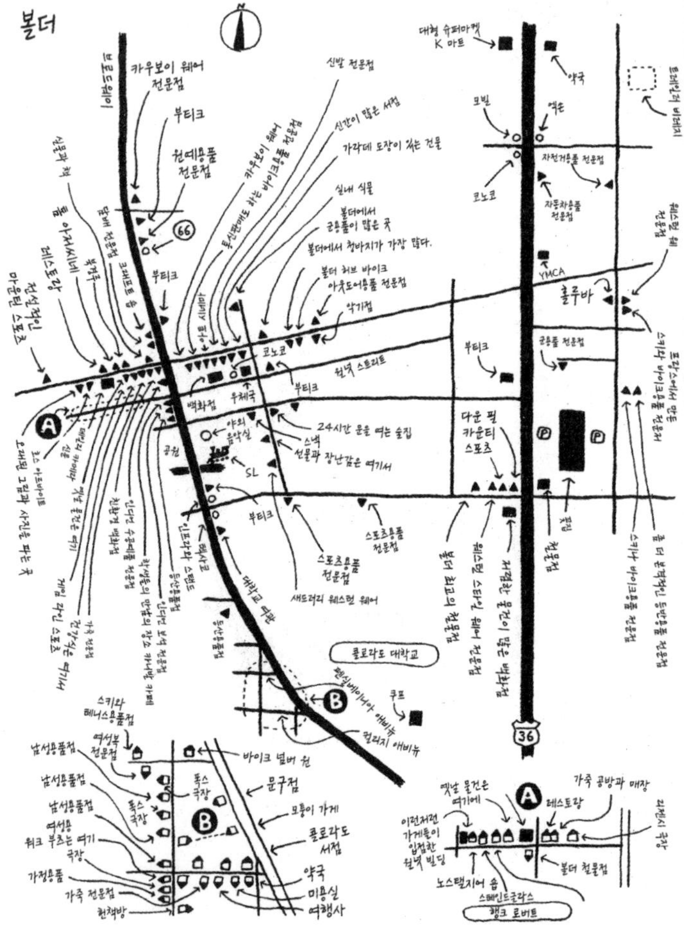
볼더
카우보이 웨어 전문점
부티크
원예용품 전문점
신발 전문점
신간이 많은 서점
실내 식물
볼더에서 군용품이 많은 곳
볼더에서 청바지가 가장 많다.
볼더 허브 바이크
아웃도어용품 전문점
악기점
코노코
부티크
백화점
우체국
야외 음악실
24시간 문을 여는 술집
스낵
선물과 장난감은 여기서
SL
공원
부티크
스포츠용품 전문점
스포츠용품 전문점
새드러리 웨스턴 웨어
콜로라도 대학교
쿠프
칼리지 애비뉴
66
대형 슈퍼마켓 K 마트
약국
모빌
엑손
코노코
자전거용품 전문점
자동차용품 전문점
YMCA
훌루바
군용품 전문점
부티크
다운 펌 카운티 스포츠
36
스키와 테니스용품점
여성복 전문점
남성용품점
남성용품점
남성용품점
여성용 워크 부츠는 여기
극장
가정용품
가죽 전문점
헌책방
바이크 넘버 원
폭스 극장
문구점
모퉁이 가게
콜로라도 서점
약국
미용실
여행사
옛날 물건은 여기에
가죽 공방과 매장
레스토랑
이런저런 가게들이 입점한 펄넉 빌딩
노스탤지어 숍
스페인드글라스
행크 로버트
볼더 철물점
리전시 극장

✳ 볼더(Boulder): 미국 중서부 콜로라도에 있는 볼더는 주도인 덴버에서 한 시간 정도 떨어진 곳에 있는 인구 5만 명이 채 안 되는 소도시다. 이곳을 유명하게 한 건 환경보호 연구로 유명한 콜로라도 주립 대학교다. 덴버에서 열릴 예정이던 1976년 동계올림픽을 환경 문제로 반대하며 개최권을 반납하게 한 게 이 학교다. 콜로라도 주립 대학교는 캠퍼스 뒤쪽에 로키산맥이 있어서 스키나 등산을 많이 한다. 미국 전역에 볼더가 알려진 건 아웃도어 스포츠용품 브랜드가 이 마을에 모였기 때문이기도 하다. 등산 학교나 암벽 교실, 로키산맥 구조대 본부가 있는 곳도 볼더다.

해발 160미터의 고원에 있는 볼더는 일본으로 치면 가루이자와[軽井沢, 일본 나가노현에 있는 휴양지로 별장이 많다.]에 학교와 마을을 세운 격이다. 여기서 가장 먼저 눈에 들어오는 건 다운 재킷에 데이 팩을 메고 등산화를 신거나 다운 재킷에 데이 팩을 짊어지고 로드레이서를 탄 학생들이다.

이곳에 본사가 있는 브랜드는 홀루바, 알파인 디자인, 캠프 7 등이 있다. 스키 헤드 브랜드인 볼더 마운티니어, 자전거 브랜드인 더 스포크, 낚시 브랜드인 헹크 로버츠, 제리의 발상지인 마운틴 스포츠 등 헤아리자면 끝이 없다.

☀ 버클리(Berkeley): 캘리포니아의 버클리는 캘리포니아 주립 대학교 버클리 캠퍼스가 있는 곳이다. 프리 스피치 무브먼트, 반전 평화 시위, 피플스 파크 등 학생 운동의 본거지였다. 캠퍼스와 한 몸인 버클리는 미국의 젊은이들에게는 동경의 땅이었다. 마을 자체에 다양성을 받아들이는 자유로운 분위기, 젊은 커뮤니티의 성격이 있다. 지역지인 『버클리 밥(Berkeley Bob's)』이 그 증거다.

버클리 캠퍼스를 유명하게 만든 요소 가운데 하나가 환경 디자인 학부다. 건축, 조경, 도시계획, 디자인, 이렇게 네 가지 학과가 있는 이 학교는 1959년 인간이 계획하는 환경을 지역, 사회경제, 전통, 시대라는 범주에서 생각하기 위해서 만들어졌다. 얼스터, 데니스, 에셰릭, 올슨, 무어, 린든, 턴블, 휘테이커 등 교수진만 훑어도 놀라울 정도다. 유명한 조경가인 로렌스 할프린(Lawrence Halprin)도 조경과였다.

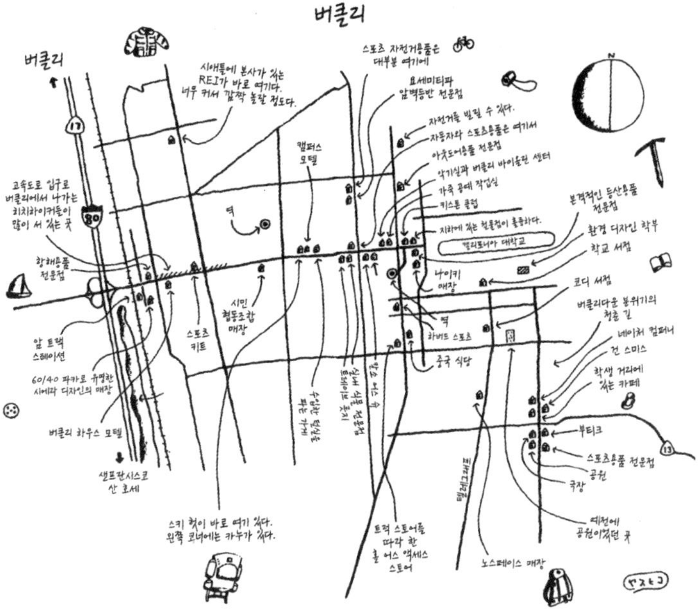

　　버클리는 아웃도어 브랜드가 모인 동네다. 노스페이스, 시에라 디자인, 트레일 와이즈, 스노라이언, 클래스 5 등의 본사가 버클리에 있다. 스키 헛, 그라 나이트, 레이, 윌더니스 협동조합, 네이처 컴퍼니나 홀 어스 액서스 스토어 등 독특한 매장도 그냥 지나칠 수 없다. 시민 생활협동조합은 재활용 운동이나 주민 운동과 함께

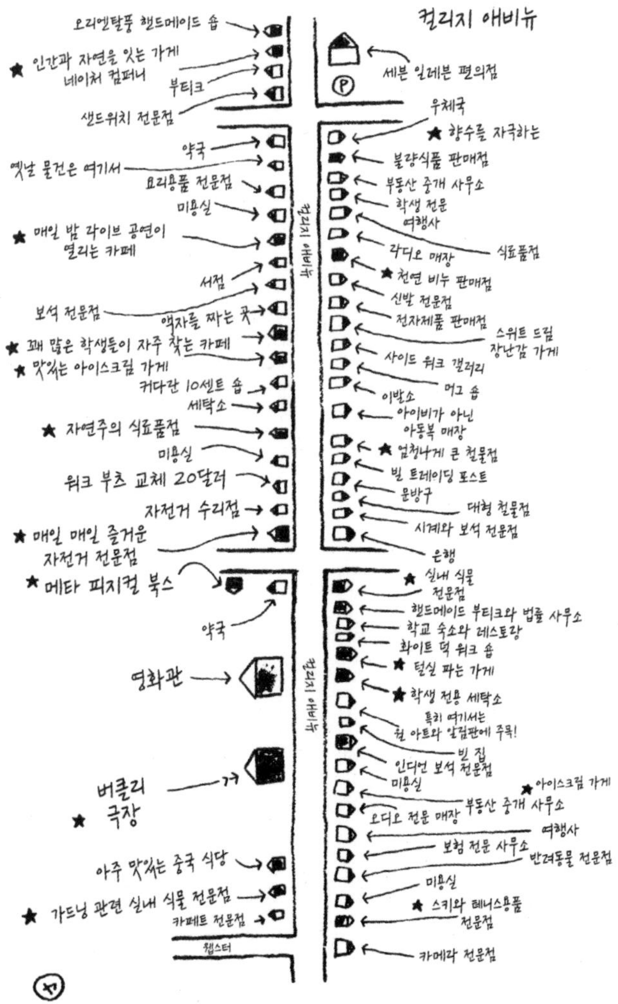

컬리지 애비뉴
오리엔탈풍 핸드메이드 숍
★ 인간과 자연을 잇는 가게
네이처 컴퍼니
부티크
샌드위치 전문점
세븐 일레븐 편의점
Ⓟ
우체국
★ 향수를 자극하는
불량식품 판매점
약국
옛날 물건은 여기서
요리용품 전문점
부동산 중개 사무소
학생 전문
여행사
미용실
★ 매일 밤 라이브 공연이
열리는 카페
컬리지 애비뉴
라디오 매장
식료품점
★ 천연 비누 판매점
서점
신발 전문점
보석 전문점
액자를 짜는 곳
전자제품 판매점
스위트 드림
장난감 가게
★ 꽤 많은 학생들이 자주 찾는 카페
★ 맛있는 아이스크림 가게
사이드 워크 갤러리
커다란 10센트 숍
머그 숍
이발소
세탁소
아이비가 아닌
아동복 매장
★ 자연주의 식료품점
★ 엄청나게 큰 철물점
미용실
빌 트레이딩 포스트
워크 부츠 교체 20달러
문방구
대형 철물점
자전거 수리점
시계와 보석 전문점
★ 매일 매일 즐거운
자전거 전문점
은행
★ 메타 피지컬 북스
★ 실내 식물
전문점
핸드메이드 부티크와 법률 사무소
약국
학교 숙소와 레스토랑
화이트 덕 워크 숍
★ 털실 파는 가게
영화관
컬리지 애비뉴
★ 학생 전용 세탁소
특히 여기서는
월 아트와 알림판에 주목!
빈 집
인디언 보석 전문점
미용실
버클리
★ 극장
★ 아이스크림 가게
부동산 중개 사무소
오디오 전문 매장
여행사
보험 전문 사무소
아주 맛있는 중국 식당
반려동물 전문점
미용실
★ 가드닝 관련 실내 식물 전문점
★ 스키와 테니스용품
전문점
카페트 전문점
웹스터
카메라 전문점

이 마을 커뮤니티를 만들었다. 음악 마니아라면 그레이트풀 데드(Grateful Dead)나 제퍼슨 에어플레인(Jefferson Airplane)을 가장 먼저

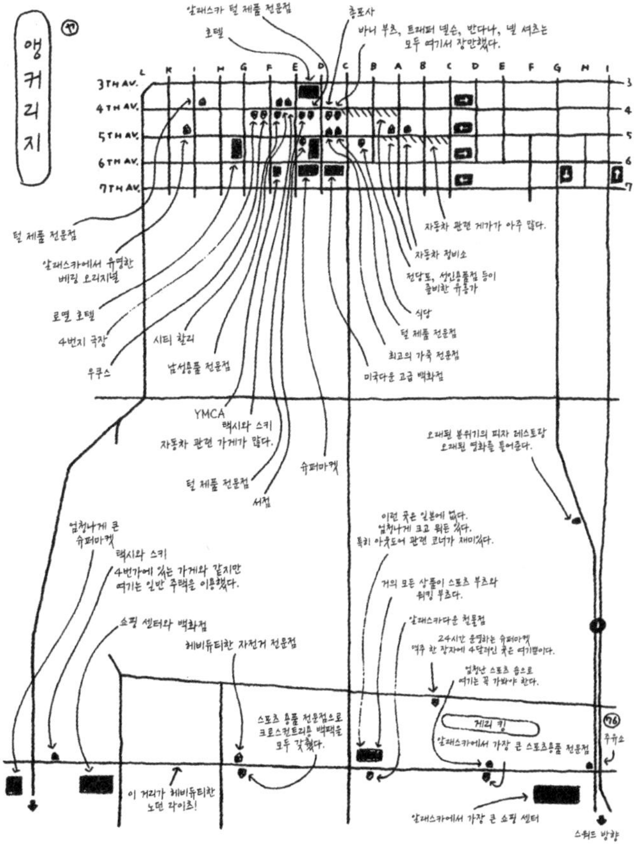

떠올리겠지만, 지금 눈에 띄는 건 마을을 나가기 위해 길가에 늘어선 히치하이커다.

☀ 앵커리지(Anchorage): 미국 북부의 윌더니스, 아웃도어 스포츠맨들이 동경하는 땅, 알래스카의 중심이 앵커리지다. 이곳이 헤비아이 타운으로 꼽히는 건 거대한 황야와 보급기지이기도 한 지역 특수성 때문이다. 지금은 물론이고 앞으로도 우리를 이끌 매력적인 스포츠의 땅이다. 스키, 등산, 낚시, 사냥, 카누잉 등 다양한 아웃도어 스포츠의 꿈을 이뤄주는 땅인 알래스카의 현관문, 헤비아이타운 앵커리지의 매력이다. 지구과학 연구로 유명한 알래스카 주립 대학교도 이곳에 있고, 털이 긴 사향소로도 유명하다.

☀ 시애틀(Seattle): 미국 헤비듀티의 계보 가운데 하나가 시애틀을 중심으로 한 북서부에 있다. 오리건의 유진도 헤비아이 타운이지만, 대표는 역시 워싱턴의 시애틀이다. 워싱턴 주립 대학교 시애틀 캠퍼스가 있는 이곳에는 에디 바우어와 레이의 본사와 매장이 있다. 매키노 크루저로 유명한 필슨도 이곳에서 탄생했고, 멀지 않은 곳에 잔스포츠와 K2의 본사도 있다. 이런 브랜드를 키운 캐스케이드산맥이 이곳을 감싸고 있다.

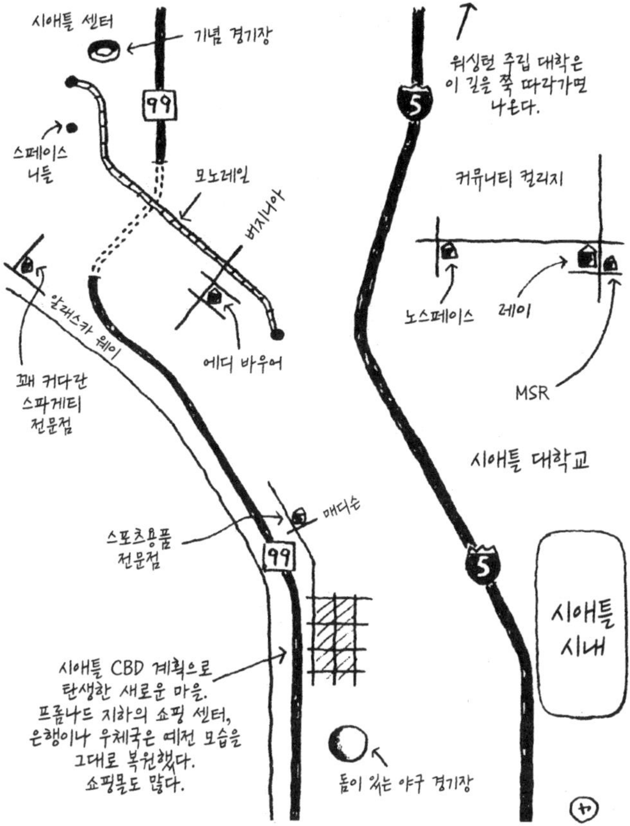

시애틀 센터
기념 경기장
99
스페이스 니들
모노레일
버지니아
알래스카 웨이
에디 바우어
꽤 커다란 스파게티 전문점
스포츠용품 전문점
매디슨
99
시애틀 CBD 계획으로 탄생한 새로운 마을. 프롬나드 지하의 쇼핑 센터, 은행이나 우체국은 예전 모습을 그대로 복원했다. 쇼핑몰도 많다.
돔이 있는 야구 경기장
5
워싱턴 주립 대학은 이 길을 쭉 따라가면 나온다.
커뮤니티 컬리지
노스페이스
레이
MSR
시애틀 대학교
5
시애틀 시내

헤비듀티 브랜드

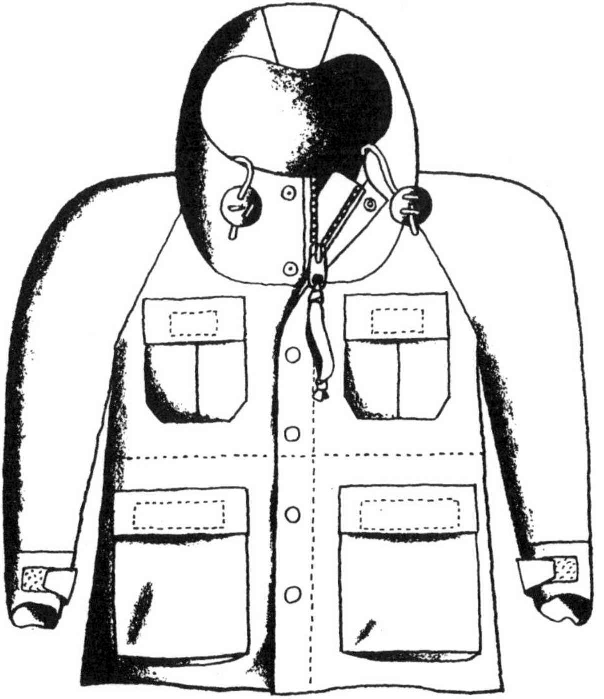

등산용품이 충실하다. 특히 암벽등반용품과 아이스 클라이밍용품이 풍부하다.

— 이스턴 마운틴 스포츠

미국 동부에서 손꼽히는 헤비듀티 브랜드 두 곳은 매우 대조적이다. L.L. 빈은 동부 헤비듀티의 전통을 바탕으로 고집스럽게 매장 하나만 냈을 뿐[지금은 도쿄 주변에만 열 곳이 있다.] 나머지는 통신으로만 판매한다. 보스턴에 본사가 있는 이스턴 마운틴 스포츠는 창업한 지 10년 정도밖에 안 된 신생 브랜드로 유행을 빠르게 파악해서 상업적으로 녹여내는 데 성공했다. 보스턴 외에도 케임브리지, 웰즐리, 애머스트(이상 매사추세츠), 애즐리, 버펄로(이상 뉴욕), 노스콘웨이, 인터벌(이상 뉴햄프셔), 벌링턴, 버몬드, 세인트폴(이상 미네소타), 덴버(콜로라도)에도 매장을 냈다.

이 브랜드를 만든 건 앨런 맥도너(Alan McDonough)와 로저 퍼스트(Roger Furst)다. 덴버에서 호텔 지배인으로 일하던 맥도너는 등산용품점을 임대한 경험에서 아웃도어 산업의 미래를 봤다. 변호사로 일하던 퍼스트는 비즈니스 모임에서 맥도너를 처음 만났다. 둘 다 취미가 낚시여서 금방 친구가 됐다. 호수나 계곡으로 낚시를 하러 갔을 때 산장이나 호텔에 묵으면 이동하는 데 제약이 생길 수밖에 없는데, 백패킹 시스템과 도구를 이용하면 낚시터에서 밤을 새울 수 있다는 장점을 알고 백패커가 됐다.

이 이야기는 백패킹과 헤비듀티의 본질을 정확히 꿰뚫는다. 백패킹은 셀프 에이드가 기본이고, 보다 나은 하이킹을 위한 것이지만, 사냥이나 낚시, 사진 촬영, 애니멀 워칭 등 다양한 방식에 적용하면 불가능하다고 생각한 일이 가능해진다. 보다 높은 레벨의 목적을 달성할 수 있으며, 낚시를 하더라도 숙소에 돌아가야 하는 수고를 덜고, 그만큼 바람직한 환경 속에서

커먼웰스가에 있는 메인 스토어.

자유롭게 지낼 수 있다. 보통 당일치기 일정으로는 갈 수 없는, 가는 데 시간이 오래 걸리지만 좋은 낚시터가 있을 때 백패킹을 하면 쉽게 일정에 넣을 수 있다. 게다가 더 광범위한 행동과 야생의 자유를 경험할 수 있다. 헤비듀티 라이프의 즐거움이다.

그렇게 아웃도어 비즈니스에 뜻을 둔 두 사람은 이미 개척이 끝난 콜로라도나 해안선 쪽이 아니라 보스턴을 택했다. 시장점유율을 높일 가능성을 본 것이다. 예상은 적중했다. 지금 이스턴 마운틴 스포츠는 미국 아웃도어 4대 브랜드 가운데 하나가 됐다. 연 매출은 약 14만 달러고, 점유율은 레이의 뒤를 잇는다. 게다가 200쪽이 넘는 카탈로그를 펴낼 정도가 됐다. 통신판매로 원가가 2달러인 제품을 1달러에 판매하는데, 이 매출이 연 매출의 18퍼센트를 차지한다고. (이상은 1973년도 수치다.)

이스턴 마운틴 스포츠의 전략은 비슷한 위치에 있는 레이와 제품 디자인이나 시스템, 소재에서 레저에 관한 생각과 방침까지 닮았다. 하지만 이는 레이를 흉내만 낸 게 아니다. 미국에서 새로운 아웃도어 산업으로서 발전하기 위해서는 당연한 일이며, 제품은 결국 미국인들의 취향을 반영할 수밖에 없다. 브랜드나 제품의 이미지는 무난하지만, 개성은 없는 편이다.

판매 중인 텐트는 전부 이렇게 펼쳐져 있다.

다른 브랜드와 마찬가지로, 이스턴 마운틴 스포츠의 카탈로그에 실린 게 모두 자사 제품은 아니다. 자사 제품은 40퍼센트 정도고, 나머지는 타사 제품이다. 보스턴 공장에서는 주로 파카나 텐트를 만들고, 다른 제품은 제조만 하청을 준다. 주력 제품은 암벽등반용품, 일반 등산용품, 크로스컨트리 스키용품이다. 요즘에는 일반 소비자에게 인기가 많은 리버 투어링용 카누에 집중한다. 보스턴 매장 지하에는 구형 제품을 저렴하게 파는 바겐세일장이 있다.

— L.L. 빈

미국 동해안의 최북단에 있는 메인은 자연에 둘러싸여서 주 전체가 수렵, 낚시, 캠핑 등 아웃도어

프리포트 도로에서 만난 L.L. 빈 간판.

L.L. 빈의 데이 팩 코너.

스포츠의 천국이다. 주를 홍보하면서 '휴가의 땅'이라는 말을 사용하기도 하는데, L.L. 빈은 이런 메인의 풍토에서 성장했다.

프리포트에만 있는 매장에서는 좋은 물건을 비싸지 않은 가격에 살 수 있다. 365일 24시간 동안 문을 연다. 평일보다는 휴일에 레저나 스포츠를 즐기는 사람, 밤이나 새벽에 쇼핑하는 낚시꾼에게 더할 나위 없이 편리하다. 완벽에 가까운 우편 판매 시스템 또한 특징이다. 세계 어디서 주문해도 원하는 제품을 정확히 배송한다. 실제로 매출의 80퍼센트가 우편 판매로 이뤄지고 비수기에도 매일 2,000점 이상의 제품이 발송되며, 성수기에는 비수기의 3.5배의 우편 주문이

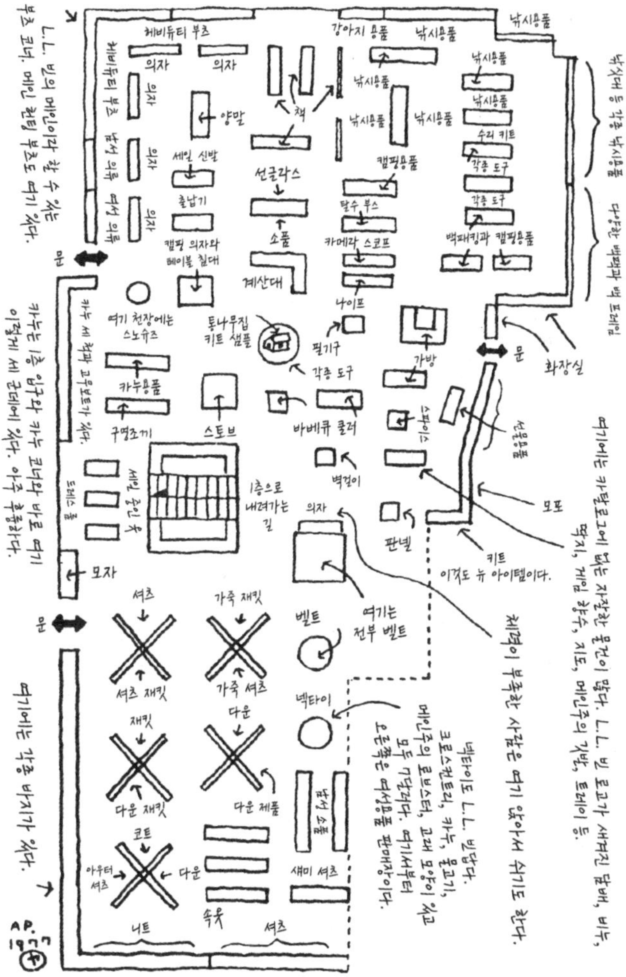
L.L. 빈의 메인이라 할 수 있는 부츠 코너. 메인 헌팅 부츠도 여기 있다.
헤비듀티 부츠
의자
양말
책
강아지 용품
낚시용품
낚시대 등 각종 낚시용품
수리 키트
각종 도구
다양한 백팩과 백 프레임
백패킹과 캠핑용품
캠핑용품
세일 신발
선글라스
소품
출납기
탈수 부스
카메라 스코프
나이프
캠핑 의자와 테이블 침대
계산대
남성 의류
여성 의류
문
여기 천장에는 스노슈즈
통나무집 키트 샘플
필기구
가방
화장실
카누는 1층 입구와 카누 코너와 바로 여기 이렇게 세 군데에 있다. 아주 훌륭하다.
카누 세 척과 고무보트가 있다.
카누용품
구명조끼
스토브
각종 도구
바베큐 클러
스파이스
선물용품
벽걸이
모포
여기에는 카탈로그에 없는 자잘한 물건이 많다. L.L. 빈 로고가 새겨진 담배, 비누, 막지, 게임 카드, 지도, 메인주의 가방, 트레이 등.
세일 중인 옷
1층으로 내려가는 길
트레스 룸
의자
판넬
키트 이것도 뉴 아이템이다.
모자
셔츠
가죽 재킷
벨트
여기는 전부 벨트
체력이 부족한 사람은 여기 앉아서 쉬기도 한다.
셔츠 재킷
가죽 셔츠
넥타이
재킷
다운
다운 재킷
다운 제품
넥타이도 L.L. 빈답다. 크로스컨트리, 카누, 물고기, 메인주의 로브스터, 고래 모양이 있고 모두 귀엽다. 여기서부터 오른쪽은 여성용품 판매장이다.
여성 소품
코트
아우터 셔츠
샤미 셔츠
속옷
니트
셔츠
여기에는 각종 바지가 있다.

들어와 점포에 임시 우체국이 설치될 정도다.

L.L. 빈의 창립자인 레온 L. 빈(Leon Leonwood Bean)은 1872년 메인의 한 농가에서 태어났다. 어릴 때부터 아버지에게 서바이벌 기술을 배웠는데, 이미 열여섯 살 때 허탕 친 사냥꾼에게 자기가 잡은 사슴을 12달러에 팔아먹을 정도였다. 성인이 돼서는 1910년 형제끼리 의료용품업을 시작했고, 나중에는 주식을 사들여 단독 경영자가 됐다. 어느 날 사냥터에서 다리에 부상을 입은 걸 계기로 헌팅 부츠를 연구하다가 메인 헌팅 슈즈를 개발했다.

그는 그때 모두가 신던, 딱딱해서 불편하고 하루만 걸어도 발이 아파지는 신발에 불만이 많았다. 조금 더 가볍고 방수가 되면서 튼튼하며 미끄러지지 않는 신발을 만들 수 없을지 고민했다. 연구를 거듭한 결과, 어퍼를 가벼운

오른쪽이 12인치짜리 메인 헌팅 슈즈다.

L.L. 빈은 1923년부터 24시간 영업, 연중 무휴를 이어가고 있다. 밤이나 새벽에도 활동하는 사냥꾼에게 매우 편리하다.

가죽으로 만들고 밑창에 고무를 대면 기존 부츠의 결점을 완전히 극복할 수 있다는 걸 알게 됐다. 그는 부츠의 이름을 '메인 헌팅 슈즈'로 지었다.

이 신발은 발에 딱 맞고 가볍다. 쿠션을 넣은 안창과 미끄럼 방지 체인 트래드 덕에 밑창이 땅을 확실하게 잡는다. 비나 눈을 완벽하게 막는 러버 솔, 까짐 방지를 위한 스플릿 벅스테이도 특징이다. 온종일 산길을 걸어도 전혀 불쾌하지 않다. 이 신발이야말로 헤비듀티의 본질이다.

요즘에는 어퍼에 최상급 소가죽을 사용한다. 가죽은 신발의 수명이 길어지도록, 그리고 내구성을 잃지 않도록 무두질을 거친다. 그래서 젖고 나서 말라도 딱딱해지지 않는다. 마무리는 무두질한 색 그대로를 사용한다. 밑창은 내구성이 뛰어나고 오존에 강한 합성고무를 사용한다. 안창은 쿠션감이 있고, 밑창은 내구성이 가장 강한 러버 솔로, 갑피에 영구적으로 밀착되게 특수 가열 처리로 붙였다. 접착면은 L.L. 빈이 자랑하는 미끄럼 방지 체인 패턴.

이 신발을 주력 제품으로 한 본격적인 사냥과 낚시용품 사업이 L.L. 빈의 시작이다. 그는 사냥 자격증으로 디자인한 깃발을 가게에 걸고, 헌팅 슈즈를 '18년 동안 메인의 숲을 누빈 사냥꾼이 디자인한 신발'이라는 문구를 내세웠다. 초반에는 100켤레 가운데 90켤레가 밑창이 떨어지는 바람에 반품되기도 했지만, 완벽하게 수리해서 돌려보냈다. 여전히 초심을 유지해서 지금은 닳아버린 밑창만 반송된다고 한다. 그만큼 튼튼하고, 미국인의 검소함과 정직한 서비스 정신이 엿보인다.

L.L. 빈의 고객 리스트에 있는 유명인은 존 웨인, 로버트 스탁, 리 마빈, 챗 앳킨스, 에드먼드 머스키, 풀브라이트, 골드워터 등의 상원의원, 스위스에 있는 채플린 부인, 제임스 스튜어드, 샘 스니드 등 셀 수 없을 정도다.

레온 L. 빈은 1967년 아흔넷으로 세상을 떠났고, 칼 빈을 거쳐 지금은 손자인 레온 고만[2018년 현재는 스티브 스미스]이 사장이다. 메인 헌팅 슈즈 밑창의 비밀인 스플릿 벅스테이의 품질은 여전하고,

고무의 내구성은 업그레이드됐다. 실은 나일론실로 바뀌어 튼튼함이 더해지고, 지금까지 2만 켤레나 팔렸다.

독자적으로 편집한 128쪽 분량의 카탈로그는 매년 4회씩 미국 전역과 70개국에 100만 부 이상 뿌려진다.

— 에디 바우어

동부에 L.L. 빈이 있다면 서부에는 에디 바우어가 있다. 본사는 미국 북서부의 중심인 워싱턴의 시애틀에 있다. L.L. 빈이 동부 헤비듀티의 중심이라면, 에디 바우어는 북서부 헤비듀티의 전통을 물려받았다.

에디 바우어에는 사냥, 낚시, 그리고 구스 다운이라는 이미지가 있다. 카탈로그나 매장에는 송어나 연어, 야생 조류, 큰사슴이 빠지지 않는다. 주력 제품은 무엇보다 구스 다운 필이다.

에디 바우어(Eddie Bauer)는 사냥꾼이자 낚시꾼이었다. 1920년에 회사를 차렸을 때 가장 먼저 개발한 건 구스 다운을 넣은 옷이나 침낭 등의 다운 제품이었다. 이 회사의 창업 이래의 특색이 분명하다. 에디 바우어 스카이라이너가 제일 처음 만든 구스 다운 재킷의 이름이고, 이 제품으로 특허를 받았다. 당시 에디 바우어의 다운 의류의 팬으로 탐험가 휴버트 윌킨스, 파일럿 조 클로슨, 알래스카의 빙상 신사로 알려진 하버드 신부 등이 있었다.

지금 사장인 윌리엄 F. 니에미 주니어[2018년 현재는 마이클 에긱]는 등산가이자 백패커다. 2대 사장인 W. F. 니에미의 아들이다. 그의 경영 방침으로 구스 다운 제품이 패셔너블해지고 있다. 구스 다운을 함유한 둥근 깃의 가디건이나 벨트가 딸린 캐주얼 재킷, 풀오버를 패셔너블하게 해석한 옷, 다이애거널 퀼트 셔츠, 다운 코트, 속옷, 로브 등 다양한 여성 의류도 포함해서 다른 곳에서는 보기 어려운 패셔너블한 물건이 잔뜩 있다.

또 다른 특징은 주 고객층이 중년이라는 점인데, 사냥이나 낚시는 아무리 미국이라도 중년 이상이 즐기는 스포츠였으니 당연한 건지도 모른다. 다운 퀼팅도 원래는 중년이 입는

시애틀의 에디 바우어 매장 입구. 철새를 묘사한 일러스트레이션이 아름답다.

아웃도어 부츠와 등산화 판매장.

이미지일지도 모르겠다. 그게 헤비듀티 시대에 갑자기 각광받기 시작했다고는 해도 요즘 젊은이들 취향으로 갑자기 바뀌지 않는 게 전통 브랜드답다. 여전히 중년 이미지가 있지만, 수년 동안 백패킹 사업 부문이 확장되고 있다. 에디 바우어는 의외로 적극적이다. 1973년에 네팔에서 가장 높은 산인 다울라기리(Dhaulagiri) 원정대의 장비를 담당했고, 고지대용 텐트 개발도 의뢰받을 정도다. 본점을 시작으로 소매점 어디를 가더라도 백패킹에 주력하고, 그쪽만큼은 젊은 고객들도 오지만 중년 이상의 점원이 많고(이 점은 L.L. 빈도 같지만), 점원들은 백패커에게 끊임없이 조언을 한다. 여담으로, 이런 할아버지 점원이 백패킹을 할 리가 없다고 생각했지만, 매장 안쪽에 그 할아버지가 설산을 타는 모습과 이름, 담당 매장, 경력이 빼곡하게 붙어 있었다. 다른 매장에도 사냥, 낚시 등 각 분야를 충분히 경험한 전문가가 조언자로 일한다는 점에 감동할 수밖에 없었다.

그럼에도 에디 바우어가 패셔너블해지는 건 분명하다. 다른 제품에도 이런 경향이 보여서 사실 헤비아이당원으로서는 조금 섭섭하다. 카탈로그를 보면 알 수 있는 것처럼 러버 모카신, 카무플라주(camouflage) 덕 토터, 필슨의 더블 매키노, 러셀의 스네이크 부츠를 취급하는 이 유명한 브랜드에 안 어울리게 연약해 보이는 유행 품목은 필요 없는 것 같다. 에디 바우어는 1971년에 1조 달러에 식료품 회사인 제너럴 밀스(General Mills)에 인수됐다. 그래도, 좀 패셔너블해지긴 했지만, 헤비듀티 정신은 그대로다.

20여 년 전부터 에디 바우어는 기업의 사회적 책임을 강조하면서 매년 북서부 원주민이 만든 니트 제품을 사들여 판매해왔다. 그리고 멸종 위기 동물의 가죽으로 만든 제품은 카탈로그에서 빼버렸다. 니트를 사들이는 게 원주민들에게 얼마나 도움이 될지 모르겠다. 멸종 위기 동물을 보호하자면서 사냥용품을 만드는 것도 어딘가 이상하다. 어쨌든 이런 활동도 한다.

에디 바우어의 매출액 70퍼센트가 통신판매에서 발생한다. 계간으로 펴내는 근사한 카탈로그는 미국에서만 100만 명이 넘는 사람에게 발송된다.

— 레이

레이도 에디 바우어와 마찬가지로 시애틀에 본사가 있다. 4대 아웃도어 브랜드 가운데 서부의 두 회사가 시애틀에 있다는 사실이 재미있다. 북서부가 미국 유수의 휴양지, 마운틴 스포츠의 중심지, 여가 지역이라는 증거고, 그 중심인 시애틀은 요점에 있다. 필슨, 잔스포츠, K2 등이 있는 것도 납득이 된다. 전통적인 것부터 새로운 것까지, 그리고 레저에서는 대부분이라고 할 수 있을 정도로 폭넓은 사업을 전개하고, 제품도 네 브랜드 가운데 가장 많다. 소매점에서는 행글라이더용품과 테니스용품까지 다룬다.

레이는 1938년 시애틀의 등반가들이 유럽에서 수입한 산악용품을 모아두기 위한 협동조합에서 시작됐다. 장소는 시내의 한 회계 사무소 단칸방.

버클리점도 체육관 맞먹는 넓이. 풀 프레임 팩도 충실하다.

뒷 선반에 있는 것은 통신판매 발송을 기다리는 상자들.

미국의 아웃도어 브랜드다운 출발이다. 백패킹 붐으로 갑자기 산업이 커졌다고는 해도, 낚시나 사냥과는 별개로 미국은 등산계에서는 완전히 후진국이었다. 1930년대 미국 등산계는 어떻게든 힘을 모으고 싶을 만한 상태였을 것이다. 이 이야기는 미국에 등산이란 개념이 없던 시절에도 캐스케이드산맥과 레이니어산이라는 명산을 곁에 둔 시애틀에는 산을 오르는 사람들이 있었음을 보여준다.

여기서 회원에 의해 꾸려지는 구조가 생겨났다. 이 독특하고 미국다운 시스템이 아웃도어 비즈니스의 세계에서 태어나 자란 게 흥미롭다. 처음부터 통신 주문도 받았다. 1955년에 합류한 등산가 제임스 W. 휘테이커[James W. Whittaker, 미국 에베레스트 대원으로 등정을 마친 사람]가 1970년 이후로 회장을 맡고 있다. [2018년 현재는 제리 스트리츠키] 지금까지 레이는 산을 중심으로 발전해왔다. 테니스 부문까지 생겼지만 여전히 산과 등산이 주력이어서 뿌듯하다. 1963년에는 에베레스트 등정대의 장비도 담당했다. 1973년 매출은 1,500만 달러, 조합원은 38만 명이다.

카탈로그는 매년 두 번 펴내는데, 3월에는 고객에게 다이렉트로 발송하고, 9월에는 가을 제품과 크리스마스 선물용 카탈로그를 펴낸다. 메인은 산과 등산이며, 다운 필이나 파이버 필 파카, 울 아우터 셔츠, 60/40 파카, 야케[jacke, 방한, 방수, 방풍 재킷] 등 헤비듀티 의류도 잔뜩 실린다. 레이의 고객 가운데는 캠퍼나 트레일러를 가진 사람이 많은데, 관련 용품은 네 쪽 정도만 다룬다. 휘테이커는 등산가나 클라이머를 생각하는 레이는 이 정도가 딱 좋다고 말했다. 레이의 직원들은 등산이나 크로스컨트리 전문가들로, 이는 사원들이 자사 제품을 끊임없이 테스트한다는 뜻이다.

협동조합 시스템에서는 소비자가 회원이자 주주다. 이 점이 레이만의 특징이다. 카탈로그에도 가까운 트레일이나 캠핑 지역 청소, 품질 관리 보고서, 제품 테스트 결과, 환경 교육에 관한 논문도 실린다. 게다가 매년 레이니어산에서 등산 학교를 연다.

시애틀에 있는 레이의 매장은 면적이 아주 넓다. 창고라고 해도 될 정도다. 여기에 카누, 자전거, 신발, 책부터 여행 대리점까지 있다. 누구나 조합원이 될 수 있다. 계산할 때 회원 번호를 알려주면 연말 정산에서 대금 일부가 돌아온다. (참고로 내 회원 번호는 620390이다.)

볼더에 있는 마운틴 스포츠.

— 그 밖의 유명 매장

☀ 아베크롬비 & 피치: 고급 스포츠용품 브랜드로 뉴욕 매장이 유명하지만, 시카고, 샌프란시스코 등 미국 전역에도 아홉 개의 매장이 있다. 뉴욕 매디슨가의 매장은 헤밍웨이가 단골이었다고. 하지만 몇 년 전에 도산했다. 지금도 매장은 있지만 예전의 영광은 찾아볼 수 없다.

☀ 무어 & 마운틴: 시골 구석에 이런 데가 있다니. 매장은 작지만 유명하다. 동부의 전통적인 매장답게 스노슈즈, 카누, 백 바스켓[등에 짊어지는 커다란 소쿠리]을 시작으로 전통적인 헤비듀티 도구를 많이 갖췄다. 콩코드의 예스러움에 잘 어울린다.

☀ 가트 브라더스: 덴버 시내에 여덟 개의 매장을 가진 스포츠용품점. 양판점에 가깝지만, 브로드웨이에 있는 본점에는 꼭 들러야 한다. 매장이 넓어서 전기 자동차가 1층에서 6층까지 손님을 태우고 다닌다. 골프용품 코너를 지나고 나면 헤비듀티 용품이 계속해서 등장한다.
☀ 홀루바: 볼더의 착실한 헤비듀티 브랜드의 직영 매장인 만큼 흠잡을 데가 없다. 다운 제품이 특히 좋고 키트도 있다. 매장 뒤에는 로키산맥이 있다.
☀ 마운틴 스포츠: 콜로라도의 메이저 브랜드인 제리가 시작된 매장인 만큼 제리 제품이 많다.

홀루바 직영점.

스키 헛.

노스페이스.

시에라 디자인.

크로스컨트리와 백패킹용품이 많다. 볼더에 있다.

☀ 볼더 마운티니어: 볼더답게 암벽등반을 중심으로 하는 산악 전문점. 등반가인 밥 컬프(Bob Culp)가 주인으로 클라이밍 파카 같은 오리지널 제품이 있다. 컬럼비아 대학교에서 산을 좋아하는 학생은 모두 이곳의 단골이다. 등산 교실도 운영한다.

☀ 스키 헛: 산과 스키를 중심으로 질 좋은 아웃도어용품을 폭넓게 취급하는 것으로 알려진 헤비듀티 브랜드의 영웅이라 할 수 있는 트레일 와이즈의 전문 매장. 카누 같은 수상 스포츠 관련 제품도 있다. 버클리에 있다.

☀ 시에라 디자인: 고속도로에서 버클리로 들어오면 바로 오른쪽에 보이는 흰 창고 건물이다. 대부분 오리지널 제품.

☀ 노스페이스: 버클리에 있다. 당연히 오리지널 제품 중심. 헤비듀티한 파카, 우모복, 팩 등이 있다.

☀ 켈티: 모든 오리지널 제품이 있고, 그 밖에도 렌탈 코너가 있는 등 소매점으로도 훌륭하다. 로스앤젤레스의 버뱅크(록히드 공장 근처)에 있는 흰 건물.

☀ 그레이트 퍼시픽 아이언 워크: 로스앤젤레스 중심가에서 약간 떨어진 벤투라에 있지만, 꼭 들러야 할 곳. 암벽등반용품이나 산악용품이 중심이지만

취나드의 제품은 실로 헤비듀티하다.

☀ 게리 킹: 대표적 헤비아이 타운인 알래스카 앵커리지에 있다. 헤비듀티한 물건으로 가득하다. 지역 특성상 눈 관련 헤비듀티에 강하다.

헤비듀티 브랜드 일람

MOOR & MOUNTAIN
RED WING SHOES
Granite Stairway Mountaineering
Holubar
Pivetta
★ converse
nike
THE NORTH FACE
Eddie Bauer
Santa Rosa Brand
WORK SHOES AND BOOTS
1906 1975
Keep Dry in a Storm
Peter Storm
Makes Great Looking Hikers
Camp Trails
MOUNTAIN SAFETY RESEARCH
622 South 96th
Seattle 98108
MSR
REI
co-op
JANSPORT
KELTY
L.L.Bean
Snow Lion
THE STANDARD OF THE WORLD
CLASS-5
SIERRA DESIGNS
Berkeley, California
Keds
GERRY
An Outdoor Sports Company
"original"
Chippewa
BOOTS AND SHOES
Alpine Designs
Woolrich
frostline kits

☀ 가르시아: 아웃도어용품이나 의류에 그치지 않고 스포츠용품이면 무엇이든 갖춘 대규모 스포츠 브랜드. 오리지널 제품이 대부분이고 낚시나 사냥, 백패킹 입문서도 출판한다.
☀ 거버 레전더리 블레이드: 캘리포니아의 벅 나이프와 어깨를 나란히 하는 메이저 나이프 회사. 폴딩 스포츠맨이나 헤비듀티 525S 등이 유명하다. 전문가용 나이프도 무척 훌륭하다. gerbergear.com
☀ 그라니트 스테어웨이 마운트니어: 백팩과 젠센 팩, 울티마 툴레 등 일류 제품만 갖췄다. 본격적인 클라이밍용품이 풍부하고 오리지널 제품도 생산하기 시작했다.
☀ 그레이트 퍼시픽 아이언 워크: 등산용품이라면 무엇이든 갖춘 종합 브랜드. 이본 취나드를 중심으로 만들어졌다. 일본에서도 친숙하다. 특히 허거(hugger)식 소프트 백팩은 크로스컨트리용으로 좋은 평가를 받는다. patagonia.com, blackdiamondequipment.com
☀ 나이키: W. 파워맨이 고안한 와플 솔로 미국을 석권한 트레이닝슈즈 브랜드. 헤비아이파에게는 크레이프(crepe) 솔의 코르테스가 가장 잘 맞는다. 이제는 일본에서도 저렴한 가격에 구입할 수 있게 됐다. nike.com

☀ 노스페이스: 일본에서도 최근 자주 눈에 띄지만 등산용품이나 백패킹용품, 특히 다운 제품과 침낭, 텐트에 주력하는 버클리파 브랜드. 새로 개발한 척추 교정기가 있는 프레임이 화제다. thenorthface.com

☀ 던햄: 전문적인 헌팅 부츠 브랜드. D링이 이중 리벳으로 된 '챌린저'가 유명하다. 백패킹용 신발도 있다. 브랜드 매각. newbalance.com/man/shoes/Dunham

☀ 덴버 텐트: 콜로라도파의 텐트 전문 브랜드. denvertent.com

☀ 레드 윙: 미국의 헤비듀티 부츠 브랜드. 워크 부츠는 레드 윙, 스포츠 부츠는 아이리시 셰터, 등산화는 바크스. redwingshoes.com

☀ 레이: 일본에서도 익숙한 아웃도어 브랜드. 아웃도어용품이라면 나이키, 켈티, 허먼, 울리치 등 무엇이든 취급한다. rei.com

☀ 로어 알파인 시스템: 콜로라도파. 아웃도어용품과 관련 의류 등 전반적인 용품을 취급한다. lowealpine.com

☀ 리: 오버롤을 시작으로 작업복과 웨스턴 청바지 분야에서 평판이 높은 브랜드. 청바지 앞부분에 최초로 지퍼를 단 회사로 유명하다. lee.com

☀ 리바이스: 헤비아이파라면 하나 정도는 가지고

있어야 할 브랜드. 미국에서도 안정된 지지층을 지니고 있다. levistrauss.com

☀ 리벤델 마운틴 워크: 설계가 독특하고 우수한 백패킹용품을 개발하는 회사. 돈 젠센이 고안한 젠센 팩이나 2인용 텐트인 밤 셸터 등 걸작이 많다. rivendellmountainworks.com

☀ 마운틴 어드벤처 키트: 학교용 파카나 다운 조끼 등 아웃도어 의류를 생산하고 키트도 제작한다. 프레임 팩과 침낭도 생산한다.

☀ 마운틴 프로덕트: 본격적인 북유럽 구스 다운을 사용한다. 다운 의류를 생산하는 중급 브랜드.

☀ 무어 & 마운틴: 전통적인 등산용품 브랜드. 단열 기술이 훌륭하고 암벽화는 유럽 제품에 뒤지지 않는다. 물론 백팩, 다운 제품도 훌륭하다.

☀ 밀로 하이킹 부츠: 동부파 경등산화 브랜드.

☀ 바버: 영국의 전통적인 우의, 낚시용품, 스포츠 의류 브랜드. 이집트 면, 오일스킨만을 사용한다. 이런 고집에서 탄생한 플라이 웨이트 재킷은 일본에도 팬이 많다. barbour.com

☀ 벅 나이프: 일본에서도 생각보다 구하기 쉬운 나이프 가운데 으뜸. buckknives.com

☀ 브라우닝 암: 유명한 브랜드로 헤비아이파에게는 특히 나이프가 매력적이다. browning.com

☀ 산타 로사: 레드 윙을 잇는 서부의 워크 부츠 브랜드. 스포츠 부츠나 하이킹 부츠 외에도 절연 부츠나 나무꾼 부츠까지 생산한다. 1960년에 창업한 노포. 허먼에 흡수.

☀ 서모스: 미국에서 유명한 보온병 브랜드. thermos.com

☀ 선버드: 짐을 멘 채로 지도를 꺼낼 수 있거나 어떤 방향에서든 여닫을 수 있는 백팩을 생산한다. 폐업 이후 그레고리 설립.

☀ 스노라이언: 스무 종에 달하는 용도별 침낭을 시작으로 본격적인 등산가의 경험에 기반을 둔 성능 본위의 등산, 백패킹, 크로스컨트리 스키에 적합한 제품을 생산한다. 버클리파. 폐업.

☀ 스키 헛: 트레일와이즈 제품을 취급하는 미국 내 유일한 매장. 아웃도어용품이나 다운 제품 외에도 카누, 카약 관련 제품을 판매한다. 폐업.

☀ 스태그: 아웃도어 의류와 백패킹용품을 생산하는 미국 북서부파 브랜드. 데이크론 파이버 필 제품이 대표적. 트레일 워킹에 주력한다.

☀ 시에라 디자인: 미국이나 일본뿐 아니라 전 세계적으로 60/40 마운틴 파카로 이름을 알린 브랜드. 백패킹용품과 아웃도어 의류를 생산한다. 버클리파. sierradesigns.com

☀ 실바: 트레일 워킹이나 서바이벌용품 쪽에서는 빼놓을 수 없는 본격적인 고급 나침반 브랜드. 본사는 스웨덴에 있다. silva.se
☀ 알파인 디자인: 우수한 백패킹용품 브랜드로 알려진 콜로라도파.
☀ 알펜라이트: 백팩이나 데이 팩을 만드는 중급 가방 브랜드. 폐업.
☀ 어드벤처 16: 힙 허거 풀 프레임 팩으로 유명해진 양심적인 백패킹용품 브랜드. adventure16.com
☀ 에디 바우어: 미국 북서부의 메이저 브랜드. 사냥, 낚시를 중심으로 한 정통파. 아웃도어용품은 무엇이든 갖추고 있다. 신발은 러셀 제품을 취급한다. eddiebauer.com
☀ 오르비스: 플라이낚시용품을 포함한 모든 낚시용품을 취급한다. 아우터 셔츠나 조끼도 만들지만 일본에서는 특히 가방이 유명하다. orvis.com
☀ 올슨 나이프: 미국 남부의 나이프 브랜드. 핸드메이드가 특징이고 최근에는 릴 브라스라는 폴딩 헌팅 나이프를 판매하기 시작했다. 나침반도 생산한다. 폐업.
☀ 울리치: 의류 브랜드지만 아웃도어 쪽에서 강하고 헤비듀티 의류로 미국에서도 유명하다. 울 셔츠나

넬 셔츠, 모자, 트레일 팬츠 등 종류도 많다.
woollich.com
☀ 윌더니스 익스피리언스: 보통 이중 봉제 마감인데 중요한 부분은 6중으로 공들여 제봉한다. 서부파 백팩 전문 브랜드로 제품이 모두 아주 튼튼하다.
sanshin-seishoku.co.jp
☀ 윌더니스 캠핑 아웃피터: 미국 서부의 독특한 브랜드. A16 마크의 나일론 셸과 최고급 구스 다운이 주력 상품. 힙 허거 백, 하프 돔 텐트, 물통과 베개를 겸한 제품도 흥미롭다.
☀ 유니버설 필드 이큅먼트: '유니버설 로드 마스터'로 알려진 백팩을 시작으로, 백팩이나 캠핑용품 분야의 서부파 중급 브랜드.
☀ 유레카 텐트 & 어닝: 미국 동부의 텐트 전문 브랜드. 인원수나 용도에 맞춰 고를 수 있는 열네 종류 텐트가 있다. 유레카 마운트 카타딘과 슈퍼 라이트 마크 2가 유명하다. eurekatent.com
☀ 이스턴 마운틴 스포츠: 이름 그대로 마운틴 스포츠의 영웅 같은 브랜드. 등산 전문 브랜드로 시작해서 지금은 아웃도어 전반을 취급한다. 1달러짜리 카탈로그는 내용이 알차기로 유명. 오리지널 제품도 풍부하다. ems.com
☀ 잔스포츠: 플렉시블 프레임과 힙 서스펜션

시스템으로 일본에서도 유명한 백팩을 만드는 브랜드. 돔 텐트나 아웃도어 의류도 판매하는 북서부파. jansport.com

☀ 제리: 콜로라도파 아웃도어 브랜드. 텐트에서 미니 망원경까지 갖췄다. 흰색과 파란색을 콤비로 한 스포츠 의류가 주력 상품. 브랜드 매각. gerryoutdoor.com

☀ 조지아 슈 매뉴팩처링: 워크 부츠와 스포츠 의류를 취급한다. 저렴하고 계급을 따지지 않는 디자인.

☀ 치페와: 1901년부터 제대로 된 신발을 만드는 시카고의 중급 워크 부츠 브랜드. 워크 부츠뿐 아니라 양심적인 스포츠 부츠도 생산한다. chippewaboots.com

☀ 캠프 7: 다운 제품이 우수한 콜로라도파 브랜드. 다운 조끼, 다운 파카, 침낭으로 일약 유명해졌다. 카탈로그의 일러스트레이션은 보고만 있어도 즐겁다.

☀ 캠프 트레일: 백팩이나 백 프레임을 생산하는 메이저 브랜드. 일반 사용자를 위한 풀 프레임 팩이 많지만 양심적인 품질을 자랑한다. camptrails.eu

☀ 컨버스: 미국 서부의 최대 신발 브랜드. 다양한 종류의 운동화는 일본에서도 유명하다. 신발 외에도 각종 아웃도어용품을 생산한다. converse.com

☀ 케즈: 일본에서도 유명한 신발 브랜드. 컨버스에 대항하는 동부파. 스니커가 주력 상품이다.
keds.com
☀ 켈티: 일본에서도 널리 알려진 풀 프레임 팩 원조. 지금은 헤비듀티용품이라면 무엇이든 취급한다.
kelty.com
☀ 콜맨: 미국의 메이저 캠핑용품 브랜드 가운데 하나. 텐트나 침낭에서 작은 용품까지 생산한다. 특히 콜맨 캠핑 난로 마니아가 전 세계에 있다.
coleman.com
☀ 쿼바우그 러버: 미국에 이어 비브람 솔 제조 라이선스를 보유한 고무 회사. 등산화, 백패킹용 부츠의 비브람 솔은 모두 이 회사의 제품이다.
quabaug.com
☀ 클래스 5: 백팩이나 텐트에서 다운 제품은 조끼나 파카, 아동복까지 생산한다. 버클리의 중급 백패킹용품 브랜드. 폐업.
☀ 투어링 사이클리스트 숍: 자전거용품 브랜드로 주력 제품은 오리지널 TC 바니아스. 이 제품이 그대로 풀 프레임 백팩이 된다.
☀ 트레일와이즈: 독자적인 방침으로 등산, 크로스컨트리, 백패킹용품을 설계하는 버클리파 브랜드. 폐업.

✷ 팔코: 미국 동부의 캠핑용품 브랜드. 접이 반사식 오븐, 토스터, 휴대용 여과 장치 등 재미있는 도구를 생산한다.
✷ 펜들턴 울런 밀: 헤비듀티 의류로 미국에서도 전통적인 브랜드. 펜틀턴 클래식이라고 하면 그 모양이 떠오를 정도로 일본에서도 인기가 많다. pendleton-usa.com
✷ 프로스트라인 키트: 다운 제품 키트로 유명한 콜로라도파 브랜드. '스스로 기워라'를 캐치프레이즈로 가족 등반을 장려한다. 텐트나 팩 프레임 등의 키트도 갖췄다. 폐업.
✷ 피베타: 이탈리아 기술로 인기가 있다. 클라이밍 부츠는 말할 것도 없고, 경량 하이킹 부츠는 디자인도 아름다우며 기능적이다.
✷ 피터 스톰 워터프루프: 방수 스웨터나 레인 기어를 개발하는 영국의 전문 브랜드. 새로운 방수 소재인 백플렉스를 사용한 우의는 통풍 기능으로 주목을 받았다. blacks.co.uk, millets.co.uk
✷ 필슨: 미국 북서부의 헤비트래 브랜드. 오일스킨 등 헤비듀티 소재 제품만 고집하고, 매키노 크루저가 유명하다. filson.com
✷ 하디: 영국의 전통적이고 전문적인 낚시용품 브랜드. 일본에서 가장 유명한 제품은 가죽 낚시

가방이다. hardyfishing.com
✱ 허먼 슈즈 & 부츠: 브랜드명에서 알 수 있듯 헌팅 부츠로 유명하다. 1879년에 창업했다.
✱ 허터: 본사가 미네소타에 있는 대형 아웃도어용품 종합 브랜드. 일본에서는 익숙하지 않지만 통신 주문을 통해 구입할 수 있다. 폐업.
✱ 홀루바: 다운 파카나 스웨터, 마운틴 파카, 다운 팬츠 등을 다루는 콜로라도파 브랜드. 백팩이나 등산화, 낚시용품 등 아웃도어용품도 취급한다. holubar.it
✱ 히말라얀: 미국 남부의 아웃도어 브랜드. 다운 제품이나 백팩, 텐트, 파카 등 평범하지만 제대로 된 제품을 갖춘 브랜드.
✱ J.C. 페니: 미국의 대형 백화점 체인이지만 헤비듀티용품을 취급한다. jcpenny.net
✱ L.L. 빈: 가장 전통적인 본격 헤비듀티 브랜드. 매장은 24시간 연중무휴로 운영한다. llbean.com
✱ MSR: 본격적인 클라이밍용품을 제조하는 브랜드지만, 아웃도어용품에도 엄격한 기준을 적용한다. 신제품을 개발하는 데도 노력해서 좋은 제품이 많다. 대표적인 시애틀파. cascadedesign.com/msr

헤비아이 도감

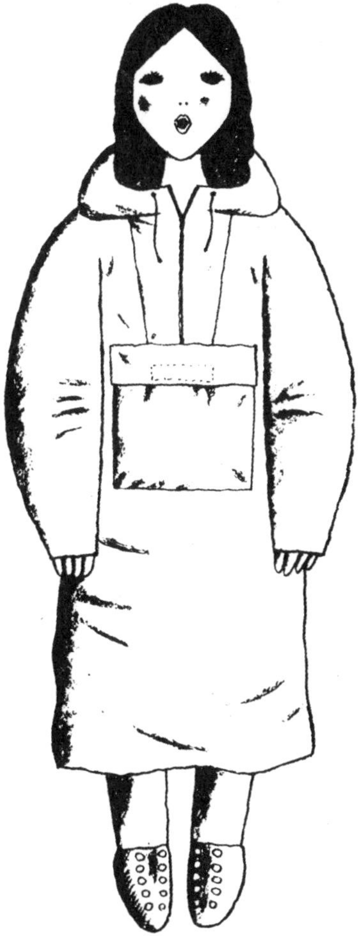

1

65/35 경량 마운틴 파카: 마운틴 파카는 헤비듀티 의류의 대표격이다. 지금은 헤비아이 청년의 필수품이다. 이 제품은 후드에서 상반신까지 나일론 트윌의 방수지를 사용하고, 나머지는 헤비듀티한 65/35를 사용한 투톤 구조.

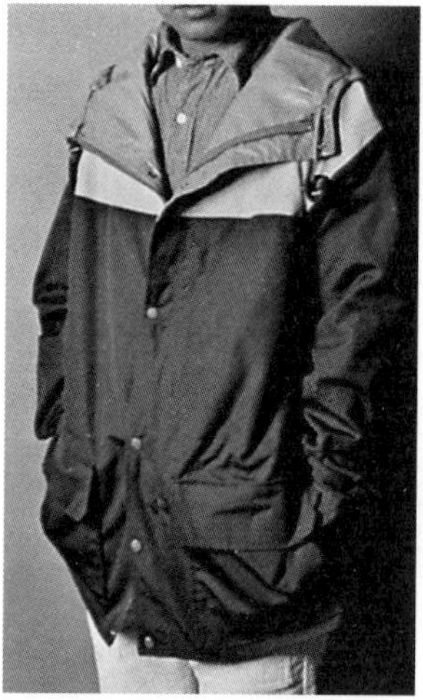

2

거버 클래식: 거버의 신제품 폴딩 나이프. 마개가 달렸다. 손잡이의 금속 부분인 볼스터는 진주다. 포켓 나이프 가운데 가장 작은 형태로, 사용법만 제대로 익히면 사냥을 할 때 동물에게 공격을 당해도 충분히 싸울 수 있다. 미국인 80퍼센트가 주머니 어딘가에 포켓 나이프가 있고, 대부분 거버 클래식일 정도로 보급률이 높다. 가죽 주머니인 시스가 딸리지만 바로 주머니에 넣어도 되는 만큼 이 정도 크기의 폴딩 나이프에는 별로 필요가 없다. 손잡이는 나무로 만든다. 스위스 아미 나이프와 함께 가장 필요한 아웃도어 아이템.

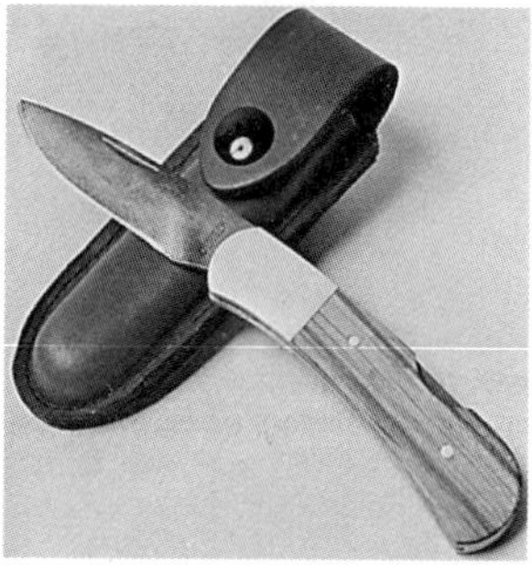

3

나침반: 스웨덴의 나침반 브랜드인 실바의 헌츠맨. 해시계와 자가 딸리고, 경첩에 있는 안전핀으로 어디든 매달 수 있다.

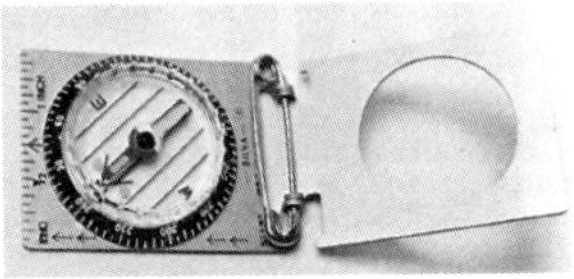

4

내수·내풍·안전 성냥: 호주의 유명 성냥 브랜드인 브라이언트 & 메이의 제품. 사용법은 보통 성냥과 같지만, 메탈 성냥보다 손쉽고 간단하게 사용할 수 있다. 대표적인 서바이벌용품.

5

노포크(Norfork) 재킷: 영국 동해안의 노포크에서 만들어진 코듀로이 컨트리 재킷. 앞 단추 네 개는 가죽이다. 패치 주머니에는 덮개가 달렸고, 허리 벨트를 통과하는 끈은 뒤에서부터 등을 지나 앞에 스티치된 버티컬 패널 겸용이 전통적인 형태다. 레이온 라인드도 안감이 보아인 것도 있다. 니커보커스와 코디하는 게 정통 영국식이지만, 따로 입어도 충분히 헤비트래하다.

6

뉴발란스 320: 『러너스 월드』 선정 1976년도 넘버원. 비밀은 발등 부분에만 있는 구멍 네 개짜리 신발 끈이다. 발볼을 압박하지 않아서 신기 편하고, 발볼 너비에 상관없이 잘 맞는다. 솔은 웨이브식으로 흙길을 걸을 때 좋다. 뒤꿈치 부분은 사선으로 잘렸다.

7

니커보커스(knickerbockers): 엄청나게 두꺼운 트위드 천으로 만든 전통 스포츠 팬츠. 15퍼센트 정도를 나일론으로 혼방하면 더 헤비듀티해진다. 엉덩이 부분을 이중으로 만들어서 험하게 입어도 끄떡없다. 버튼식, 벨크로식, 버클식이 있다.

8

다운 조끼: 다운 조끼의 대표작이라고 불리는 캠프 세븐. 봄가을에 셔츠에 레이어드하는 게 기본이다. 마운틴 파카 안에 입으면 더 기능적이다. 입을 때마다 그 가치를 다시금 확인한다.

9

다운 파카: 안감이 60/40이어서 나일론보다 튼튼하고 흠집이 잘 생기지 않는다. 그 안에 립스톱 나일론 셸의 다운 버플이 있다. 나일론만 있는 것보다 따뜻하고, 물에 강하고, 더러워져도 눈에 잘 띄지 않는다. 후드에도 다운이 있고 똑딱단추로 붙였다 뗄 수도 있다.

10

더플백: 우레탄 방수가공을 거친 나일론 덕으로 만들어서 아무리 젖어도 괜찮다. 양쪽으로 열 수 있는 지퍼가 있고, 덮개도 전부 벨크로로 잠글 수 있다. 짐도 꽤 많이 넣을 수 있다.

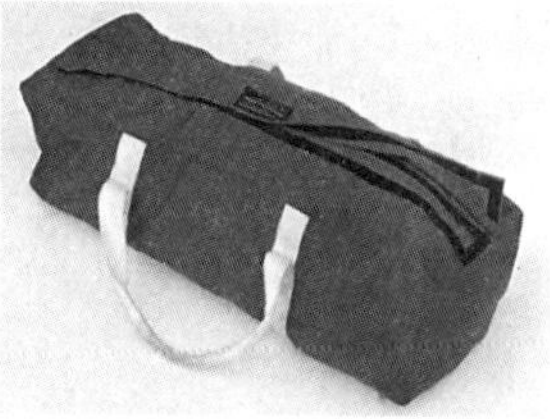

11

더플백: 헤비듀티한 캔버스 천으로 양방향 지퍼에 방풍 커버가 똑딱단추로 붙어 있다. 1인용 풋볼 도구가 알맞게 들어간다. 정확히 국제선 기내 반입용 크기.

12

데이 팩: 도판은 공간 하나짜리 데이 팩이다. 이런 형태는 책이나 노트를 넣기 좋아서 학생들이 주로 사용한다. 등산을 위한 기능은 일부러 뺐지만 구조는 거의 같다. 허리 밴드를 달고, 바닥은 이중으로 만들었다.

13

데이 팩: 약간 큰 데이 팩. 아래 칸에는 여름용 침낭이 쏙 들어간다. 바닥에 달린 고리에 부피가 큰 물건, 길다란 물건, 낚싯대나 삼각대를 매달 수 있다.

14

데이 팩: 제리의 암벽등반용 배낭으로, 데이 팩 가운데 가장 크다. 스키와 등산에 적합하다. 내부가 둘로 나뉘고, 어깨끈에는 패드를 넣었다. 바닥에는 헤비듀티한 가죽을 사용했다. 무게는 679그램 정도. 허리 밴드의 버클은 독특하게도 플라스틱을 서로 끼워 잠그는 식이다. 아래 칸은 우모복이나 우산, 우비 같은 게 충분히 들어갈 정도로 넉넉하다.

15

도끼: 한 손용과 양손용이 있다. 손잡이는 히코리(hickory)로 만들었다. 사용하지 않을 때는 나무 등에 꽂아놓는다. 다른 사람에게 건넬 때는 날을 자기 몸 쪽으로 잡는 게 상식.

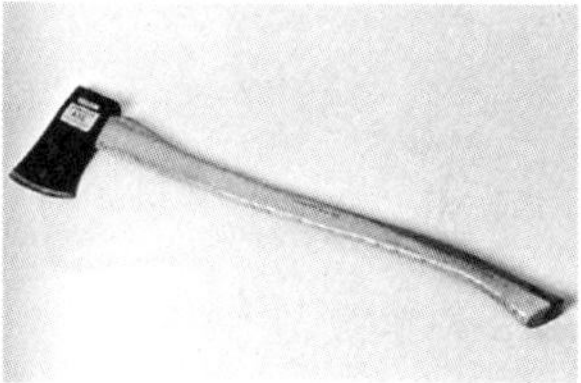

16

등산화: 갈리비에 슈퍼 가이드. 어퍼는 한 장짜리 가죽이다.

17

러거 셔츠(뉴질랜드식): 칼라 앞 단추 부분이 코튼 테이프 한 장이고, 고무 단추 하나로 잠그는 형식. 칼라 받침은 없다.

18

러거 셔츠(잉글랜드식): 단추 구멍이 세 개 있고, 앞에서는 단추가 보이지 않게 가려진 형태다. 옷깃 끝까지 잠글 수 있다. 칼라에 받침이 있다는 게 뉴질랜드식과 다른 점이다.

19

레인 파카: 세일링에 맞게 기장이 길고 소매에는 신축성이 뛰어난 이너가 달렸다. 후드는 붙였다 뗄 수 있다. 델린의 지퍼에는 덧댄 옷감인 거싯(gusset)이 달렸고, 후드와 옷단에 끈이 들어가 있어서 방수 기능이 완벽하다. 백플렉스를 사용했다. 영국을 대표하는 헤비듀티.

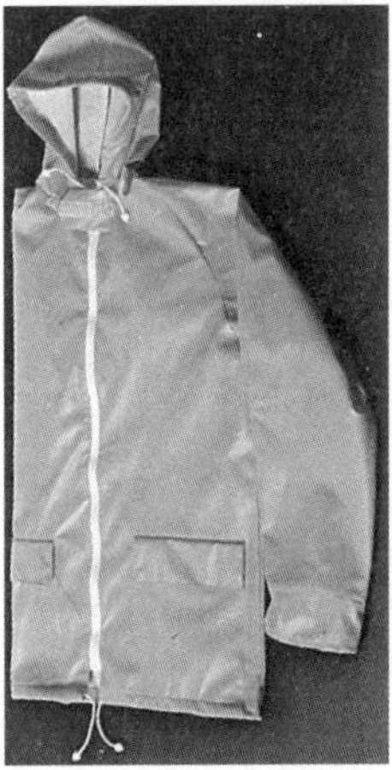

20

롤러 버클 벨트: 오일탠드 가공을 하지 않은 두꺼운 소가죽에 롤러 버클이라는 조합이 헤비듀티하다.

21

리버시블(reversible) 티셔츠: 앞뒤 모두 메리야스로 돼 있고 색이 다르다. 미국 대부분의 대학 협동조합에서 볼 수 있다. 학교 이름을 넣은 아이템의 대표 격. 한쪽 면이 질리면 다른 한쪽으로 입을 수 있다. 양면이어서 보온성이 뛰어나다.

22

리트릿과 팔 클립: 필요한 길이만 빼서 팔 클립으로 실을 끊거나 엉킨 걸 푼다. 사용하고 나면 그대로 손을 떼면 다시 원상태로 돌아오는 게 리트릿이다.

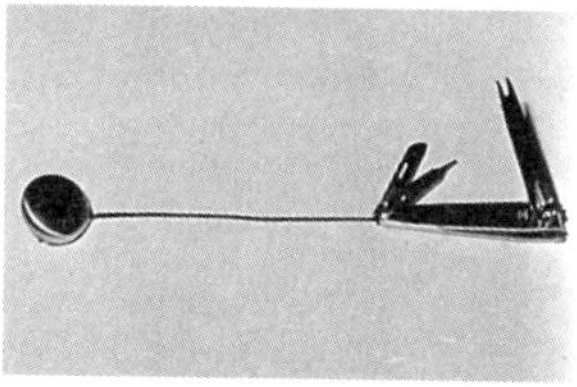

23

마운틴 파카: 후드에 끈이 달려서 머리에 딱 맞게 쓸 수 있다. 주머니는 전부 주름이 잡혀 있어서 물건을 잔뜩 넣을 수 있다. 주머니나 소매는 벨크로로 잠근다. 등 주머니에는 지도를 넣을 수 있다. 안감에 울을 덧대서 물에 젖어도 안쪽까지 축축해지지 않는다.

24

메인 헌팅 슈즈: L.L. 빈이 1912년에 개발한 헤비듀티 부츠. 어퍼는 내수성 소가죽이고, 밑창에는 물과 오존에 견디는 특수 고무를 사용했다. 크레이프 솔 덕분에 오래 신어도 미끄러지지 않는다. 가벼워서 발이 무르지 않고, 박음질로 혀를 어퍼에 붙여서 물에서 걸어도 괜찮다. 개발한 이래 거의 반세기 동안 개량을 거듭하면서 성능과 품질을 높였다. 사계절 만능 부츠로 아웃도어용 부츠 세계에서는 헤비트래 중의 헤비트래.

25

물통: 그랑 테트라의 물통. 물이 밖으로 새지 않는 기능으로 특허를 받았다. 안쪽에는 사기 칠을 해서 물을 넣어두어도 맛이 변하지 않고 냄새도 나지 않는다. 아웃도어 활동에 최적화된 아이템.

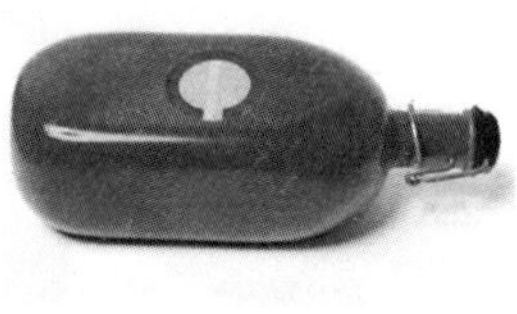

26

물통: 안쪽이 녹슬지 않고 물맛이 변하지 않도록 폴리에틸렌 말렉스로 코팅했다. 바깥쪽의 북미 원주민풍 모포는 물에 적셔서 냉각 효과를 낸다.

27

미녹스 C: 중량 99그램, 155밀리미터 렌즈, F3.5, 필름 8X11, 필름 감도 범위 ASA6-400, 셔터스피드 1/1000~7초 등 훌륭한 성능을 갖춘 초정밀 카메라. 얄미울 정도로 만능이다. 최신형인 35 EL도 초경량.

28

바버 재킷: 왕실에도 납품하는 아주 오래된 영국 아웃도어 브랜드인 바버의 오일스킨 재킷. 바셀린과 수지로 방수가공을 거친 이집트면으로 만든다. 마운틴 파카 디자인의 원형으로, 백플렉스를 개발하는 데 영감을 주기도 했다.

29

백 소: 조립하면 사각형 형태가 되는 톱. 205쪽의 스벤 톱의 원형이다. 톱날을 끼우는 프레임은 금속이 아니라 나무다.

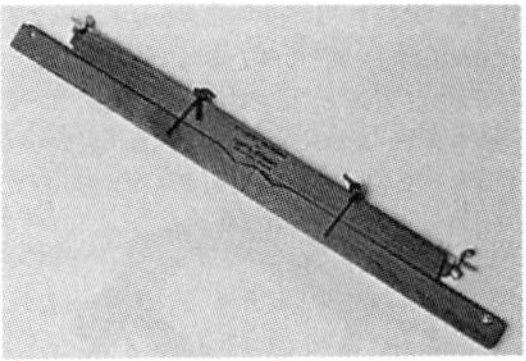

30

백 스킨 글러브: 카우보이용 장갑으로 소재와 만듦새가 헤비듀티하다. 손끝의 감촉이 매우 섬세하다.

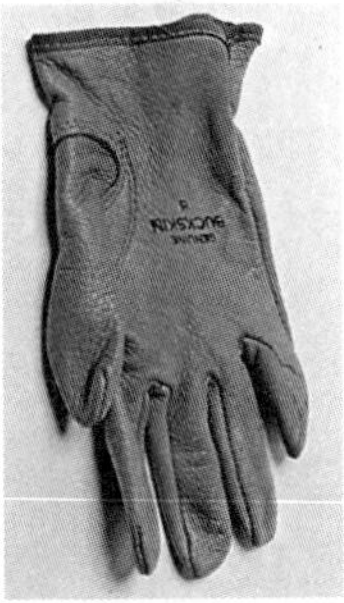

31

버펄로 플래드: 울 85퍼센트, 나일론 15퍼센트의 중량급 아우터 셔츠. 롱테일과 버튼 다운식의 덮개 달린 가슴 주머니가 있다. 빨강과 검정 체크무늬가 미국에서는 전통적.

32

보트 모카신: 전통적인 모카신 구조에 미끄럼 방지 처리를 거친 헤링본 컷 솔을 사용했다. 끈이 달린 형태와 태슬 형태가 있다. 알루미늄 구멍이 기능적.

33

불쏘시개: 금속으로 만든 부싯돌 라이터. 캠핑 스토브에 불을 피우기에는 이 라이터가 최고다. 물에 젖어도 사용할 수 있다.

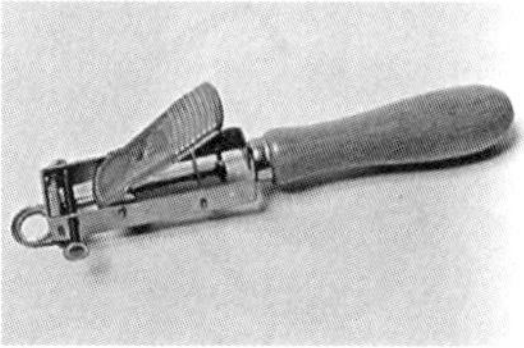

34

브룩스 빌라노바 400: 『러너스 월드』에서 선정한 1976년도 랭킹 2위 브랜드. 석션식이 아스팔트나 콘크리트 환경에 잘 맞는다. 업그레이드한 401 버전도 인기가 어마어마하다. 독일의 아디다스를 반격할 만한 미국제 트레이닝슈즈.

35

사이클 백: 자전거용 가방. 요즘에는 로드레이서가 보급되면서 자세에 맞게 어깨끈이 더 길어졌다. 미국에는 서점이나 자전거 가게 이름을 넣은 게 많은데, 도판은 버클리의 한 서점에서 만든 제품이다.

36

사이클링 램프(레그 라이트): 자전거용 액세서리. 팔뚝이나 발목에 차도 좋다. 평행광 렌즈가 양면에 달렸고, 한쪽은 빨간색이다. 손잡이 부분에 건전지가 두 개 들어간다. 야간 주행을 할 때 안전을 위해서 사용한다.

37

섀미 클로스 셔츠: 고지대에서 서식하는 섀미의 가죽처럼 부드러운 느낌의 면으로 만든 아우터 셔츠.

38

서바이벌 키트: 양초, 성냥, 설탕, 소금, 홍차, 피리, 와이어, 비닐 텐트, 수프 등 조난을 당했을 때 필요한 물건이 들어 있다. 뚜껑 안쪽은 시그널 미러.

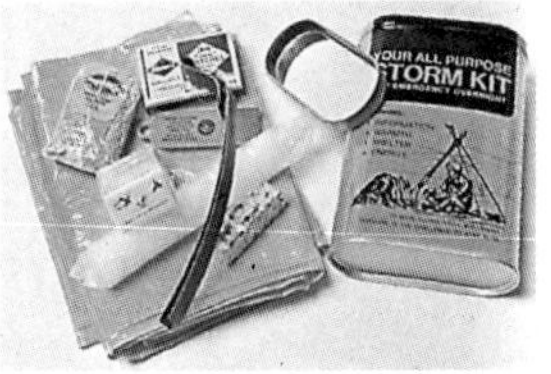

39

슈퍼 워밍 팬츠: 표면은 폴리에스터와 면을 혼방했고, 바지 안감이 폴리에스터 파이버 퀼팅이어서 아주 따뜻하다. 특히 겨울 아웃도어 스포츠에 최고다. 사냥꾼이나 낚시꾼, 후지산에서 일하는 관측원에게도 추천한다. 겨울 스포츠를 관전할 때도 좋다. 엉덩이 쪽에는 덮개가 달린 똑딱단추 주머니가 있다. 스포츠 샤크 제품이 오리지널.

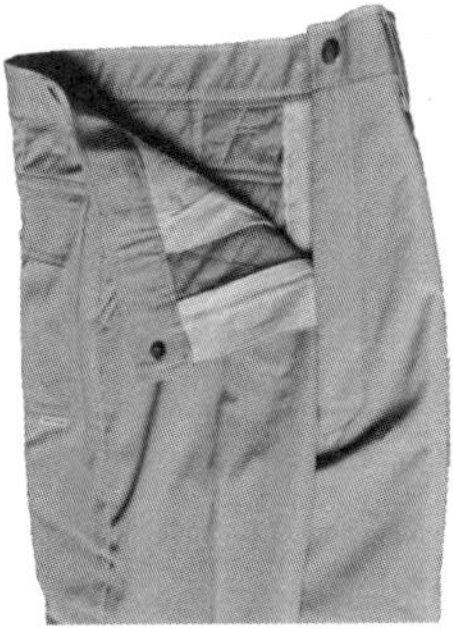

40

슈퍼 캠퍼: 내열성이 다른 컵의 네 배나 좋은 내산성 법랑. 이중 처리를 해서 그대로 포켓 스토브에 올려놔도 괜찮다.

41

스냅 훅: 원래는 요트용 도구로, 딱딱한 진주로 만든 게 진짜다. 용도에 따라 한쪽으로 여는 식, 양쪽으로 여는 식이 있다. 미국에서는 스위블[회전 고리]처럼 키홀더로 사용하기도.

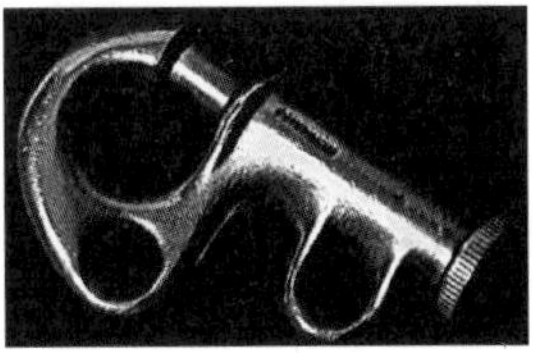

42

스노모빌 부츠: 아크틱 부츠를 스노모빌 운전용으로 어퍼에 나일론을 사용한 이중 단열 방한화. 안감에 펠트를 사용해서 완벽에 가까운 단열 효과가 있다. 밑창은 웨이브 패턴. 신발을 두 켤레 신은 느낌이지만 발에 완전히 밀착돼서 움직이기 편하다.

43

스노슈즈: 기원전 400년부터 중앙아시아에서 눈 위를 걸을 때 사용했다. 사진은 캐나다 회사인 퀘벡 제품이다. 곰 발 형태를 좁고 길게 개량해서 안정적이다. 짐을 메거나 숲속을 걸을 때도 좋다. 신발 주변은 등산용 지팡이에도 사용하는 물푸레나무고, 끈은 가죽. 장거리를 빨리 걷기 위해서는 가벼운 비버 테일 형태가 적합하다.

44

스노슈즈: 파이프에는 가볍고 튼튼한 두랄루민을, 발을 놓는 부분에는 네오프렌이라고 하는 합성고무를 사용했다. 셰르파 디자인의 현대적인 스노슈즈. 일본에서는 겨울에 산에서 생활할 때 사용하기도.

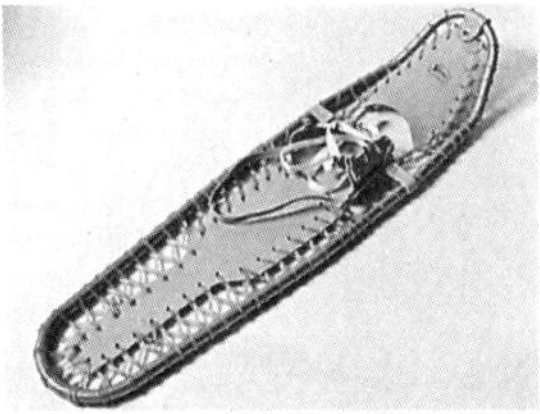

45

스벤 톱: 나사를 빼서 접으면 한 자루가 된다. 톱날이 안쪽으로 들어가서 사용할 때 안전하다. 휴대하기 편리해서 나무를 자를 일이 있는 아웃도어 활동에 챙겨갈 만하다.

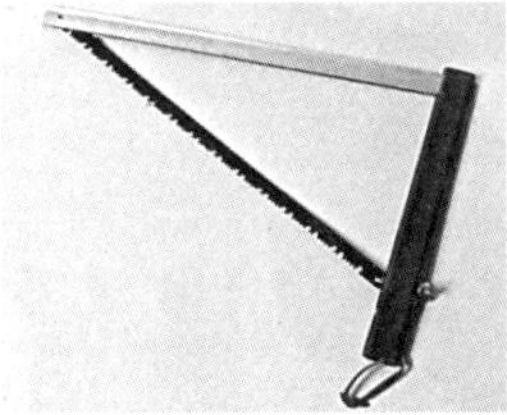

46

스위스 아미 나이프: 빅토리녹스의 걸작. 1. 가위. 2. 못이나 비늘 제거용, 자. 3. 톱. 4. 손톱 청소 도구. 5. 십자드라이버. 6. 시계용 드라이버, 캔 따개. 7. 큰 칼 8. 돋보기. 9. 펜 나이프. 10. 병따개, 철사 녹 제거 도구, 일자드라이버. 11. 이쑤시개. 12. 코르크 따개. 13. 얇은 드라이버. 14. 송곳. 여기에 가려져서 잘 보이지 않지만 핀셋도 있다. 톱은 정말 잘 잘리고, 나이프는 말할 것도 없다. 원형은 스위스의 군대가 상비하던 포켓 나이프인데, 지금은 다목적 아웃도어 나이프로 발전해서 인기를 끌고 있다. 전부 다 사용하려면 나이프 자체를 잘 알고, 아웃도어 경험 또한 풍부해야 한다.

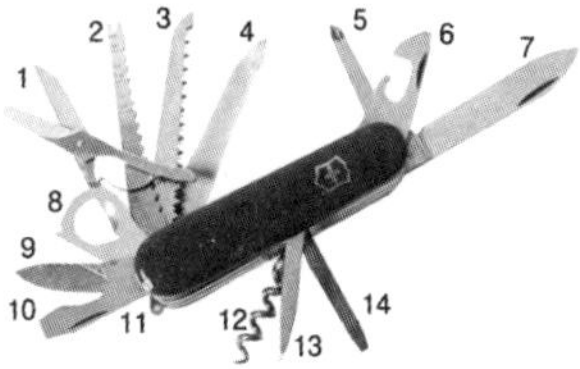

47

스패츠(각반, 게트르): 눈 위를 걷거나 비포장도로를 오르내릴 때 눈이나 물이나 모래가 신발 안으로 들어오지 못하게 하기 위한 현대판 게트르. 발에 딱 맞게 조이는 게 중요하다. 긴 바지를 입으면 먼저 밑단을 신발 안에 넣어야 한다.

48

스포츠 헬멧: 오토바이나 자전거를 탈 때 쓰는 가벼운 헬멧. 등산을 할 때 쓰기도 한다. 가벼워서 흔들리지 않고 귀 쪽의 통풍용 구멍 덕에 덥지 않고 내부를 쾌적하게 유지할 수 있다.

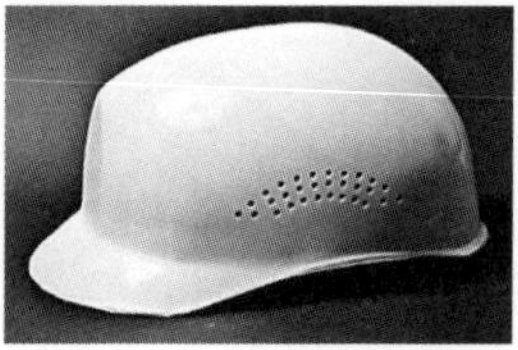

49

스포츠맨 선글라스: 프레임을 사용한 아웃도어 스포츠용 안경. 땀에 미끄러지지 않도록 미끄럼 방지 처리가 돼 있다. 고무 스트랩은 옵션.

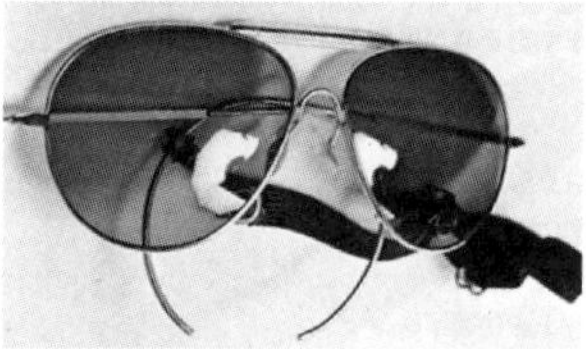

50

슬링샷(새총): 명중률이 뛰어나다. 식량이 떨어졌을 때 사용하는 서바이벌 도구. 일부러 동물을 겨냥하는 헤비아이 청년은 없을 것이다.

51

시에라 컵: 동으로 만든 캠핑 컵. 존 뮤어가 창설한 시에라 클럽의 정식 컵이다. 불에 직접 닿아도 되고 뜨거운 걸 넣어도 손잡이와 테두리에 단열 효과가 있어서 입술에 화상을 입지 않게 만들어졌다. 상부 지름이 11.43센티미터, 바닥 직경이 8.89센티미터, 깊이가 3.68센티미터로, 겹쳐 쌓을 수 있다. 무게는 85그램.

52

아디다스 컨트리: 어퍼가 가죽으로 된 초보 트레이닝용. 발끝과 뒤꿈치는 말려 올라갔고, 발바닥 한가운데 뗐다 붙일 수 있는 스펀지 아치 쿠션을 넣었다. 260밀리미터 사이즈 한 짝이 312그램 정도로 무게는 보통.

53

아디다스 SL-72: 트레이닝에서 레이스까지 목적에 따라 모든 상황을 견뎌내는 운동화. 260밀리미터 사이즈 한쪽이 269그램 정도다. 내부의 아치 쿠션은 붙였다 뗄 수 있고, 아디다스의 상징인 삼선과 아킬레스 카운터가 형광으로 빛난다.

54

아우팅 안경: 어떤 아웃도어 스포츠에서도 사용할 수 있는 안경. 접을 수도 있고, 조금 무리해도 고장 나지 않고, 주머니나 가방에도 쏙 들어간다.

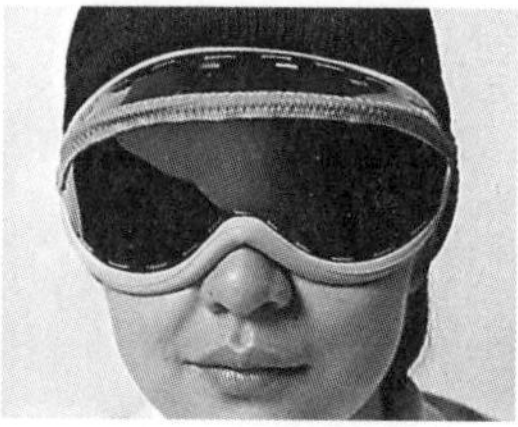

55

아이 마스크: 눈과 코가 햇볕에 타지 않도록 연결한 물건. 해변에서 뒹굴거릴 때 눈꺼풀이 타지 않도록 올려놓거나 등산을 하거나 스키를 탈 때 코가 타는 걸 방지하기 위해 사용한다. 따로따로 사용해도 좋다.

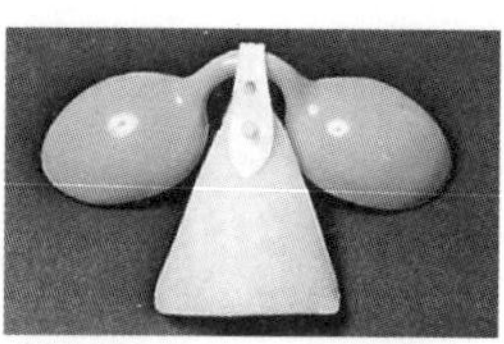

56

아크릴 보아 안감 점퍼: 윈드브레이커에는 홑겹과 안감에 플란넬이나 보아를 사용한다. 각자 상황에 맞춰서 입는다. 아크릴로 만든 이 제품은 안감에 보아를 사용했다.

57

울 라인드 점퍼: 표면은 나일론, 안감은 코튼 플란넬이다. 가벼운 아웃도어용 옷차림에 알맞고, 도시에서 간단히 입기에도 좋다.

58

접이식 가위: 낚시용 접이식 소형 가위. 이런 가위는 저렴한 것도 많은데, 이건 질 좋은 스틸을 소재로 한 진짜. 일상용으로 사용해도 좋다.

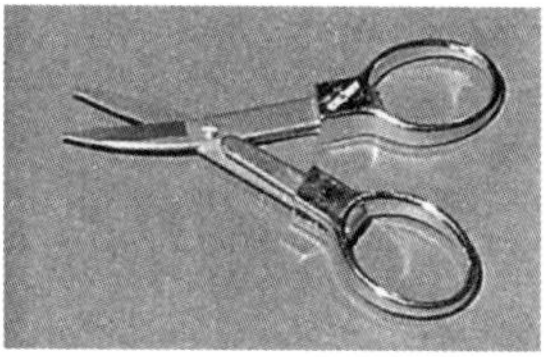

59

짐 쇼츠: 트레이닝 세대의 심벌. 나일론으로 된 것과 면으로 된 게 있는데, 일반 트레이닝은 면, 각종 운동용은 나일론이 편하다.

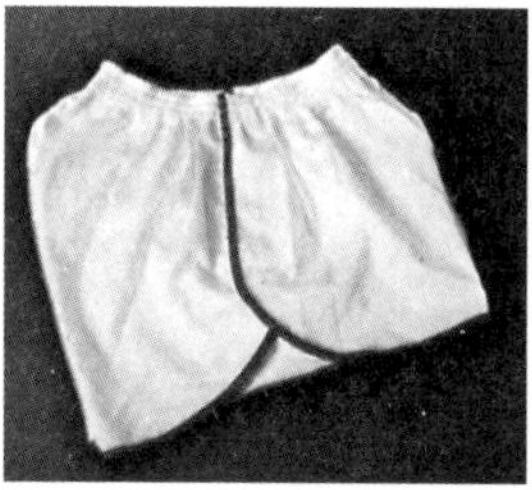

60

침낭: 헤비아이 청년의 여행에서 빼놓을 수 없는 게 침낭이다. 우모나 합성섬유를 넣는다. 도판은 우모를 넣은 것. 크게 미라식과 봉투식으로 나뉘는데, 산에서는 미라식이, 일반 여행에는 봉투식이 유용하다.

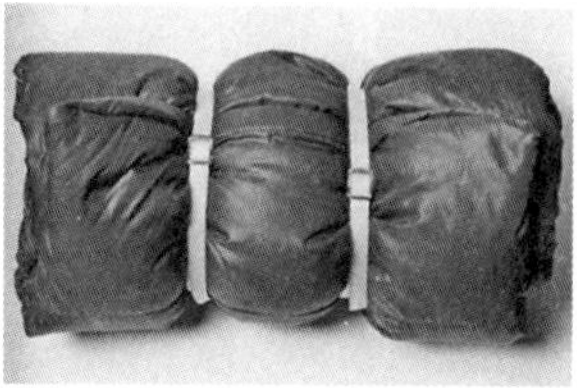

61

크로스컨트리 스키 부츠: 깊이가 깊고 방수가공을 했다. 앞은 이중으로 졸라맬 수 있다. 안감에 보아를 사용해서 오랫동안 신어도 불편하지 않다.

62

크로스컨트리 스키 안경: 안경테는 뒤틀림에 강한 폴리에틸렌으로 만든다. 양쪽의 가드는 방풍이 되고, 가운데 비스로 렌즈를 교환할 수 있다. 고무 끈이 있어서 험하게 움직여도 벗겨지지 않는다.

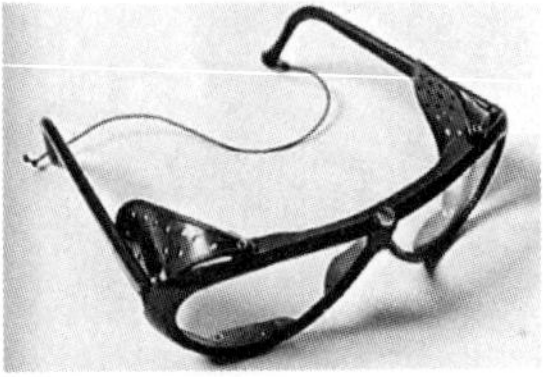

63

크루징 안경: 보트나 요트를 탈 때 쓰는 안경. 플라스틱으로 만들어서 가볍고 잘 망가지지 않는다. 바닷물에 젖어도 대충 물에 씻으면 된다.

64

타이 코드: 보트나 자동차에 바이크나 카누를 싣고 고정하기 위한 고무 끈. 원리는 원시적이지만 단단하게 고정하는 기능만큼은 헤비듀티의 진수.

65

토트백: 부두 노동자들이 사용하던 운반용 가방. 지금은 간단한 짐을 옮길 때 주로 사용한다.

66

파카: 다운을 넣은 파카. 셸은 촘촘하게 짠 립스 톱 나일론이다. 머프 포켓이 달린 대형 카고 포켓이 두 개 있다. 앞은 지퍼와 똑딱단추의 이중 구조로, 미국에서 인기가 많은 다운 파카의 전형적인 형태다. 안쪽에도 주머니가 있고, 다운을 넣은 후드는 말려 있는 게 보통.

67

퍼스트 에이드 키트: 여행을 하다가 몸에 문제가 생기면 바로 처방할 수 있는 약품이 간편하면서 훌륭하게 갖춰져 있다. 아스피린, 반창고, 거즈는 물론이고 고름약, 방충제, 응급 처치 일람표, 정수 방법을 소개한 설명서까지 있다.

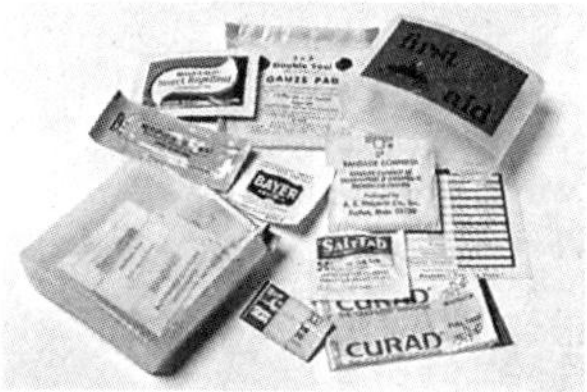

68

포켓 스토브: 가스통을 빼면 손바닥에 올려놓기 좋은 크기가 된다. 포켓 스토브라고 하는 이유다. 계속 불을 붙여두면 40분 정도 탄다. 한 개로 한 명을 위한 하루치 취사가 가능하다. 가스통을 교체하는 건 간단하지만, 겨울에 높은 지역에서는 액화가스가 얼 수 있기 때문에 유의해야 한다. 하지만 기능성만큼은 헤비듀티 그 자체.

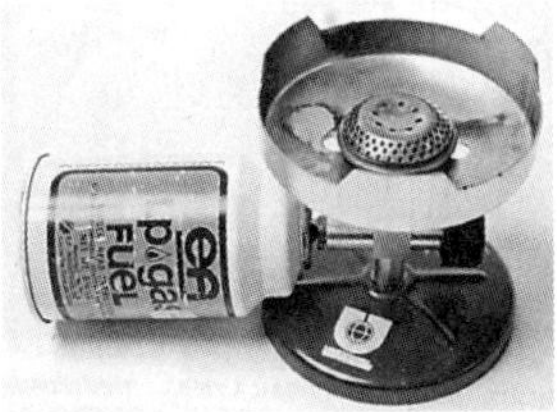

69

풀 프레임 팩: 풀 프레임 팩은 켈티가 가장 유명하다. 이건 그중에서도 기본 모델인 D4. 공간을 위아래로 나누고, 주머니를 네 개 달았다. 제대로 활용하려면 패킹 시스템 지식이 필요하다.

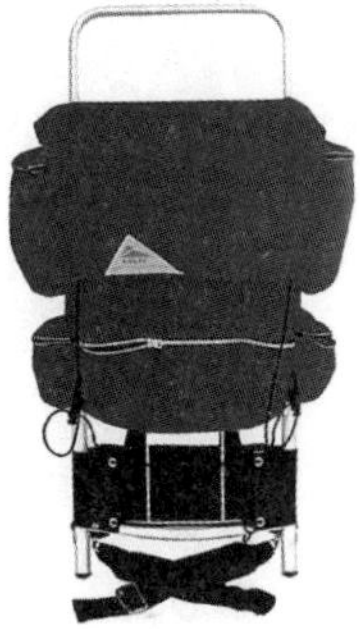

70

플렉스 라이트: 아웃도어 활동을 할 때도 밤은 온다. 메모를 하거나 작업을 할 때 가슴에 꽂아서 사용하는 손전등이다. 유연해서 복잡한 기계를 수리할 때도 꽤 쓸 만하다.

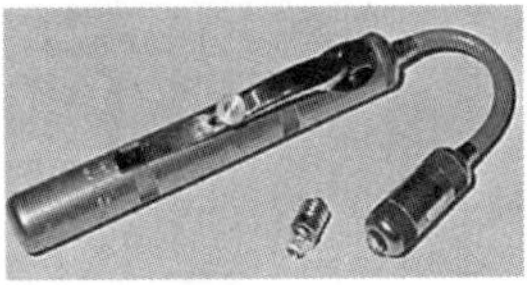

71

피셔맨 스웨터: 탈지한 양털을 뽑은 다음 양이나 물개의 기름을 입혀서 짠 두꺼운 스웨터. 아일랜드에서 만들어졌다. 물을 튕기고, 축축할 정도로 젖어도 체온을 밖으로 내보내지 않는 울의 특성과 단열 효과가 있다. 원래 영국 북부의 어민 작업용이었는데, 뜨개 패턴이 패셔너블하고 아웃도어 전반적으로 잘 맞아서 변함없는 인기를 유지한다. 색은 털 그대로의 색이다. 같은 소재를 사용해서 같은 뜨개 패턴으로 만든 모자도 헤비아이.

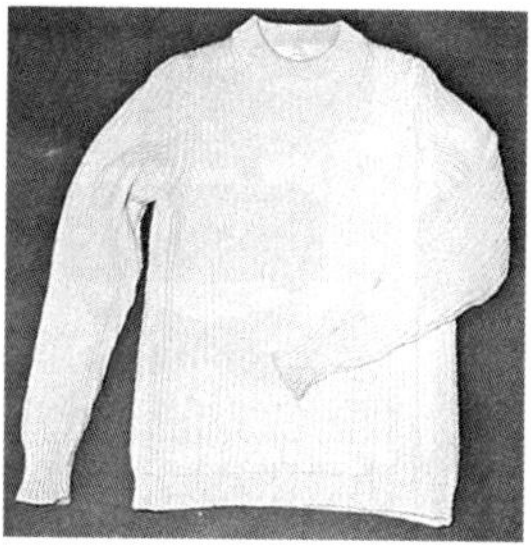

72

피싱 나이프: 핀란드의 라팔라 나이프로 생선을 자를 때 사용한다. 칼날이 얇아서 뼈를 자르려고 하면 쉽게 이가 빠지기도. 스웨덴 동을 사용한 곡선 디자인은 주방용으로도 기능적이다.

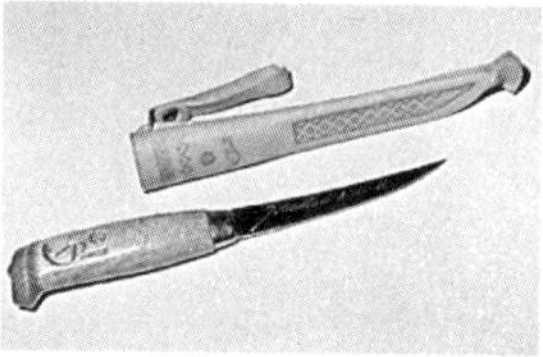

73

피싱 셔츠: 면포플린 원단으로 만들어서 따뜻하고 습기가 많은 날씨에도 기분 좋게 입을 수 있다. 견장과 큰 주머니가 있고, 뒷면이 앞면보다 긴 사각형이며 넉넉해서 활동적이다.

74

필드 캡: 오랫동안 미국인들에게 사랑받는 전형적인 아웃도어 스포츠용 모자. 소재는 가벼운 플란넬이고 통풍용 구멍이 달렸다. 후두부에는 고무가 있어서 머리 크기에 따라 조절할 수 있다.

75

필슨 코튼 덕 크루저: 원래는 북미 원주민이 손수 짠 모포를 사용한 방한 코트다. 앞주머니가 다섯 개, 뒷주머니가 하나. 앞면 요크[덧댄 천]는 그대로 주머니 덮개가 된다. 소재는 헤비듀티한 코튼 덕으로 제대로 필슨다운 제품.

76

하버 색: 헤비듀티한 방수 숄더 색. 면과 트윌 천으로 만들고, 안쪽은 고무를 덧댔다. 똑딱단추로 잠그는 뒷주머니와 덮개에 지도를 넣을 수 있는 주머니가 있다.

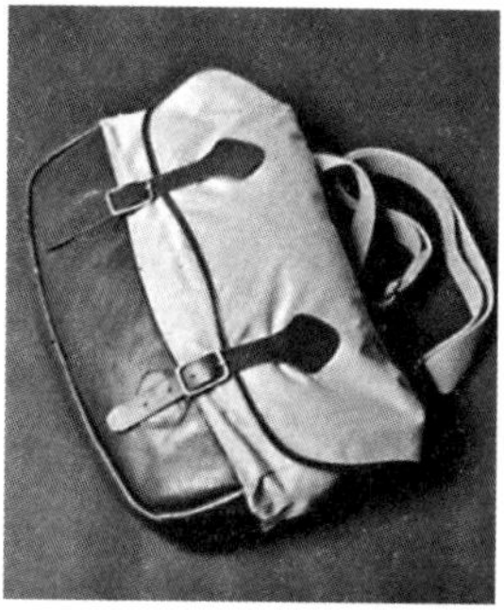

77

핫 시트: 플라스틱 알갱이가 들어가 있어서 보온성이 좋다. 이리저리 비빈 다음에 앉으면 엉덩이가 꽤 따뜻하다.

78

헌팅 글러브: 손가락 다섯 개 따로나 벙어리장갑으로도 쓸 수 있다. 원래는 사냥용이지만 사이클링이나 캠핑 등 전반적인 아웃도어 활동에서 사용할 수 있다. 손끝에 주목.

79

헤드라이트: 헬멧에 달아서 비추면 엄청나게 밝다. 이걸 사용하면 손전등과 달리 동시에 양손으로 짐도 들 수 있다.

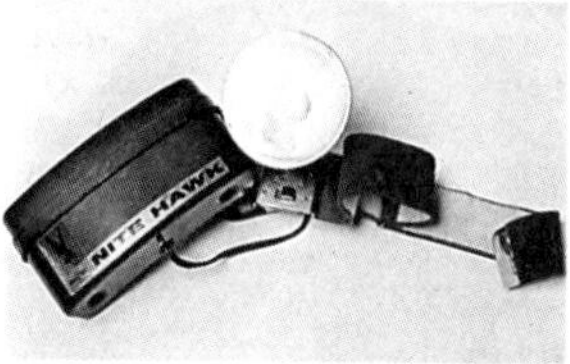

80

호루라기: 서바이벌 필수품.
비상시에 도움을 요청한다.
가끔 자기를 부르는 줄 알고
새가 날아들 때도 있다.
도시에서는 헤비아이 액세서리로
변신하기도.

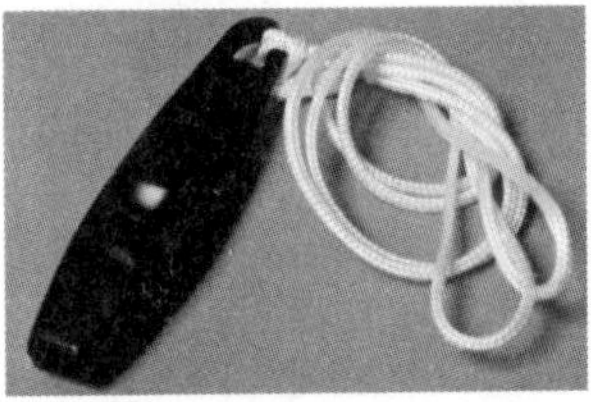

헤비듀티를 말하다

아이비의 전통과 미국식 비즈니스

니시다 도요호: 『멘즈 클럽』 편집장. 『멘즈 클럽』에서 4분의 1세기 동안 일하고 있다. 편집장보다는 학자나 선생님이 어울린다. 나비 수집가이기도. 아이비가 헤비듀티의 계보 안에서 언급되고, 헤비듀티가 아이비와 같은 체계 안에서 논의되는 지금, 아이비 시대를 만든 니시다 씨와 그 경위를 밝힌다.

N (니시다)　보들레르와는 별로 관련이 없지만, 예전에 『멘즈 클럽』에서 '여행으로의 초대'라는 제목으로 취재를 한 적이 있습니다. 도시 바깥에서 할 수 있는 재미있는 일을 찾아보자는 취지였죠. 첫 취재에서 고바야시 씨와 일본 도야마현 남북부에 있는 구로욘댐에 갔어요. 고바야시 씨는 그때 버뮤다 쇼츠에 마드라스의 버튼 다운 셔츠를 입었죠. 저도 비슷했던 것 같은데, 그게 몇 년 전이죠?

K (고바야시)　벌써 10년 전이네요.

N　돌아오는 길에 시나노오마치에 있는 산악 박물관에 들렀죠. 그 뒤로 고바야시 씨와 여행을 한 적이 없네요. 이번에 거의 10년 만에 둘이서 미국을 3주 정도 돌았는데, 뭔가 자연 지향적인 여행을 했으니 예전과 공통점이 있어요.

K 맞아요. 우리가 몇 년 동안 이것저것 했는데, '헤비듀티'라는 말을 본격적으로 쓰기 시작한 게 『멘즈 클럽』에서였죠. 『헤비듀티의 책』이 나왔는데, 이번에 미국에서 헤비듀티의 본가인 L.L. 빈에도 처음 가봤어요. 어땠나요?

N 이번에는 미국 동북부, 흔히 말하는 다운 이스트를 돌면서 L.L. 빈도 취재했는데, 그 전에 하노버의 다트머스 대학교에 갔잖아요? 제가 거기 간 게 세 번째입니다. 다트머스에서 3일 정도 있었어요. 첫날은 비가 왔고, 마지막 날은 날씨가 좋았죠. 하노버에 하나밖에 없다는 전통식 호텔 창가에서 캠퍼스를 내려다봤습니다. 예전과 다르게 워크 팬츠나 코듀로이 진, 레인 파카, 마운틴 파카를 입거나 헌팅 부츠를 신은 학생도 있었어요. 뭔가 새로운 걸 입었지만, 멀리서 보면 예전과 다를 게 없었죠. 역시 캠퍼스 패션이고, 아이비더군요. 사람과 시대가 바뀌었는데, 이렇게 변하지 않을 수도 있구나 싶었어요. 다트머스 대학교는 아이비리그 가운데 가장 시골에 있어서 그런지 캠퍼스가 정말 예뻐요. 몇 백 년이나 된 건물이 그대로예요. 도서관 건물도 정말 멋집니다. 아이비가 헤비아이가 돼도 위화감이 없어요. 일본에서도 이럴 수 있을까? 이런 의문이 들었어요.

니시다 도요호.

K　일본에 아이비가 정착했다고 하지만, 데이진 멘즈 숍[1960년 긴자에 창업한 이래 트래디셔널을 기본으로 엄선한 제품을 취급하는 매장]에 가봐도 예전 제품은 없어요. 물론 아예 없어진 건 아니고, 들여놓지 않는 거죠. 젊은이 가운데는 입는 사람도 있지만요. 하지만 거점이 돼야 할 가게에서 아이비나 트래드도 유행에 지나지 않았던 건가 싶어요.
N　최근에 200해리 선언 때문에 물고기가 숨어버렸다고 화제가 됐잖아요. 그런 걸 보면 한마디로 눈앞에 있는 이익이라면 뭐든 한다, 돈 안 되는 일은 절대 안 하겠다는 주의죠. 한때 다양한 브랜드에서 전통이니 아이비니 했어요. 그런데 속마음은 그게 아니었죠. 그저 돈이 되니 유행을 탔을 때 홍보를 한 거예요. 근본적으로 정말 좋은 걸 키우자는 정신은 사실 있지도 않았던 거죠.
K　미국은 상업성이 일본보다 철저해요. 타산을

고바야시 야스히코.

무시하고 전통을 고집하는 건 아니겠죠. 돈이 되니까 하는 거예요. 자기 지위를 남에게 알릴 필요가 있는 사람들이 있고, 미국에는 트래드를 입는 사람도 확실히 정해져 있어서, 큰 변동은 없어요. 학생 옷차림도 기본적으로는 예전과 달라진 게 없어요. 학생다움은 변함이 없죠. 그래서 전통적인 가게가 살아남을 수 있는 거고요.

N　미국에는 남성 전문 매장의 종류가 다양하죠. 트래드가 중심인 곳은 그것만으로도 먹고살 수 있어요. 아무래도 시스템이 일본과 달라서 그런 것 같아요.

K　그럴 수도 있죠. 레이나 L.L. 빈 등 아웃도어 매장만 하더라도 사계절 용품을 전부 갖추고, 창고 세일 시즌에는 매장이 창고가 돼서 손님을 마구 받고 팔아버리죠. 사이즈를 갖춰서 그냥 쌓아놔요. 점원을 부르면 찾아주기도 하지만 손님이 알아서 하게끔 돼

있어요. 일본처럼 반년에 한 번 재고를 털고, 다음 시즌 제품을 들여오는, 그냥 그때뿐인 장사는 안 해요. 그게 일본과 다른 점인데, 그런 방식이 지금의 이야기와 이어지는 것 같아요. 그래서 미국에서는 겨울에도 여름옷을 살 수 있죠.

N　지리적 특성이랄까요, 기후와 풍토의 차이가 있어요. 미국은 내륙성 기후죠. 우리 같은 아시아인이 미국을 여행하다 보면 콧속이 건조해져서 때로는 아프기까지 하잖아요. 계절의 길이도 다르고, 온도차도 심해요.

K　국토의 크기 차이기도 해요. 카탈로그 판매가 매출의 80퍼센트나 차지하는데, 북쪽 알래스카에서의 주문과 남쪽 플로리다에서의 주문을 다 받아야 하니 재고를 한 번에 털 수가 없죠.

N　L.L. 빈도 봄여름 시즌과 가을, 겨울 시즌으로 시즌별 카탈로그를 발행하고, 게다가 대형 아웃도어 매장에서도 바겐세일은 해요. 일본에서는 카탈로그는 거의 펴내지 않고요. 통신판매는 제로에 가까울 걸요? 그래서 소비자와의 연결 고리가 느슨하고, 지지도도 낮아요. 미국에서는 크리스마스 카드도 보내고, 시즌별로 카탈로그도 보내는데 말이죠.

K　미국은 선물 시즌 세일이 엄청나잖아요.

N 브룩스 브라더스 같은 남성 전문 매장이나 L.L. 빈 같은 아웃도어 매장에서도 가장 바쁠 때가 크리스마스 시즌이라고 해요. 보통 매장 앞에서 판매하면 한정된 손님밖에 안 오지만, 브룩스 브라더스 같은 곳은 대대로 이어진 단골이 많죠.

K 그리고 수리인데요, L.L. 빈에서 산 물건은 L.L. 빈에서 수리하는데, 제품을 새로 사는 사람보다 수리를 의뢰하는 사람이 많다고 해요. 예컨대 30달러짜리 신발을 수리하려면 20달러가 들어요. 우리는 물건이 낡으면 그냥 버리고 새것을 사죠. 미국인들에게는 10달러가 소중하고, 애착 있는 물건을 버릴 수 없는 거죠.

N 일본에도 미국식 사업을 시작한 사람이 꽤 있는데, 겉모습만 흉내 내는 게 아니라 그런 것까지 제대로 들여오면 좋겠어요.

K 다른 이야기를 해볼까요? 지난 여행에서도 느꼈는데, 다트머스 대학교 학생들을 보면 지금 우리가 말하는 헤비아이는 시스템이나 배경이 예전의 아이비와 닮았잖아요. 예컨대 모카신은 동부의 헤비듀티이자 트래디셔널이고, 인기가 많아요. 아이비 시대의 페니 로퍼도 모카신의 변형이라고 생각해요. 워커 부츠와 깊이가 비슷한 처커 부츠(chukka boots)라는 것도 있었죠. 저는

별로 안 좋아하지만, 왈라비(Wallabee)라는 것도 있는데, 그게 지금 젊은 사람들한테 인기가 많아요. 다트머스에서도 꽤 많이 신었죠. 어퍼가 스웨이드 가죽이고 밑창이 울퉁불퉁한 생고무 같은 거요. 왈라비는 사막에서 마지막까지 살아남는 캥거루의 일종이래요. 호주의 사막을 배경으로 한 건데, 영국에도 사막에 대한 동경이라는 게 있잖아요? 아이비의 데저트 부츠(desert boots)가 딱 그렇죠. 데저트 부츠는 아이비의 필수품이어서 저도 두세 켤레 있는데, 갑자기 왈라비가 나타났죠. 이렇게 신발만 하더라도 꽤 닮았어요. 여기에는 이걸 입어야 한다는 시스템적인 부분도 그렇고요. 아웃도어에서 아이비를 패러디한 게 아니라 근본적인 생활양식에 대한 미국인의 사고방식이랄까, 기본 이념 같은 게 아닐까 해요.

N　동부 해안 쪽에는 고유의 커뮤니티를 형성한 와스프[WASP, 백인, 앵글로색슨, 개신교도의 앞 글자를 딴 명칭으로 미국의 주류 계층]가 있어요. 신분 차이가 아니라도 그런 사람들은 비슷한 옷만 입는 경향이 있어서 시대가 바뀌어도 비슷한 느낌이나 경향이 있는 거겠죠.

K　아이템을 봐도 비슷하고, 구조도 닮았어요. 미국인은 세계에서 가장 시스템을 좋아하는

사람들이죠. 입는 것 자체보다 구조가 더 중요하고, 몸 주변을 둘러싼 전체적 구성이 생각한 대로 나오지 않으면 만족할 수 없는, 그들만의 기질이 있어요. 그게 아이비 시대에 드러났고, 아웃도어에서 더 뚜렷해요. 게다가 아이비를 좋아하는 젊은이들이 다시 똑같이 입으니 싫어도 비교를 하게 되고요.

N 역시 전통인 거겠죠.

아웃도어 활동이 주는 풍족함

K 아웃도어 활동에 대한 미국과 일본의 사고방식은 꽤 달라요. 일본에는 예전부터 등산이라는 개념이 있었고, 국토 특성상 산이 많아서 하이킹이 곧 등산이 됐어요. 여기에 유럽의 알피니즘을 끼워넣었죠. 그래서 일본의 아웃도어는 산에만 집중해요. 원래 아웃도어 활동은 그런 게 아니잖아요. 미국에서도 지금 막 시작된 게 아니에요. 예전부터 카누를 타거나 평지를 걷는 것도 있었고, 보이스카웃의 역사도 있고, 그 전에 사냥꾼이나 나무꾼 같은 사람들도 많았을 거고요. 뒤를 이어서 취미로 낚시나 사냥을 했잖아요. 일본에는 산이 많고, 전통적으로 미끼낚시를 했으니 스포츠라는 느낌은 별로

없지만요. 게다가 사냥이라는 게 일반적이지는 않잖아요. 일본에서 아웃도어는 결국 산이에요. 게다가 유럽의 알피니즘이 중심이 돼서 지금까지 이어지고요. 지리적인 조건을 별개로 치면 원래는 셀프 에이드라고 하는, 스스로를 케어하고 혼자 행동한다는 거예요. 배가 고프면 가져온 걸 요리해서 먹고, 졸리면 침낭을 펴고 자는 것. 그게 기본이 되는 거예요. 인생은 여행이라는 생각으로 일단 밖으로 나가는 거예요. 그러고 나서 낚시나 사냥을 하든가, 웅덩이가 있으면 메우고, 벽이 있으면 넘고요. 그게 자연스럽게 암벽등반이 되는 거죠. 기본적으로는 그런 전반적인 행동을 말해요. 하지만 일본은 산이 많아서 아웃도어 활동이 알피니즘이 돼버렸죠. 어떤 환경에서도 자기를 스스로 챙기고 혼자 살아가는 게 아웃도어 활동의 근본정신이라고 생각하는데 말이죠.

니시다 씨는 꽤 유명한 나비 수집가잖아요. 틈틈이 필리핀 같은 데를 간다고 들었는데, 니시다 씨는 어떤가요?

N 자랑은 아니지만, 어릴 때부터 생물을 좋아했어요. 중학교 때 곤충 채집에 빠져서 고등학교 때 가장 열심히 했고, 대학에 들어가면서 그만뒀죠. 그땐 문청(文靑)이었어요. 대학을 졸업하고

취직해서 편집 기자로 일하다가 너무 힘들어서 산길을 좀 걸어야겠다고 생각했어요. 어차피 산길을 걷는 거면, 중학생 때 곤충채집을 했으니 채집채를 챙기면 걸으면서 채집도 하고 일석이조라고 생각해서 시작한 거죠.

지금은 패션에서 헤비듀티가 하나의 유행이고, 일본에서도 미국 못지 않게 환경 문제가 중요해졌어요. 이럴 때일수록 밖에서 땀을 흘려야 하지 않을까요? 백팩을 메고 나서면 어차피 산부터 가게 되지만, 뭐 어때요? 어차피 갈 거면 카메라를 챙기거나 가서 스케치나 낚시를 하거나요. 저처럼 나비를 채집하는 사람도 있지만, 미국에서 꽤 많이 하는 버드워칭(bird watching)이라는 것도 있고, 채음 마이크로 자연의 소리를 녹음해보거나 할 수도 있죠. 생각해보면 할 수 있는 건 정말 많아요. 그런 걸 하면 아웃도어 활동이 더 즐거워지지 않을까요. 저는 나비를 채집할 때 큰 백팩은 안 메요. 계속 쫓아다녀야 하니까요.

K 그렇죠. 언제 어디서 나올지 모르니까.

N 앗, 저기 있다! 이러면서 쫓아다니잖아요. 되도록 가벼운 차림으로 데이 팩 정도만 메죠. 물론 신발은 제대로 된 걸 신죠. 지금까지 간사이, 북알프스의 야쓰가타케산, 남알프스, 삿포로까지 꽤

여러 산을 돌아다녔는데, 그래도 텐트를 치고 자지는 않아요. 편집 기자 일이 너무 바빠서 휴가를 오래 낼 수는 없거든요. 길어야 3일 정도? 그러니 텐트 같은 중장비를 가져가는 건 호들갑스러운 일이었죠. 결론은 산장에서 자는 거예요. 그래서 저는 백패킹의 진짜 즐거움은 잘 몰라요. 사실 마운틴 파카는 저 같은 사람에게는 딱히 도움이 안 돼요. 그냥 막 걸칠 수 있는 레인 코트처럼 비를 막을 수 있는 게 좋아요. 산 날씨가 추워지면 륙색에서 따뜻한 물건을 꺼내게 되죠. 나머지는 발 주변이고요.

K 가장 먼저 신경 써야 할 부위가 발이죠.

N 신발, 양말, 슬랙스로 무엇을 고를지에 대한 연구가 필요해요.

K 링컨과 영국의 이종격투기 선수인 콜린 플레처(Colin Fletcher)도 가장 먼저 신발을 챙겼죠. 그다음이 가방이고요.

N 그러고 보니 일본에도 등산 입문서는 많은데, 장비에 관해서는 간단히만 나와 있더라고요. 휴대용 연료만 해도 심각할 정도예요. 그것만으로는 전혀 참고가 안 돼요.

K 그냥 이런 게 있다 정도죠. 그런데 누군가는 의외라고 생각할지는 몰라도 일본인에게는 도구에 기대지 않으려는 심리가 있어요. 도구에 집착하는

건 비전문가나 하는 짓이다, 도구에 집착하지 않아도 정신만 있으면 어떤 어려움도 헤쳐나갈 수 있다는. 그런 게 등산에도 있어요. 대학교에 다닐 때 등산 기합 같은 게 있었어요. 그래도 날씨가 정말 추우면 다운 재킷을 입었지만요. 도구에 집착하는 건 초보나 하는 짓이야! 베테랑은 도구를 가리지 않아! 이렇게 허세를 부리곤 했어요. 그런데 미국에서 편리한 물건이 들어오니 놀란 거죠.

행동의 패션

N　아까 한 얘기랑도 이어지는데, 헤비듀티는 다른 패션과 달라요. 아웃도어 활동에서 서바이벌로 이어지는 옷과 도구를 철저하게 입고 챙기자는 거죠. 패션으로 봐도 결이 다르죠. 이런 움직임은 아이비리그 외에도 콜로라도나 버클리 같은 캠퍼스에서 시작됐어요. 진보적이고 아카데믹한 사람들 사이에서요. 그래서 생명이 꽤 긴데, 앞으로는 새로운 아이템이 헤비아이에서 나오지 않을까 해요. 캐내디언 카누 같은 게 갑자기 인기를 끌잖아요. 그런 일이 매년 일어날 거라고 봐요. 물론 팬들턴의 100퍼센트 버진 울 스포츠 셔츠 같은 오리지널은 여전하겠죠. 진짜 전통이면서

헤비듀티니까요.

G 아이비의 버튼 다운 셔츠와 완전히 똑같아요. 이거야말로 헤비아이죠. 파카나 오일드 울 스웨터 같은 건 펜들턴, 필슨, L.L. 빈, 에디 바우어, 어디서 만들든 비슷해요. 제가 그랬기 때문일 수도 있지만, 아이비는 일본의 젊은이들이 처음으로 옷의 본질을 익힌 교본 같은 게 아닐까 해요. 아이비와 헤비듀티가 비슷한 건 아이비처럼 헤비듀티가 그다음 시대의 교본이기 때문인 것 같아요. 우리 세대가 아이비로 옷의 본질을 익힌 것처럼 지금 세대의 생활양식을 위한 교본이라는 느낌이 들어요.

헤비듀티하다. 이 말에는 정말 많은 의미가 있어요. 본질 그 자체라서 유럽풍 멋쟁이 양복 같은 군더더기가 없는 거죠. 아이비처럼 생활양식까지 아우를 수 있는 미디어가 됐어요. 옷의 역사에서부터 영국에서 어떻게 옷이 전해져왔는지 같은 정말 많은 이야기가 쌓였어요. 허세를 부려서 말하면, 진짜 문화라는 걸 알게 된 거죠. 한때 유행한 볼드 룩이나 알로하 셔츠 같은 건 옷의 본질에 관해 아무것도 배우지 못했지만, 아이비로는 처음으로 생활은 물론이고 취미까지 배웠죠. 언더우드(Underwood)의 낡은 타자기, 아메리카대륙 원주민의 의자, 아이비리거들은 이런 침대에서 잔다더라 하는. 너무 과했을지는 몰라도, 거기까지 이야기가 발전한 엄청난 교재인 거예요. 헤비듀티도 마찬가지여서 거기에 패션적인 부분이 있고, 그 유행이 지나가더라도 아이비가 지금까지 남아 있는 것처럼 헤비듀티가 알려주는 건 계속 남는다고 생각해요.

N 제1차 아이비 시대에 잠깐 유행했지만, 버튼 다운 셔츠나 인디언 마드라스(Madras) 체크 같은 건 이제 패션을 넘어섰죠. 언제 입어도 촌스럽지 않으면서 헤비듀티하잖아요.

K 스스로 고전이 된 거죠.

N 고전은 언제 입어도 새로우니까 고전인 거죠. 헤비듀티도 마찬가지예요. 실용적이고 기능적이고 튼튼하고 오래가는 걸로 따지면 똑같아요. 일본에 아이비가 들어온 1960년대 초에는 팔꿈치에 가죽 패치가 있는 100퍼센트 울 셰틀랜드 스웨터가 있었어요. 모포처럼 두꺼운 로덴 클로스로 만든 더플코트도 있었죠.

K 진짜 헤비듀티하네요.

N 엘보 패치 스웨터와 더플코트(duffle coat)는 진짜 헤비듀티 아이템이죠. 헤비듀티가 아이비 시대에 한꺼번에 소개돼서 아이비 아이템이 됐다는 건 말이 안 돼요. 헤비듀티를 좋아하는 사람들은 그

전부터 이미 헤비듀티를 사용하고 입었으니까요.

K 버튼 다운이거나 버클이 마구 달렸죠. 물론 패션인 부분도 있지만, 시작은 헤비듀티였을 거예요. 반드시 필요하니 다른 걸로 속이지 않고 확실하고 정직하게 기능을 보여주는 거죠. 따지고 보면 전부 그래요. 단추는 지그재그로 달면 안 돼요. 복식 평론가로 일본에 아이비 스타일을 정착시킨 구로스 도시유키(くろす としゆき) 씨가 자주 말했는데, 단추는 X자로 달아야 한대요. 양복저고리나 코트 뒷자락에 터놓은 벤트도 센터 후크로 한다거나 필요한 곳에는 빗장 걸기로 잠가버린다든가. 이런 게 다 헤비듀티죠. 지금은 헤비듀티, 아이비, 트래디셔널 같은 말로 정리를 하지만, 결국 하나를 두고 이렇게 저렇게 말하는 거죠.

N L.L. 빈은 헤비듀티의 총본산인데요, 이번에 취재를 하는 동안 재미있는 게 있었어요. 카탈로그에 시즌마다 실리는 제품의 20퍼센트가 신제품이라고 하더라고요. 80퍼센트는 전과 다를 게 없는 오리지널 제품이고요. 바꿀 수 없고, 언제나 잘 팔리는, 베스트셀러가 잔뜩 있는 거죠. 20퍼센트는 쉽게 말해서 패셔너블한 제품이에요. 그런 게 없으면 즐거움이 없죠. 그런데 헤비듀티가 유행이라는 사람은 그 20퍼센트만 보는 거예요. 『멘즈 클럽』은

잡지 특성상 아무래도 양쪽을 다 고려해야 해서 어려움이 있기는 해요.

K 그 20퍼센트에서 시작하는 것도 괜찮죠. 어차피 나머지 80퍼센트는 자연스럽게 알게 되니까요. 제품 자체에 이야기가 있으니 처음에는 유행하는 만큼만 즐겨도 된다고 봐요. 그냥 멋있어서 럭비 셔츠를 좋아할 수도 있죠. 그런데 입어보니 확실히 튼튼하고 편리하고, 컬러풀해서 재미도 있고, 다른 애들이랑 한패가 될 수도 있으니 시스템도 알 수 있고. 그렇게 자연스럽게 헤비듀티를 이해할 수 있게 된다고 생각해요.

N 헤비듀티한 제품은 사람들 평을 들어봐야 해요. 좋은 것과 나쁜 건 비교해보면 단번에 알 수 있죠.

K 미국에서는 카탈로그가 좋은 제품이 만들어지는 배경이 돼요. 처음부터 끝까지 자세하게 써 있잖아요? 안 그러면 사람들이 주문을 안 하니까요. 소재, 크기, 색상, 이런 사람에게는 이 제품을 추천한다는 것까지요. 대충대충 하면 바로 티가 나죠. 지금 말씀하신 것처럼, 신뢰할 만한 곳은 본인이 사용해보고 자기 기준에 합격한 곳이죠. 오리지널 제품이면 더 그래요. 좋은 제품이 아니면 클레임이 걸리고 반품도 들어와요. L.L. 빈도 초반에 메인 헌팅 슈즈 밑창이 다 떨어져서 전부 반품된

적이 있는데, 연구를 거듭한 끝에 밑창을 교체해서 다시 보냈대요. 그랬더니 모두 만족했고, 지금은 헤비듀티의 고전이 됐죠. 그만큼 미국의 소비자는 엄격해요. 카탈로그로 활발하게 제품을 파는 브랜드는 일단 믿어도 돼요. 카탈로그 판매라는, 무서운 기준을 견뎌온 셈이니까요.

N 물론 미국에도 마음에 안 드는 부분이 있죠. 그래도 정직한 사람들을 보면 대단한 나라라는 생각이 들어요.

K 어떤 면에서는 정말 우직하게 정직함을 좇죠. 요즘 일본도 그런 정신을 받아들이려는 것 같아요. 일상에 영향을 받는 거겠죠. 이런 시대에 이런 책을 만드는 건 즐거운 일이죠.

N 이런저런 시행착오를 해도 괜찮아요. 단, 헤비듀티는 남에게 보여주는 게 아니라 스스로 입고 행동하는 겁니다. 앞에서 얘기했듯이 아웃도어 활동을 많이 하면 좋겠어요. 들판으로, 산으로, 바다로, 혼자나 친구랑 나가면 좋겠어요. 헤비듀티를 그저 거리의 패션으로만 소비하고, 새로운 게 나오면 다시 그쪽으로 몰려가는 건 이제 완전히 질렸어요.

자주 묻는 질문

Q　헤비듀티라는 말은 언제 어디서 알게 됐나요?
A　확실하지는 않지만, 미국이었던 것 같아요. 예전부터 미국인들은 헤비듀티를 좋아한다는 인상이 있었습니다. 그들의 셀프 에이드 정신이 헤비듀티의 뿌리라고 생각합니다.

Q　『멘즈 클럽』에 아이비 정신은 질실강건(質實剛健)이라고 쓰셨죠. '꾸밈 없이 착실하고 심신이 건강하다'는 뜻인데, 미국에서 헤비듀티 의류를 입은 사람들을 보니 오히려 다정함의 패션이라는 생각이 들던데요.
A　헤비듀티 라이프에는 질실강건이 필요합니다. 아이비도 마찬가지고요. 하지만 마음만큼은 말씀하셨듯이 물건에 대한 다정함이라고 생각해요.

Q　헤비듀티 워드로브(wardrobe)에 계절감이 필요한가요? 코듀로이 트레일 쇼츠를 가지고 있거나, 면바지를 겨울에 입거나, 지금까지 저는 워드로브로 생각하지 않은 것들이 많은데요…
A　계절감에 규칙 같은 건 없습니다. 추우면 패딩 점퍼를 입고, 더우면 반바지를 입는 것같이 자기가 몸으로 온도를 느끼고 입을 옷을 고르면서 자연스럽게 생겨나는 게 계절감입니다. 겨울에

반바지를 입고, 여름에 코듀로이를 입는다고 틀린 건 아니겠죠. 물론 그 반대로 입을 수도 있고요.

Q 륙색과 백팩은 어떻게 다른 건가요?
A 륙색은 제2차 세계대전 이전부터 유럽에서 사용한 가방이에요. 백팩은 미국에서 등에 메는 가방을 뭉뚱그려서 부르는 말이고요. 미국에서는 프레임 팩, 데이 팩, 륙색 할 것 없이 그냥 백팩이라고 불러요. 즉, 륙색도 백팩의 일종이고, 사실 프레임 팩도 마찬가지입니다. 자세한 건 60쪽 「운반학」을 읽어보세요.

Q 시내에서 폴리에스터 파이버 필 코트를 봤는데요, 다운 필이 더 좋은 건가요? 입었을 때 어떻게 다르고 어떤 게 더 오래 입을 수 있나요?
A 보통 파이버 필이 다운 필보다 무겁습니다. 다운은 공기를 많이 머금어서 부피가 같아도 더 가볍죠. 다운이 더 따뜻하고, 수축성도 좋아서 착용감도 다운 쪽이 더 좋다고 합니다. 하지만 파이버 필은 다운보다 습기에 강해서 젖을 것 같을 때는 파이버 필도 괜찮다고 생각해요. 87쪽부터 다운에 관한 이야기가 있는데 한번 읽어보세요.

Q　다운 제품이 더러워지면 어떻게 해야 하나요? 구멍이 나서 솜털이 빠지면 수리할 수 있나요?

A　일단 뭐가 묻으면 바로 닦아내야죠. 스펀지나 칫솔에 아주 연한 세제를 묻혀서 더러워진 부분만 닦고 헹굽니다. 셸이 더러워지면, 오래 방치하면 안 되고, 충분히 말려줘야 해요. 다운은 습기를 머금기 쉬워서 완벽하게 말려야 합니다. 말릴 때도 뭉친 걸 풀어줘야 해요. 전문 브랜드에서는 시즌이 끝나고 세탁을 할 때는 세탁기를 사용하라고 합니다. 그때는 파카나 조끼의 지퍼를 잠그고 세탁기 다이얼을 가장 약한 세탁으로 맞춥니다. 세탁기 안에도 셸이 걸려서 찢어질 만한 돌기가 없는지 확인해야 하고요. 세제는 무공해 가루비누나 미국산 울 라이트, 아이보리 플레스 같은 아주 약한 걸 쓰세요. 온수에 세제를 보통 때의 절반 정도 넣는 게 적당합니다. 충분히 헹궈주세요. 조금이라도 세제가 남아 있으면 다운이 엉키고, 빨리 말리지 않으면 이것도 엉킴의 원인이 됩니다. 물기를 충분히 없애야 합니다. 절대로 비틀어서 짜면 안 돼요. 탈수기에

네덜란드제 다운용 세제 '소피'.

넣고 짧게 돌리는 것도 좋은 방법입니다. 자연광에 걸어서 말리는 게 가장 좋지만, 건조기를 사용해도 나쁘지 않습니다. 건조기로 말릴 때는 저온으로 45분 동안 세 번, 약 두 시간 반 정도면 대부분 마릅니다. 중간중간 가볍게 두드려서 엉킨 다운을 풀어주세요. 마지막으로 의자 등에 걸쳐놓고 며칠 두면 완벽하게 마릅니다. 요즘에는 일본에서도 다운 전용 세제를 구할 수 있습니다. 대부분 미국산이나 네덜란드산인데, 한 통으로 침낭 하나를 빨 수 있죠. 따뜻한 물에 세제를 풀고 열두 시간 정도 담가두면 깨끗해집니다. 한 통에 1,000엔 정도 할 거예요. 세탁소에 맡길 때는 주의를 해야 합니다. 세제가 너무 독하면, 다운 고유의 유지까지 씻겨 나가거든요. 꼼꼼하게 물어보고 믿고 맡길 수 있게끔 부탁해야 합니다. 그래도 걱정이 되면 해당 브랜드에 물어봐야죠.

셸이 찢어지면 바로 테이프로 붙이세요. 다운이 빠지는 걸 막는 거죠. 그런데 한번 빠진 다운은 다시 넣을 수 없어요. 나일론을 녹이는 테이프는 피하세요. 전용 테이프가 있어요. 다운은 생물입니다. 약간만 수고를 하면 언제나 쾌적하게 입을 수 있습니다.

Q 워크 슈즈 밑창에는 흰 고무창과 비브람 솔이 있다는데, 도시에서 신기에는 어느 쪽이 좋은가요?

A 흰 고무창은 '크레이프 솔'이라고도 합니다. 비포장도로에서는 젬병이지만, 아스팔트에는 적합하죠. 오래 걸을 때는 비브람 솔이 좋고요. 그러니 도시에서는 크레이프 솔이 좋죠. 그래도 둘 다 원래는 워크 슈즈용이라는 걸 유념하세요.

Q 『멘즈 클럽』의 헤비아이 철학 제1항에서 "사계절을 되도록 반바지로 생활할 것"이라고 하셨는데요, 솔직히 겨울에 반바지는 아니지 않나요? 청바지만 입어도 꽤 헤비아이 같은데요.

A 물론 청바지만으로도 좋습니다. 겨울에 반바지를 입는 건 헤비아이 정신의 표현이죠. 아이비 정신에 해당하는 부분이 헤비아이에도 있어서 겨울에도 따뜻하다고 느끼면 반바지를 입어도 되고, 여름에도 쌀쌀하다고 느끼면 다운 조끼를 입어도 되죠. 고정관념을 버리고 자기가 입을 옷은 자기가 정하는 게 헤비아이 정신입니다.

Q 헤비듀티와 트래드를 매치하면 이상한가요?

A 헤비듀티한 신발에 트래드한 옷이 이상한지 아닌지는 스스로 생각해보세요. 생활 방식이

헤비듀티해도 슈트를 입어야 할 때도 있겠죠. 젊은이는 아이비, 나이가 있으면 트래드가 자연스럽지 않을까요? 헤비듀티와 트래드를 매치하는 건 정말이지 자기 하기 나름입니다.

Q 와플 솔과 석션 컵의 차이가 궁금해요.
A 나이키에서 개발한 와플 솔은 패턴이 와플처럼 생겨서 붙은 이름입니다. 부드러운 지면을 달릴 때 가장 좋고, 크로스컨트리 트랙에도 잘 맞아요. 아디다스에서 개발한 석션 컵은 지면에 딱 달라붙어서 미끄러지지 않도록 설계된 패턴이에요. 콘크리트나 아스팔트용이고, 바닥이 젖어도 잘 미끄러지지 않아요.

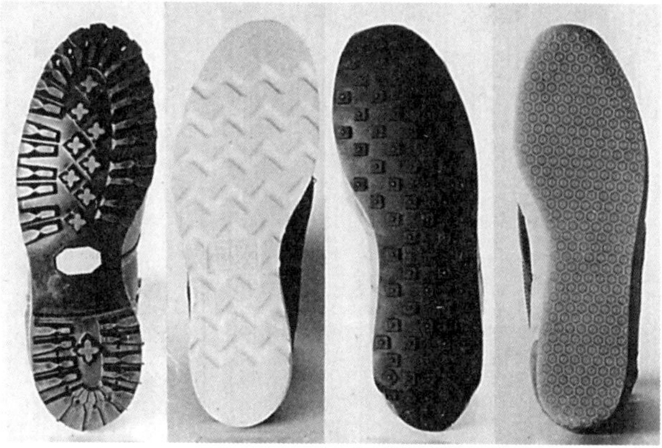

비브람 솔. 쿠션 크레이프. 와플 솔. 석션 컵.

Q 등산화 끈을 보면 대부분 빨간색인데, 특별한 이유가 있을까요?

A 끈이 빨간색이면 조난을 당했을 때 사람들 눈에 잘 띈다는 설이 있습니다. 그런데 제 생각에는 그냥 빨간색 끈이 등산화랑 잘 어울려서 그런 것 같아요.

Q 웨스턴풍이나 노동자풍으로 입어보고 싶습니다. 포인트가 뭘까요?

A 둘 다 헤비듀티지만, 앞에서 썼듯이 신발을 포함한 작업복은 선택할 여지가 별로 없습니다. 공사장이나 부두에서 일하는 사람들은 작업에 따라 기능적인 옷을 고를 수밖에 없으니까요. 웨스턴풍은 카우보이 의류가 패션화된 것입니다. 어느 쪽이든 목적과 기능을 마음에 새기면서 시도해보세요.

Q 헤비아이 의류를 입는 규칙이 있나요?

A 딱히 정해진 건 없지만, 기본은 단연 기능입니다. 앞에서 썼듯이 계절이나 장소, 목적에 따라 스스로 결정하는 게 규칙이라면 규칙이겠죠.

Q 헤비아이의 정신에 관해 좀 더 알고 싶은데요, 읽어볼 책이 있을까요?

A 철학에서는 헨리 데이비드 소로(Henry David

Thoreau)의 『월든(Walden)』이 유명합니다. 소설로는 어니스트 헤밍웨이(Ernest Miller Hemingway)의 『심장이 두 개인 큰 강(Big Two-Hearted River)』, 『해류 속의 섬(Islands in the Stream)』, 마크 트웨인(Mark Twain)의 『서부 유랑기(Roughing It)』, 리처드 브라우티건(Richard Brautigan)의 『미국의 송어 낚시(Trout Fishing in America)』, 존 업다이크(John Updike)의 『농장에서(Of the Farm)』, 『미국의 가정생활』, 윌리엄 포크너(William Cuthbert Faulkner)의 『자전거 도둑』을 추천합니다. 『홀 어스 카탈로그』, 『산과 박물관』, 『마더 어스 뉴스(Mother Earth News)』, 『내셔널 지오그래픽(National Geographic)』 같은 잡지도 좋죠.

Q 자전거를 탈 때 데이 팩을 메는 건 이상하지 않나요? 걸을 때 바이크 백을 메는 건요?
A 데이 팩은 자전거를 탈 때도 멜 수 있습니다. 그런데 걸을 때 바이크 백은 좀 그렇죠. 바이크 백은 몸을 앞으로 굽히는 자세에 맞게 만들어져서 어깨끈이 길어요. 사람들이 로드레이서를 타면서부터는 더 길어졌죠. 걸을 때는 가방이 너무 늘어져서 불편하고 보기에도 안 좋아요. 그래도 정말

메고 싶다면 어깨끈 길이를 조절해서 가방 입구를 잠그든가 해야죠.

Q 여름에 동북 지방으로 여행을 갈까 합니다. 여행용 워드로브와 준비물은 뭐가 있을까요?
A 셔츠는 티셔츠와 러거 셔츠 또는 당가리 셔츠를 준비하세요. 팬츠는 트레일 쇼츠가 좋습니다. 여름이라도 밤에는 쌀쌀해질 수 있으니 다운 조끼가 기능적입니다. 티셔츠 위에 입으면 꽤 산뜻한 기분이 들어요. 비가 오는 것도 대비해야겠죠. 일반 여행자에게는 우산, 판초, 레인 챕스 정도가 정도가 적당합니다. 신발은 6인치짜리 워킹 부츠가 좋습니다. 가방은 당연히 백팩이고요. 풀 프레임 팩도 좋지만, 그냥 백팩에 침낭을 쑤셔 넣는 것도 괜찮죠. 초등학교나 절에서 잘 수도 있으니까요. 미니 스토브나 코펠도 있으면 좋아요. 랜턴이나 나침반, 지도, 약품 같은 건 기본이고요. 가벼운 데이팩이나 힙색을 챙기면, 본거지를 두고 당일치기 여행을 할 수도 있겠죠.

Q 헤비듀티 의류에는 등산용이 많은 것 같은데요, 다른 스포츠 아이템 가운데 헤비듀티 워드로브에 해당하는 물건을 알려주세요.

A 산이 아니라면 바다가 있겠죠. 크루저, 요트 파카, 덱 슈즈, 보트 모카신, 당가리 팬츠, 스톰 파카 같은 거요. 워치 캡도 원래 해군용 아이템이에요. 트레이너나 윈드브레이커, 짐 쇼츠, 트레이닝 슈트, 트레이닝슈즈 등 운동복도 헤비듀티의 보고라고 할 수 있습니다.

Q L.L. 빈의 제품을 직접 사고 싶은데요, 통신 주문은 어떻게 하면 되나요?

A 일단 어떤 제품이 있는지 알아야겠죠. L.L. 빈에 편지를 보내서 카탈로그를 신청합니다. 우편 요금으로는 국제 우표를 여덟 장 정도 동봉하면 됩니다. 카탈로그가 도착하면 제품을 살펴보고 주문서를 작성합니다. 제품명, 제품 코드, 크기, 색, 가격, 수량 등입니다. 간단한 영어라서 어렵지 않아요. 우편 요금은 우체국에서 들은 계산 요금에 약간 더한 금액입니다. 송료는 외환 취급 은행에 가서 무역외지불보고서와 외국향보통송금명세표를 써서 해당 금액을 일본 엔으로 지불하면 송금소액우표를 발행해줍니다. 그걸 주문서와 함께 넣어서 항공편으로 부칩니다. 그리고 차분히 기다립니다. 배편으로도 한 달 정도 걸릴 거예요. 우체국에서 외국 우편 과세 통지서를 보내옵니다.

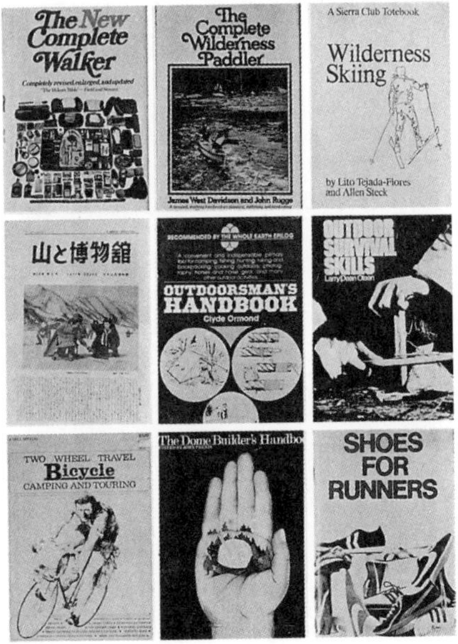

우체국에 인감과 신분을 증명할 수 있는 서류와 규정 수입 인지를 지참하면 수입 우편물 통관 완료 증명서를 발급해줍니다. 그걸 가지고 물품 보관소에 가서 통관료와 소비세를 내면, 드디어 물건은 당신 품으로 옵니다. 꽤 번거롭지만, 어쨌든 이러면 훨씬 싸요. 국내에서 살 수도 있지만, 우편으로 주문하는 것보다 보통 두 배 정도 비쌉니다. 약간의 고생을 마다하지 않고 좋은 물건을 싸게 사는 것도 헤비아이 정신이죠.

헤비듀티 용어집

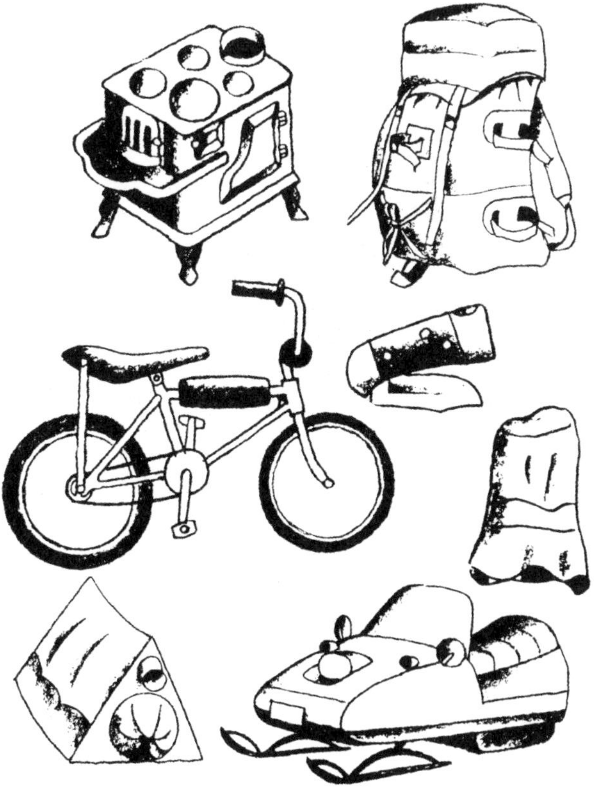

10갤런 햇 — 일명 카우보이 모자. 실제로 10갤런(약 38리터)까지는 들어가지 않는다. 요즘에는 펠트, 밀짚, 가죽 등으로 만들지만, 원래 비버 펠트로 만들어야 정통.

501 — 14온스짜리 데님으로 만든 리바이스의 대표적인 청바지. 전통적인 디자인만 남긴 형태가 특징으로 헤비아이를 좋아한다면 하나쯤은 있어야.

60/35 — 폴리에스터를 65퍼센트, 면을 35퍼센트 혼방한 원단. 폴리에스터와 면의 장점을 갖췄다. 주로 파카나 트레일 팬츠에 사용한다.

60/40 — 면을 60퍼센트, 나일론을 40퍼센트 혼방한 원단. 면과 나일론의 장점을 갖췄다. 원래 작업복용이었지만 파카에 사용하면서 각광받기 시작했다.

게임 포켓 — 헌팅 재킷에 달린, 사냥감을 넣는 커다란 주머니. 투명 비닐로 만든 대형 주머니도 그 한 종류다. 이름에서 게임은 사냥감을 가리킨다.

게트르 — 모래나 자갈, 물이 신발에 들어가지 않게 바짓단을 보호하는 것. 무릎까지 오는 길이와 그 절반 길이가 있다.

고글 — 얼굴에 딱 붙여 쓰는 자외선 차단 안경. 오토바이나 라이딩, 등산, 스키, 수영 등 용도별로 형태가 다르다.

고어텍스 — 공기는 통과시키면서도 물은 통과시키지 않는 신소재. 탄소와 불소의 삼층 분자로 만든다. 입으면 비가 스며들지 않지만 통기성은 있다. 고어텍스로 만든 텐트는 당연히 가벼우면서도 질기다.

구스 다운 — 거위 깃털. 다운 가운데 최고급으로 꼽힌다. 단열성이 높고 무게 대비 양이 많다. 압축하면 작아지고 반복력도 크다. 오늘날은 전 세계적으로 성숙한 거위에서 나오는 다운은 줄어드는 상태다.

굿이어(Goodyear)식 — 부츠의 어퍼와 밑창을 접합하는 방식. 구조가 비교적 헤비듀티하다.

나일론 덕 — 굵은 나일론 실의 능직 원단. 백팩, 데이 팩, 더플백, 그 밖에 각종 스트랩, 등산용 벨트 등에 사용하는 헤비듀티한 원단.

나일론 셸 — 다운이나 파이버를 넣은 옷이나 침낭을 감싼 천을 '셸'이라고 한다. 60/40도 있지만, 침낭 등에는 주로 나일론 셸을 사용한다. 다운이나 파이버가 들어간 각각의 공간은 '배플'이라고 한다.

나일론 트윌 — 뜨개 조직에는 평직, 능직, 새틴직, 파일직 등이 있고, 이건 얇은 나일론실 능직 원단이다.

나침반 — 지도와 함께 사용하는 법을 익혀두면 좋다.

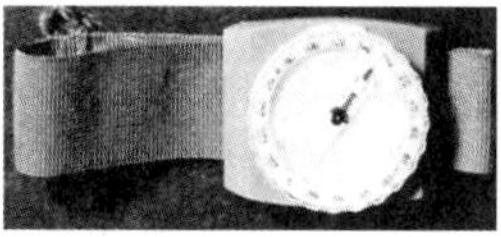

내셔널 지오그래픽 — 미국의 전국 지리 협회에서 펴내는 월간 기관지. 일반인에게도 알려졌다. 아웃도어 활동을 다룬 기사도 있으며 내용이 훌륭하다. 일반 서점에는 없고, 정기구독을 해야 한다.

노르위전식 — 등산화 등 헤비듀티 신발의 밑창 접합 구조의 한 방식. 밑창과 중창과 어퍼를 스티치로 접합함과 동시에 어퍼와 중창도 스티치 접합 한 것이다. 굿이어식과 마찬가지로 중창과 안창 사이에 코르크를 깔았다. 이 방식이면 마무리 단계까지 형태가 흐트러지지 않아서 접합 과정에서 신발이 변형되거나 망가지지 않는다. 등산뿐 아니라 하이킹 슈즈나 부츠에도 널리 사용되고, 외부에 스티치가 두 줄 들어가 있으면 노르위전 접합이라는 걸 알 수 있다.

노포크 재킷 — 영국의 컨트리 스포츠용 재킷으로 등을 지나 앞뒤로 요크를 달거나 등에 주름을 넣은 벨트가 달린 트위드 재킷. 헤비트래 아이템.

니커보커스 — 무릎 밑에서 졸라매는 7부 바지. 자전거가 막 보급되던 시절에 페달을 밟을 때 편해서 많이 입었다. 그 뒤에는 주로 골프, 스키, 등산 같은 스포츠용으로 입는다.

다운 스웨터 — 마운틴 파카 안에 입는 다운 재킷. 후드는 없고 앞에는 똑딱단추만 달렸다. 소매에는 고무줄이 들어가 있다.

다운 — 새의 가슴털. 자세한 내용은 「헤비듀티 이야기」의 '다운' 항목을 참고할 것.

다이버 워치 — 잠수용 손목시계. 방수는 당연히 완벽하고 수압에 견디는 정도가 중요하다.

더블 빌트 — 파카 옆 주머니에 머프 포켓이 달린 경우가 있는데, 그런 구조를 가리킨다.

더플백 — 뭐든 넣을 수 있는 서양식 가방. 코튼 덕이나 나일론 덕으로 만들고 크기가 큰 게 특징.

더플코트 — 북유럽에서 어부가 입던 더플 클로스에서 착안한 코트. 후드가 달리고 단추는 토글(부표)식이다. 무릎까지 내려오는 길이가 많다.

당가리 셔츠 — 인디고 염색한 실과 흰 실의 능직 코튼 원단(데님)의 6~8온스짜리 원단으로 만든 작업용 셔츠. 가슴 주머니는 덮개가 달리거나, 덮개가 없으면 단추로 잠그게 돼 있다.

덫(트랩) — 도판은 소형이지만 더 큰 것도 있다. 덫에 걸리지 않게 조심하자.

데님 — 인디고 블루로 염색한 실과 표백실을 1/3 능직으로 짠 원단. 안쪽은 옅은 남색이다. 청바지에는 13~4온스짜리를 사용한다. 발상지는 프랑스의 님(Nîmes)이다.

데이 팩 — 하루치의 필요한 물건이나 도시락을 가지고 다니기 위한 소형 백팩. 양 손을 자유롭게 쓸 수 있고 활동에 제약이 없어서 헤비아이의 필수품이다. 통학이나 당일치기 하이킹에 딱 좋은 크기.

데저트 백 — 방수가공을 거치지 않은 캔버스 천으로 만든 물주머니. 물의 침출에 따른 냉각 효과가 특징.

데크 슈즈 — 요트나 보트의 갑판이나 항구에서 신는다. 스니커식과 가죽 모카신식이 있다. 특징은 역시 밑창. 젖은 갑판 위에서도 미끄러지지 않게 만든다. 대표 브랜드는 서독의 로미카, 영국의 던롭, 미국의 탑 사이더.

도끼 — 미국 도끼는 은행나무잎 형태고, 손잡이는 활처럼 약간 휘어 있다. 한 손용과 양손용이 있다.

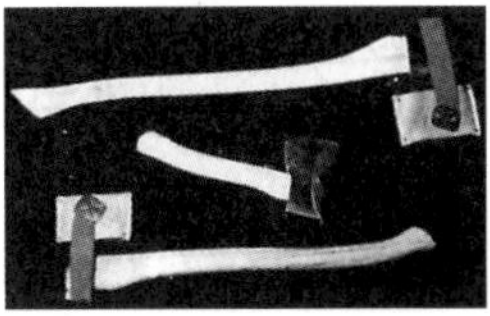

돔 하우스 — 오두막이 인기가 있지만, 계산된 헨드메이드 하우스로 지금 미국에서

늘어나는 반원형 집이다. 삼각형을 한 단위로 하는 구조로, 긴 기둥이나 큰 구조재가 필요 없고, 크기가 작으면 비교적 손수 만들기 쉽다. 필요한 곳에 아크릴 등으로 햇빛을 얻을 수 있는 것도 강점이다. 미국의 건축가 버크민스터 풀러의 돔이 이상적 근거.

드로 코드 — 파카의 후드나 허리 부분에 끼워진 끈. 미리 자기 몸 사이즈에 맞게 졸라매서 양쪽 끝을 매듭지어놓고 단추나 지퍼를 잠그기만 하면 몸에 딱 맞아서 편하다.

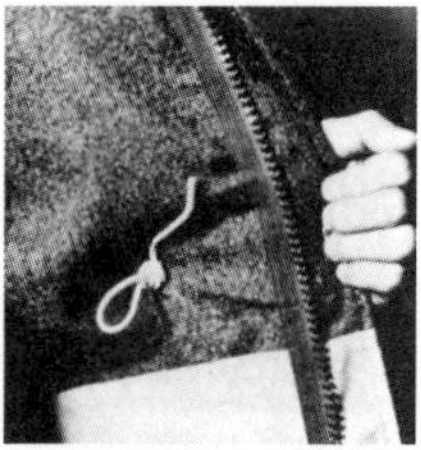

등산화 — 엄밀히 분류하면 일반 등산과 암벽등반은 신발을 만드는 방법이 다르다. 암벽용은 밑창이 딱딱하고 아주 작은 공간을 딛고도 버틸 수 있어야 한다. 등산용은 다소 가볍고 발목 부분이 부드러운 게 좋다. 둘 다 신발 중에서는 헤비듀티의 극치.

디어스토커(deerstalker) — 사슴 사냥용 모자. 트위드 원단에 챙이 앞뒤로 있고, 정수리에서 묶을 수 있는 끈 달린 이어캡이 달렸다. 앞뒤 구분 없이 쓸 수 있다.

라이프 재킷 — 카누잉이나 요팅에 필수인 구명조끼. 앞면 소재는 등에 비해 부드러워서 움직이기 쉽다. 또한 등 쪽은 길이가 길어서 허리가 노출되지 않는다. 물에 빠져도 얼굴만 내놓고 3일간은 둥둥 떠 있을 수도.

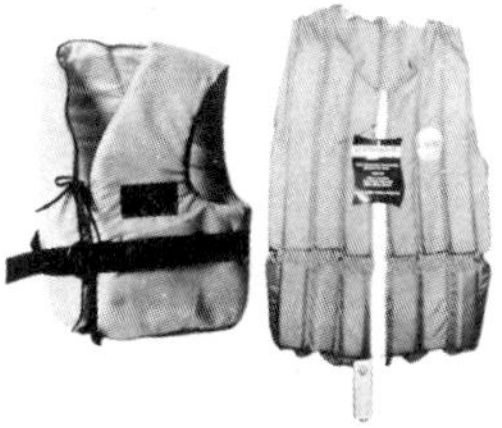

라이프 툴 — 서바이벌 도구의 하나. 얇은 직사각형 동판으로 (265쪽 '서바이벌 기어' 사진) 나이프, 줄, 스패너, 캔따개, 병따개, 망치, 송곳, 펜치, 거울, 주방용 칼, 손도끼, 금속 자르는 도구, 철사를 구부리는 도구, 스키너, 나침반, 그 외 루어낚시 대용, 조개껍질이나 야자 껍질, 뱀에게 물렸을 때 응급조치까지 할 수 있는 만능판.

라인드 칼라 — 상처나 알러지를 막기 위해 안감을 덧댄 칼라.

랜들 — 러브레스가 신으로 추앙하는 핸드 메이드 나이프의 장인. 우주비행사용 나이프를 만들기도.

러거 셔츠 — 럭비 유니폼으로도 사용해서 럭비 셔츠라고도 한다. 잉글랜드식은 앞단추가 세 개고, 천이 덧대어져 있어 정면에서 단추가 보이지 않는다. 뉴질랜드식은 목트임 부분에 코튼 테이프가 덧대어져 있고, 고무 단추가 하나. 아웃도어용은 알프스를 출발해서 요세미티(Yosemite)를 경유해 일본에 들어왔다. 바위가 많은 곳에서 눈에 잘 띄고, 마찰에 강하며 마른 바위가 많은 곳에서 입어도 쾌적하기 때문에 유럽과 미국에서 유행했다.

러거 클로스 — 러거 셔츠용 원단. 면 100퍼센트의 니트(직조물이 아니라 편물)다.

러그 솔 — 패턴이 올록볼록하고 큰 밑창. 비브람이라는 건 브랜드명이다.

러버 모카신 — 미끄럼 방지 고무창이 달렸다. 어퍼에 가죽을 사용했다. 모카신 형식이다.

러브레스 — 미국의 핸드 메이드 나이프 브랜드 가운데 오래된 세 회사 가운데 하나. 헌팅 나이프로는 미국에서 그 회사를 뛰어넘을 회사는 없다.

런던 시렁크 — 모직물을 마무리하는 방식. 모직물은 수축성이 커서 갈수록 형태가 망가지므로 일부러 습기를 입힌 다음에 자연 건조한 뒤 사용해야 한다.

레더 — 무두질을 거쳐 품질이 안정된 가죽. 탠드 스킨이라는 것도 레더를 가리킨다.

레인 브레이커 — 레인 파카의 다른 명칭.

레인 슈트 — 방수 원단으로 만든 비옷.

레인 챕스 — 레인 팬츠의 좌우 다리 부분만 독립시킨 것. 양쪽 다리 따로 따로 신고 끈으로 고정한다. 판초와 함께 쓰면 좋다.

레인 파카 — 방수 원단으로 만든 파카.

레인 판초 — 오리지널 형태에 후드를 달고 원단을 방수가공한 나일론으로 바꾼 판초.

레인 포스 — 옷 안쪽이나 팔꿈치에 덧댄 천이나 가죽.

레인 햇 — 방수 원단으로 만들었다. 사우스웨스턴식은 뒤 챙이 넓다.

렉(rec) 팩 — 폴리에틸렌으로 만든 상자형 백팩. 튼튼하고 방수가 되고, 물에 떨어트려도 떠오른다. 카메라 같은 물건을 운반할 때 편리하고, 캠핑을 할 때는 의자나 테이블로도 사용할 수 있다. 렉은 렉탠귤러(직사각형)라는 말에서 왔다.

봉투식 침낭 — 침낭 형태. 직사각형에 지퍼가 세로로 달렸다. 미라식도 있다.

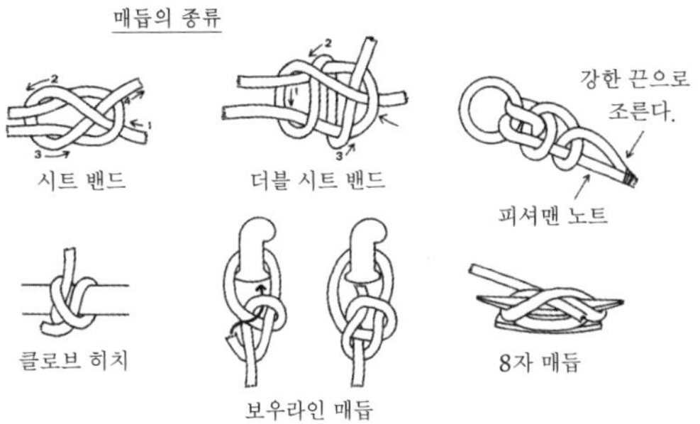

로하이드(rawhide) — 썩는 걸 막기 위해 소금에 절였다가 말린 생가죽. 보통 큰 동물의 가죽을 하이드, 작은 동물의 가죽을 스킨이라고 한다.

로덴 클로스 — 아이리시 프리즈와 함께 대표적인 고전 울 소재. 털이 길고 양모의 유분이 물을 튕기기 때문에 주로 더플코트에 사용한다.

로드레이서 — 공기의 저항을 줄이기 위해 낮은 자세로 타는 경주용 자전거. 매우 가볍다.

로딩 시스템 — 짐을 옮기는 방법. 이 책에서는 짐을 어떻게 싸고 메야 효과적인지 따지는 구조학을 가리킨다.

로퍼(loafer) 재킷 — 버진 울로 만든 헤비트래 재킷. 패치 주머니가 세 개 있고, 가죽 단추로 잠근다. 안감은 가죽으로 감쌌다.

로프 워크(매듭) — 헤비듀티에서 매듭 기술은 필수 과목이다. 특히 배에서는 더더욱 그렇다. 돛을 올리고 닻을 내리고 정박을 위해 배를 붙들어맨다. 낙수 방지용, 예항 등의 목적에 맞는 다양한 매듭이 있다. 보우라인 노트(예항 묶기)는 당길수록 꽉 묶이면서도 풀기는 쉽다.

롤러 버클 — 버클에 달린 롤러가 벨트 가죽이 쓸리는 걸 막는다. 원래는 마구용.

로드(rod) — 플라이낚시용은 6~10피트(약 182~304센티미터)고, 릴 시트가 손잡이 바깥쪽에 달렸다. 루어낚시용은 길어도 7피트(약 213센티미터), 계곡 등에서는 5피트(약 152센티미터) 정도를 사용하는데, 캐스팅[물속에 루어나 미끼 등을 잠기게 한 다음 살아 있는 생물처럼 보이게 하는 낚시질] 기능에 따라 달라진다.

로드 홀더 — 물고기가 걸리면 손잡이가 튕겨 올라가기 때문에 로드(낚싯대)를 고정하는 도구가 필요하다. 물고기를 놓치는 걸 막는 것과 하나에 여러 대 고정할 수 있는 게 있다.

루어낚시 — 가짜 미끼로 물고기를 낚는 낚시. 플라이낚시처럼 수면에 뜨지 않아서 낚싯대를 움직여 루어(작은 생선이나 벌레 형태가 많다.)를 살아 있는 것처럼 움직이는 게 요령이다. 루어낚시는 낚싯줄을 멀리 원하는 곳까지 날리는 것도 쉽다. 빅 게임에 가장 적합하다.

루프 캐리어 — 자전거, 스키, 보드 같은 장비를 싣기 위해 자동차 지붕에 설치하는 장치.

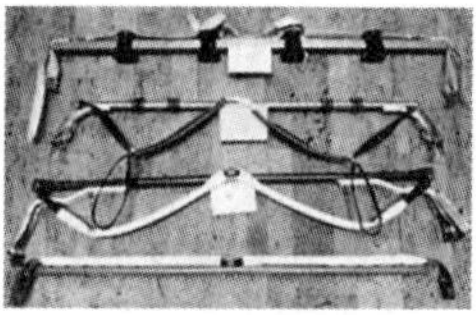

륙색 — 하이킹이나 등산을 할 때 메는 가방 가운데 유럽의 고전적인 형태의 가방.

립 스톱 나일론 — 다운, 퀼트에 사용하는 촘촘한 능직 나일론 원단. 깃털이 빠져나가는 걸 막는다.

마더 어스 뉴스 — 서바이벌 정신을 구체화하는 생활양식 전문 잡지. 식량 생산과 가공, 보존, 토지 이용이나 에너지 플랜트, 텃밭을 가꾸거나 식물을 개발하는 홈스테딩 등 생활 전반에 걸친 셀프 에이드에 관한 기사가 주된 내용이다. 요즘은 에너지 절약, 무공해 에너지 연구가 주된 테마다. 존 셔틀워스(John Shuttleworth)가 1970년에 창간해서 격월로 발간한다. 통신판매 전문 매장이 있고, 최근에는 연구소도 짓는 중이다.

마린 부츠(요팅 부츠) — 배에서 작업할 때 신는 신발로 미끄럼 방지 솔이 특징이다. 어퍼에는 오일탠드 레더, 방수 캔버스, 고무 등을 사용한다. 브랜드로는 서독의 로미카, 미국의 탑 사이더가 대표적.

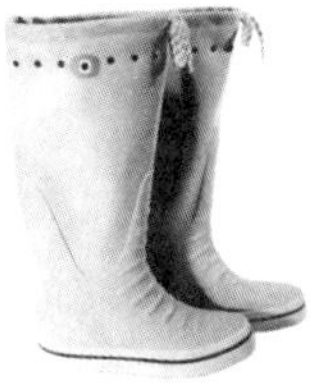

마운틴 파카 — 후드가 달린 등산용 재킷. 93쪽「60/40」 참고.

만능 캐리어 — 목재, 모포, 침낭 등 부피가 크고 넣을 공간이 없는 걸 운반하는 벨트식 손가방.

매키노 크루저 — 북미 원주민이 입던 큰 격자무늬 모포 코트. 원래 디자인은 더블브레스트(double breasted)지만 지금은 필슨의 매키노 크루저처럼 싱글이다. 넓은 옷깃에 덮개가 달린 큰 주머니 네 개가 있는 크루저형이 보통이다. 보온성이 뛰어나고 방수가 되는 헤비듀티한 버진 울로 만든다.

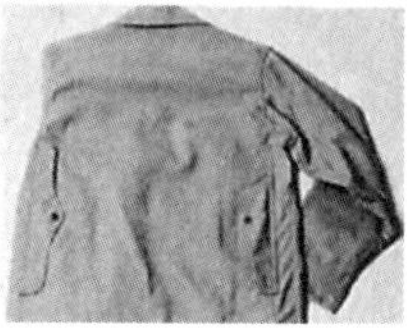

머프 포켓 — 네모난 주머니 뒤에 손을 넣어 따뜻하게 하기 위한 주머니. 파카나 다운 조끼에 많이 달려 있다. 조끼에 있는 사선 주머니도 머프 포켓. '핸드 워머 포켓'이라고 부르기도 한다.

면포플린 — 좌우로 가느다란 골지가 있는 촉감이 부드러운 평직물. 포플린은 영국 명칭이다. 촘촘하고 광택이 있는 브로드 클로스와 짜는 방법이 같지만 약간 더 얇다.

모카신 — 오리지널은 북미 원주민이 만든 신발이다. 밑창에서 어퍼까지 가죽 한 장인 게 특징이고, 발등과 뒤꿈치 부분의 디자인이 독특하다. 장점이 많아서 아웃도어 신발의 대표 격이다. 카누 모카신 등이 있다. 디자인에서 비롯한 '모카신 토'는 반드시 모카신을 가리키지는 않는다.

무두질 — 생가죽을 물이나 석회에 절인 다음 크로뮴이나 타닌을 사용해서 가공하는 작업. 무두질을 거치면 가죽이 잘 부식되지 않고, 열에 강해진다. 물을 머금어도 유연하다.

무지개 송어 — 북미가 원산지인 연어과 송어속 담수어. 크고 힘이 세서 주로 빅 게임으로 취급한다.

무지개식 — 반원형 바이크 캐리어.

물통 — 아웃도어 활동의 필수품. 최근에는 내부만 법랑 처리한 제품도 있다.

미니 스토브(포켓 스토브) — 보통 액화가스 카트리지를 사용한다. 접으면 주머니에 들어갈 정도로 작아진다. 도판은 휘발유를 사용하는 스베아 123.

미라식 침낭 — 반대로는 봉투식이 있다. 사람이 누워서 자는 형태여서 이렇게 부른다. 머리까지 뒤집어쓰고 얼굴만 나오는 형태다.

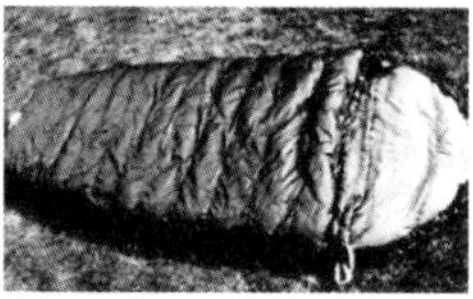

미튼(mitten) — 엄지손가락과 나머지 네 손가락으로 나뉜 장갑. 방한용과 스포츠용으로 나뉜다.

밍크 오일 — 모피용 밍크에서 짠 방수용 오일. 가죽 조직 자체에 방수성을 더하고 염분이나 불순물이 들어오는 걸 막는다. 가죽을 부드럽게 하고 자연스러운 광택을 더하며 갈라짐을 방지하는 효과도 있다. 등산화나 부츠를 오래 신으려면 필수.

밑창 — 신발의 창에는 중창과 밑창이 있다. 밑창은 체중을 지탱하고 충격을 흡수하고 미끄럼을 방지하도록 설계된다.

바니 부츠 — 이중으로 된 방한용 신발. 틈에 공기를 넣어서 보온하는 고무 부츠 중 흰색 신발. 정식 명칭은 화이트 베이퍼 부츠.

바라클라바(balaclava) — 방한용 니트 캡으로, 뒤집어쓰면 눈과 코만 나온다. 일본에서는 눈을 내놓는 모자라고 해서 메다시보(目出帽)라고 한다.

바이시클 팩 — 자전거 핸들에 붙이는 핸들바 백, 안장에 붙이는 새들백, 프레임에 붙이는 삼각형 미들 프레임 백, 뒷바퀴 양옆으로 걸치는 패니어 등이 있다. 짐을 쌀 때는 되도록 무게중심이 아래로 가게 해야 한다.

바이시클링 슈즈 — 자전거용 신발. 레이서 슈즈라고도 한다. 어퍼에는 수많은 통기 구멍이 있는 부드러운 가죽을 사용한다. 밑창은 한 장.

바이크 캐리어 — 자전거를 운반하기 위해 자동차 연결 고리에 붙이는 선반. 대부분 자전거 두 대를 실을 수 있는 크기다. 여행지에서 자전거가 필요하다면 꼭 필요한 헤비듀티 도구.

반다나 — 홀치기염색 패턴의 큰 스카프라는 의미의 힌디어 반드뉴(bandhnu)가 어원으로, 카우보이가 먼지를 피하기 위해 목에 두르는 오색 무늬 염색 스카프. 면으로 만든다.

방수 오일 — 실이나 천, 피혁 등에 입혀서 방수성을 높이는 수지. 면이나 울에는 물개나 양, 가죽에는 밍크 오일을 사용한다.

방충제 — 야영 필수품. 주로 모기를 쫓는 데 사용한다.

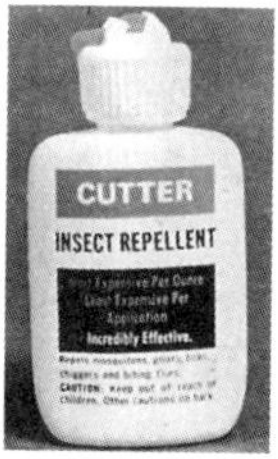

백 로그(log) — 난로 가장 안쪽에 넣어서 불을 오래 유지하기 위한 큰 땔감.

백 소 — 프레임이 있는 얇은 세공용 톱으로 양손으로 이용한다.

백패킹 — 모든 걸 자급자족하는 하이킹. 72쪽「백패킹」참고.

백팩 — 등에 메는 가방. 예전 형태로는 룩색과 일반 배낭이, 새로운 형태로는 풀 프레임 팩, 소프트 팩, 위크엔드 팩, 데이 팩 등이 있다. 위크엔드 팩은 정식 명칭이 아니지만 주말 여행에 적합한 팩이라는 의미로 풀 프레임 팩과 데이 팩의 딱 중간 정도 사이즈와 구조다. 미국계 소프트 백팩에는 유럽의 라푸마, 밀레 등이 속한다.

백 포켓 — 파카, 헌팅 재킷이나 피싱 재킷의 등에 붙은 주머니. 사냥감이나 지도를 넣어 보온용으로 쓸 수 있다.

백플렉스 — 영국 회사 피터 스톰이 개발한 방수·통기 신소재. 1972년에는 백플렉스 2를 개발했다. 백플렉스 2는 초기 백플렉스보다 가볍고 찢김이나 마찰에 더 강력해졌다.

버드워칭 — 야생 조류의 분포나 생태 연구를 위해 쌍안경, 조류도감, 필드노트를 백팩에 싸서 야생으로 들어가 관찰하고 기록하는 일.

버큠 보틀 — 보온병.

버펄로 플래드 — 빨간색과 검은색, 초록색과 검은색의 격자무늬 패턴. 배색이 눈에 잘 띄어서 아우터에 어울린다. 울을 85퍼센트, 나일론을 15퍼센트 혼방한 원단으로 만드는 버펄로 플래드 재킷은 헤비아이의 필수 아이템이다.

베어 프루프 — 야외에서 곰의 습격을 대비하는 일. 일본에서도 중부에서 동북지방, 홋카이도의 산에 가면 가끔 곰과 마주칠 때가 있다. 밤이 되면 백패커의 식량을 노리고 출몰해서 자기 전에는 꼭 식량을 나뭇가지에 매달아놓아야 한다. 캔에 든 음식도 캔을 부숴서 먹어 치우니 땅 위에는 아무것도 두면 안 된다. 하지만 곰이 나쁜 게 아니라 자연으로 들어온 인간이 조심해야 할 일.

베이비 토터 — 로딩 이론에 맞게 설계된 프레임식 아기용 지게. 앞쪽으로 메는 것과 뒤로 메는 것, 양쪽 다 쓸 수 있는 게 있다.

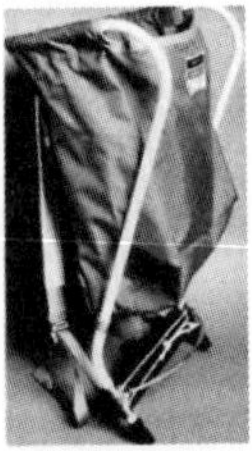

벨크로 — 일본에서 '매직 테이프'라고 불리는 탈착 테이프. 붙였다 떼는 게 아주 간단하며 충격에 의해 열리는 경우도 거의 없다. 일명 '찍찍이'.

벨트 소 — 벨트에 매다는 소형 수동 톱.

보위 나이프 — 알라모 전투에서 전사한 군인 짐 보위[Jim Bowie]의 이름을 딴 파이팅 나이프. 랜들의 모델 1이 오리지널에 가깝다. 길이는 33센티미터, 폭 4.5센티미터이며 윗날은 직선이고 손잡이는 나무로 된 걸 본래의 보위 나이프라고 한다. 어디까지나 전투용으로 아웃도어 활동에 맞는 나이프는 아니다.

보타(bota) — 남미, 스페인이 발상지인 가죽 물통. 물을 마실 때는 입을 크게 벌리고 위를 본 채로 물 주머니를 짠다. 그러면 작은 구멍에서 물이 뿜어져 나온다.

부시(bush) 재킷 — 부시, 즉 숲속이나 황야를 걸을 때 입기 위해서 개발한 옷. 기장은 엉덩이 밑까지 내려오고, 벨트가 달려 있고, 양쪽 가슴, 양옆에 주름을 잡아 만든 주머니가 있어서 기능성이 뛰어나다.

부시 팬츠 — 트레일 팬츠.

부츠 잭 — 구둣주걱. 부츠를 벗을 때 사용하는 U자로 자른 판으로, 뒤꿈치 쪽에 U자 틈을 끼워 넣어서 벗는다. 셀프로 간단하게 만들 수 있다.

부츠컷 진 — 청바지 실루엣의 하나로 소프트 플레어 라인. 원래 웨스턴 부츠를 신기 위한 실루엣이었다.

부탄 스토브 — 캠핑용 미니 스토브의 하나로, 연료로 부탄가스를 사용한다. 부탄가스통을 높은 위치에 설치하고 파이프를 버너에 끼워 기화를 일으키는 구조가 특징.

부티 — 다운 양말. 침낭에 들어가기 전에 신발을 벗고 신으면 따뜻하다.

블로건 — 바람으로 쏘는 총. 도판은 알루미늄으로 만든 것. 마우스피스와 손잡이는 고무로 만들었다. 7~8인치짜리 피아노선 끝에 구슬을 달아서 개미핥기나 토끼를 잡는 데 사용한다.

비노큘러(binocular) — 쌍안경. 버드워칭, 트레일 워킹, 개척, 사냥 등에서 사용한다. 모노큘러는 망원경.

사이클링 램프 — 밤에 자전거를 탈 때 안전을 위해 팔 혹은 발목에 끼우는 건전지식 램프.

사이클 백 — 네모난 코튼 덕 주머니에 끈을 매단 자전거용 가방. 로드레이서용은 끈이 길다. 여기에 교과서를 넣고 다니는 학생이 많다.

사이클링 캡 — 레이서용 모자. 챙이 짧은 게 특징이다.

사이트 세이버 — 유리, 플라스틱에 김이 서리거나 정전기가 나는 걸 걸 방지하는 실리콘 클리너.

산과 박물관 — 나가노현 오마치 시립 산악박물관은 일본 산양이나 뇌조(雷鳥)의 사육 연구로도 유명한 일본에서 유일한 산과 자연 박물관이다. 이곳의 연구가 발표되는 곳이기도 한 기관지가 바로 이것.

새미 클로스 셔츠 — 남유럽의 산지나 서부 아시아의 산양의 피혁과 비슷하게 만든 면 원단으로 만든 셔츠.

새클(족쇄) — 요트에서 자주 붙였다 떼는 이음새에 사용하는 금속구. 2센티미터의 작은 것부터 10센티미터까지 큰 것도 있다. 나사식, 스냅식, 레버핀식 등이 있다. 민첩함이 생명인 갑판 작업에 필수.

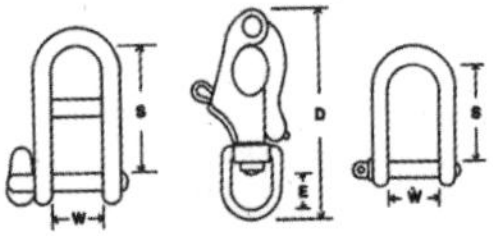

서바이벌 기어 — 미국에서는 아웃도어 활동에서 문제에 맞닥뜨렸을 때 유용한 도구를 모아 키트로 판매한다. 서바이벌 기술을 소개한 핸드북도 있다. 이는 모두 셀프 에이드에 기초한다. 그중에서도 가장 중요한 게 나이프다. 튼튼한 나사로 손잡이를 만들어서 돌도 깰 수 있다. 시그널 미러는 신호를 보낼 때, 플라스틱 렌즈나 금속 성냥은 불을 피울 때 사용한다. 낚싯바늘, 실, 플라이 훅, 올가미 등도 있지만, 기존의 키트보다 자신의 발상과 체험에서 우러나온 도구를 준비하는 게 이상적.

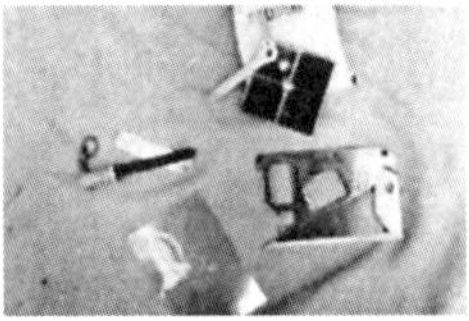

서바이벌 미러.

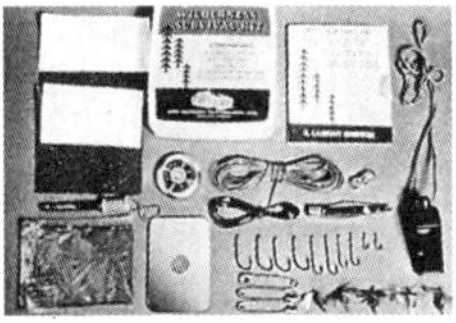

서바이벌 키트.

서치 라이트 — 초강력 라이트. 어두울 때 길을 찾거나 신호를 보낼 때 사용한다.

셀프 에이드 — 살면서 스스로 조금 귀찮은 일을 해보자는 걸 기반으로 한 게 셀프 에이드다. 문명국가의 국민은 언젠가 인간 본래의 모습을 잃게 되지 않을까. 자연인으로서의 인간이란(일부러 자연 안에서 살아가지 않아도) 스스로를 책임지면서 살아가는 게 아닐까. 이를 깨달은 움직임이 핸드 메이드 하우스나 텃밭, 에너지 자급자족, 도보여행 등에 나타나기 시작했다. 자전거, 나이프, 데이 팩 등의 헤비듀티 의류도 전부 그런 사고방식이 기본이다.

셸 — 직역하면 '껍질'인데, 미국에서는 다운이나 폼, 파이버 등을 감싼 천을 가리킨다.

소렐 부츠 — 아크틱 부츠의 별칭으로 소렐은 브랜드명. 인슐레이션은 펠트로 만들었다. 어퍼에서 위는 가죽을, 아래는 고무를 사용했다.

소프트 백팩 — 돈 젠센의 젠센 팩 이후에 등장한 모노코크 백팩. 특히 허거식은 프레임 팩보다 기복이 심한 일본의 산이나 마운틴 스키 등에 훨씬 알맞다.

수중 카메라 — 물속에서 사용하는 카메라. 물 밖에서

사용하면 물과 먼지를 막는 완벽한 헤비듀티 카메라가 되기도.

스노모빌 부츠 — 소렐 부츠, 그러니까 아크틱 부츠를 스노모빌 전용으로 어퍼를 나일론으로 바꾼 이중 단열 방한화. 펠트로 돼 있는 안감은 완벽하게 단열된다. 밑창은 웨이브 패턴. 신발을 두 켤레 신은 것 같지만 발의 움직임에 밀착돼 비교적 움직임이 편하다.

스노슈즈 — 예전부터 중앙아시아에서 눈 위를 걸을 때 사용하던 도구. 가늘고 긴 비버 테일 형태는 평평하고 탁 트인 설원을 빠르게 걷는 데 적합하고, 중간 정도 크기인 크로스컨트리는 오르내리기 쉽다. 짧고 테일이 없는 베어 파우(곰 발)는 늪에서도 잘 걸을 수 있다. 테두리는 나무, 끈은 소가죽이나 네오프렌으로 만든다. 셰르파가 만든 알루미늄 프레임 스노슈즈는 가볍고 신기 편한 바인더가 달려서 편리하다. 요즘 스노슈잉이 새로운 아웃도어 활동으로 보급되는 듯.

스니커 — 미국에서는 고무창이 달린 운동화를 스니커라고 불렀다. 발 소리가 들리지 않아서 '살금살금 다가오다'라는 뜻이 있다. 지금은 트레이닝슈즈가 메인이어서 애슬래틱 슈즈라는 명칭으로 바뀌고 있다. 어퍼에는 주로 캔버스, 나일론, 가죽을 사용하고, 밑창은 목적에 따라 다양하다.

스모크 드라이 키트 — 훈제 고기나 생선을 만들 수 있는 키트. 바닷물에서 나온 소금(미국에서는 보통 암염을 먹는다.)과 액화된 연기를 사용해서 하룻밤 오븐에 넣어두면 직접 만든 육포나 훈제 요리가 된다.

스웨트 셔츠(트레이너) — 목 부분이 동그랗고, 안감에 기모를 넣은 메리야스 셔츠.

스위블 — 배에서 사용하는 회전 고리 연결 도구. 이것으로 시스 나이프를 벨트에 걸기 시작하면서 키홀더로 이용하기 시작했다.

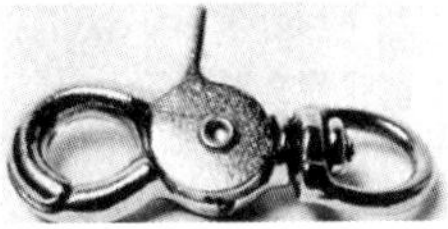

스위스 아미 나이프 — 오리지널은 스위스의 육군이 휴대한 너댓 종류의 칼이 달린 포켓 나이프다. 아웃도어에서 만능.

스퀴즈 튜브 — 빈 채로 판매하는 튜브. 식량을 스스로 채워 넣고 닫게 돼 있다.

스태그 셔츠 — 울로 만든 아우터 셔츠. 앞뒤로 요크가 있고, 밑단은 사각형이다.

스톰 파카 — 어떤 날씨에도 입을 수 있는 파카. 겉감에는 우산에 사용하는 나일론 태피터를, 안감에는 면을 사용했다.

스펙테이터(spectator) 에이드 — 스포츠 관전용 휴대 손잡이가 달린 방석. 겨울이나 실내 빙상 경기에는 다운 파카와 쌍안경도 준비하자.

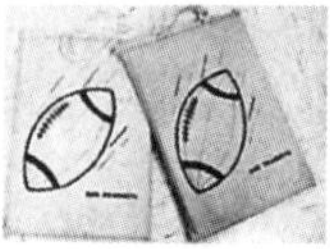

스피나커(spinnaker) — 윙 칼라에 가슴 중간까지 파인 하프 브래킷 셔츠.

슬링샷(새총) — 총, 나이프, 활을 좋아하는 사람은 당연히 새총도 좋아하겠지만, 새총은 표적을 쏘는 도구로, 생물을 죽이기 위한 건 아니다.

시그널 미러 — 서바이벌 거울. 도판이 사용법을 보여준다.

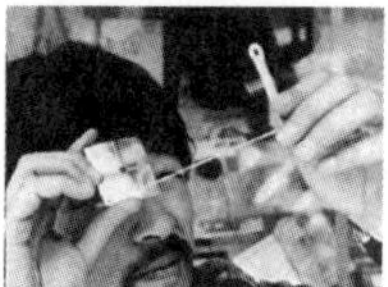

시그널 컬러 — 국제적으로 정해진 주의 신호색은 선명한 오렌지색이다. 아웃도어 의류에는 이 색을 사용한 게 많고, 특히 구명조끼는 항상 오렌지색이다.

시모후리 트레이너 — 흰색과 검은색 시모후리 실로 짠 메리야스 원단으로 만든 트레이너. 풀오버식과 지퍼식, 후드가 달린 형태와 달리지 않은 형태가 있다. 흰색이나 남색도 있지만, 시모후리가 가장 헤비듀티하다.

시모후리 — 염색한 실과 염색하지 않은 실, 또는 염색한 실을 두 개 이상 섞어서 눈이 내린 듯 염색한 실이나 원단. 흰색, 검은색, 남색 등이 있다.

시스(sheath) 나이프 — 시스는 가죽 껍질이다. 나이프는 접이식 나이프를 제외하고 대개 벨트에 달린 시스(칼집)에 넣는다.

시에라 컵 — 대표적인 철제 캠핑 컵으로 시에라 클럽에서 사용한다. 손잡이는 열 전도율이 낮고, 가장자리도 그렇게 뜨거워지지 않는다. 냄비나 그릇으로도 사용할 수 있다. 아주 간단한 컵이지만 매우 합리적이다. 무거운 게 약간 단점.

시에라 클럽 — 요세미티의 자연을 보호하는 운동에서 출발해 존 뮤어가 기반을 닦아서 조직화한 단체. 1972년 샌프란시스코에서 창설했다. 지금은 미국, 캐나다, 영국 등에만 17만여 명의 회원이 있고, 세계적으로 자연과 함께 살아가는 활동을 한다.

시큐리티 체인 — 비닐 튜브에 넣은 사슬 자물쇠. 사용하지 않을 때는 목에 걸거나 비스듬하게 걸쳐 도로를 달리는 게 헤비아이.

아미 스웨터 — 제1차 세계대전 때 육군 보병 보급품이었던 황토색 풀오버 스웨터.

아이리시 트위드 햇 — 아일랜드산 양털을 스카치 트위드풍으로 짠 원단으로 만든 모자. 바구니 형태의 본체에는 띠가 둘러 있고 미싱 스티치가 있다. 이중으로 된 챙에도 스티치가 있다.

아이리시 프리즈 — 두꺼운 울 소재로 파일풍 마감이 특징. 색은 회색, 갈색, 남색 등 보통 어두운 색이 많다.

아이비 — 미국 동북부의 명문 대학들은 담쟁이가 건물을 뒤덮고 있다. 학교 연맹과 풋볼 리그전을 중심으로 아이비리그라는 말이 퍼졌다. 요즘에는 아이비라고 하면 이 학교들의 캠퍼스를 중심으로 퍼진 아이비 룩이라고 하는 옷차림을 지칭하는 경우가 많다.

아이비리그 — 미국 동북부에 있는 여덟 개의 명문 대학(하버드, 프린스턴, 예일, 컬럼비아, 펜실베이니아,

다트머스, 브라운, 코넬). 이 학교들은 미국에서도 역사가 깊은 엘리트 대학이며 졸업생 가운데 유명인도 많다.

아크릴 방수 — 아크릴 합성수지를 나일론이나 면에 입혀서 방수가공을 하는 것.

아크틱 부츠 — 극지(특히 북극)용 부츠란 뜻으로 극한지를 탐험하거나 그런 장소에서 작업할 때 신는 초방한용 신발. 안감에 펠트 인슐레이션을 이중으로 사용한다.

안창 — 신발은 밑에서부터 밑창, 중창, 안창, 그리고 어퍼로 나뉜다. 안창은 신발의 스티치를 보호한다.

알파인 시프 울 — 원래는 북미나 북아일랜드의 어민, 남미나 티베트의 산악 민족이 양모를 그대로 짜서 스웨터를 만들어 입었던 것에서 명칭이 왔다. 지금은 비누와 알칼리 혼합수로 원모에 붙어 있는 땀, 대소변, 흙모래, 나뭇잎, 나뭇가지 등을 씻어낸 다음 다시 양이나 물개의 유지를 입혀서 방수성을 높인다. 알란 스웨터 등에 이용하는 헤비듀티 소재.

야케 — 방풍 의류를 가리키는 독일어. 일본에서 쓰이는 산 관련 용어는 대부분 유럽에서 들어왔다. 예전부터 있던 스키나 등산에 사용하는 풀오버, 후드가 달리고 가슴 주머니와 머프 포켓이 달린, 면포플린이나 나일론으로 만든 방풍 의류. 등산 파카도 방풍 의류이며 방수 처리도 하지만 믿을 만하지는 않다.

오일스킨 — 얇은 면이나 마에 바셀린을 바르고 그 위에 수지를 입힌 소재. 영국 낚시 의류의 고전인 바버의 레인 기어나 파카에 사용한다. 여기서 힌트를 얻어 미국에서 60/40 파카를 개발했는데, 영국에서는 오일스킨만 고집한다.

오일탠드 레더 — 무두질을 거친 가죽에 유지 가공을 해서 방수성을 높인 가죽. 헌팅 부츠의 어퍼, 카우보이 부츠, 워킹 부츠, 그 밖의 등산화에도 사용한다.

오일드 울 — 알파인 시프 울은 양모를 탈지하지 않고 짠 것이다. 오일드 울은 일단 탈지한 양모를 다시 양이나 물개 기름으로 방수가공을 한 것. 피셔맨 스웨터에 주로 사용한다.

와이어 소(포켓 소) — 동철로 된 와이어로 만든 톱. 양쪽에 금속구가 있어서 두 명이 톱질을 할 수 있고, 나뭇가지를 구부려 톱날 지지대로 사용할 수도 있다. 말아서 주머니에 넣을 수 있다.

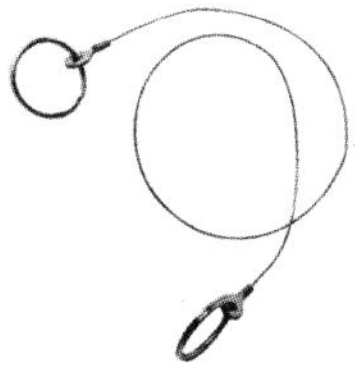

왈라비(Wallabee) — 모카신 형태로 어퍼가 스웨이드 가죽이고 밑창이 크레이프 솔인 학생화.

요세미티 — 미국 시에라네바다산맥의 협곡 지대이자 국립공원. 시에라 클럽을 만든 존 뮤어가 소개하고 모험한 암벽에 둘러싸인 계곡이다. 존 뮤어 트레일이 지나고, 미국을 대표하는 암벽등반 장소다.

요트 파카 — 풀오버나 지퍼가 달린 후드 파카. 머프 포켓이 달렸고, 소매에는 고무줄이, 밑단에는 끈이 달린다.

우드맨 팬츠 — 나무꾼이나 사냥꾼 등 산에서 활동하는 사람이 입는 헤비듀티 팬츠. 주로 두꺼운 울 원단에 밑위가 길고 서스팬더(멜빵)가 달린다.

우레탄 폼 — 폴리우레탄을 압축해서 라미네이트 가공을 거친 것으로 필터 역할을 한다. 백플렉스나 고어텍스 같은 방수 · 통기 소재가 우레탄 폼을 바탕으로 개발됐다.

울 라인드 — 재킷이나 파카에 사용하는 안감. 울 원단이나 코튼 넬을 사용하는 경우도 많다.

워치 캡 — 선원용 니트 모자.

워크 슈즈 — 작업화. 작업에 따라 형태가 달라 뭉뚱그려서 말할 수는 없지만, 틀림없이 헤비듀티다. 하지만 철이 들어간 안전화를 신고 등산을 하는 짓은 피해야.

워크 팬츠 — 품이 넉넉하고 주머니가 많이 달린 작업용 바지. 데님, 치노, 얇게 짠 면 등으로 만든다.

웰링턴(Wellington) 부츠 — 영국이 원산지인 피혁 부츠. 라운드 토지만 다른 부분은 카우보이 부츠와 같다. 스티치가 들어가지 않은 단순함이 헤비듀티하다.

윈드브레이커 — 얇은 방풍용 재킷. 입어도 활동하는 데 제약은 없다. 나일론 직조가 많고, 안감이 플란넬이나 보아로 된 것도 있다. 학교를 대표하는 색에 학교 이름을 넣은 윈드브레이커는 미국 학생들이 전통적으로 선호한다.

윌더니스 — 헤비아이에서는 아웃도어 활동 토양으로서의 자연, 즉 산, 강, 숲 등의 원시 자연을 말한다. 윌더니스는 진짜 자연이 살아 숨 쉬어야 한다. 거기서 생활한 뒤에는 원래대로 돌려놔야 하는 건 물론이고.

응급 키트 — 구급용품을 작은 가방에 모은 키트. 아웃도어 활동에서 맞닥뜨릴 각종 위험을 대비하는 데 반드시 필요한 물건이다.

이글루 — 보통 스티롤수지 같은 단열재를 넣은 원통형 양철통 저수 탱크로, 밑부분에 꼭지가 달려서 수도처럼 사용한다. 수온이 변하지 않게 설계된 휴대용 대형 보온 주전자다.

이어 랩 — 모피 모자나 방한모에 붙은 귀마개. 뒤통수까지 연결된 경우도 있다. 가을겨울 아웃도어 활동용 모자에 많이 달린다.

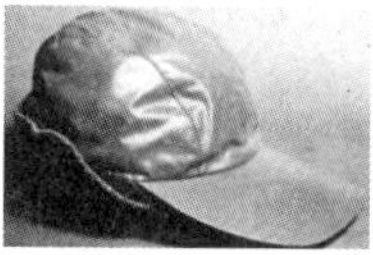

이어 랩이 달린 캡.

이집트 면 — 이집트산 면의 실은 엷고 긴 데다가 질긴 우량종이다. 특히 바버의 오일스킨 제품에 사용한다.

인사이드 스티치 — 신발, 특히 등산화의 어퍼 가죽 사이에 중창과 밑창을 끼운 다음 꿰메서 접합하는 스티치. 이 스티치로 신발 접합 구조를 알 수 있다. 보통 스티치와 시멘트를 병용한다.

인슐레이션 — 단열재 또는 단열 구조. 단열이라고 해도 목적은 방한이다. 외부의 한기를 차단하고 체온을 유지한다. 혹한기용 클라이밍 부츠나 스키 부츠에 사용한다. 소재는 펠트나 합성소재.

자연 생태학 — 대자연계 먹이사슬의 균형을 탐구하는 학문. 자연 파괴 현상이 심각해지는 지금 자연 생태학에 눈을 떠야 한다. 헤비아이 청년의 필수 학문 아닐까.

저지 — 신축성이 뛰어난 원단이나 그런 원단으로 만든 옷.

접이식 컵 — 캠핑이나 하이킹을 할 때 편리한 컵. 접으면 한 손 안에 들어올 정도로 작아진다.

조깅 — 경쟁이 목적이 아니라 오로지 트레이닝으로 하는 달리기.

존 뮤어 트레일 — 존 뮤어를 기념한 트레일. 요세미티 국립공원을 지나고, 퍼시픽 크레스트 트레일과

겹친다. 모든 코스를 걸어서 통과하려면 최소 몇 달은 걸린다. 요세미티가 국립공원으로 지정된 것도 뮤어가 당시 대통령인 루즈벨트를 만나 요세미티댐 공사를 중단시키고, 목축 업자들을 몰아냈기 때문이다.

중창 — 신발 밑창과 어퍼를 접합하는 역할을 하는 중간창. 쿠션 역할도 한다.

지포 — 오일 라이터로는 세계 제일의 브랜드. 나이프나 고무 끈이 달린 모델이 있어서 아웃도어 활동에 알맞다.

짐 쇼츠 — 운동용 반바지. 프렌치 컷이라는 옆트임에 둥그런 테두리가 인기 있다. 나일론과 면이 있다.

체인 트래드 솔 — L.L. 빈의 메인 헌팅 슈즈나 검 슈즈 등에 사용하는 밑창 패턴. 반영구 가류 가공 처리한 헤비듀티한 크레이프 러버에 접착 마찰성이 강한 사슬 형태의 패턴을 넣은 것.

취나드 — 이본 취나드가 만든 등산용품 브랜드. 회사는 그레이트 퍼시픽 아이언 워크라는 등산용품 브랜드다.

치노 클로스 — 코튼 능직 원단. 가볍고 튼튼하다. 치노는 '중국의'라는 뜻인데, 이는 중국 군복 원단에서 왔다. 헤비듀티한 소재지만 아이비에서 스포츠, 바지 원단으로 대표적인 소재였다.

침낭 가방 — 오로지 침낭을 옮기기 위한 도구. 맬 수 있는 끈이 달린 작은 주머니에 스트랩이 달린다. 아이들이 짐은 많이 들 수 없지만 자기 침낭 정도는 들게끔(부피에 비해 가벼우니까) 하려는 생각에 기반을 둔 도구.

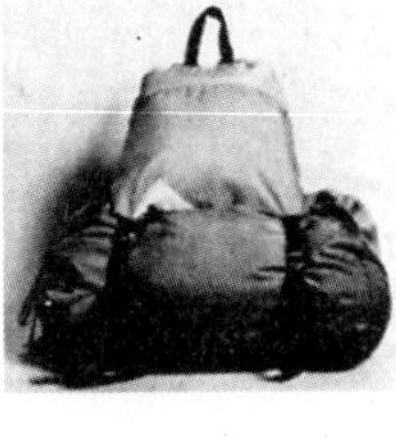

카고(cargo) 팬츠 — 큰 주머니가 많이 달린 작업용 바지.

카굴 — 원래는 서양의 성직자가 입는 후드 달린 팔 없는 망토를 가리키는 말이었지만, 지금은 기장이 긴 윈드 야케의 일종을 말한다. '비부아크 야케'라고 불리던 게 이것. 몸을 넣으면 계획에 없던 야영을 할 수 있다. 나일론에 우레탄 방수 원단으로 만드는 게 보통.

카누 — 북미 원주민이 타던 소형 배. 원래는 나무껍질이나 가죽으로 만들었지만, 지금은 알루미늄이나 글라스파이버로 만든다. 훨씬 튼튼하고 저렴하다. 노를 젓는 방법도 간단해서 누구나 탈 수 있다. 잔잔하게 강을 떠내려가는 카누 트립은 최근 아웃도어 활동의 대표 격.

카약 — 카누와 비슷하지만, 가운데 한 명이 타는 자리를 빼고 본체가 막혀 있다. 카누와 달리 급류 타기 같은 스포츠를 할 때 주로 사용한다.

캠핑 매트리스 — 야영을 할 때 침낭 밑에 까는 매트리스. 보통 가벼운 폼 상태의 합성소재로 만든다. 엔솔라이트는 제품명이다. 무겁고 매듭이 거친 에어 매트리스는 자동차용.

캠핑 스토브 — 캠핑용 접이식 휴대 가스레인지로, 크기, 화력, 연료 등은 목적에 따라 선택할 수 있다. 연료로 사용하는 휘발유는 다루기 어려운 편이지만 화력이 세다. 액화가스는 안전하고 편리하지만, 추울 땐 얼어버려서 불이 붙지 않기도.

캥거루 포켓 — 재킷이나 파카, 트레이너나 윈드 야케에 달린 커다란 주머니. 캥거루 주머니처럼 생겨서 이런 이름이 붙었다.

컷오프 — 단을 잘라서 반바지로 만든 청바지를 '컷오프 진'이라고 한다.

코듀로이 — 세로 파일 짜기로 만든 원단에 나이프를 넣어 골자를 만든 면직물. 서양은 여름에도 건조해서 코듀로이 팬츠를 입는 사람이 많다.

코위찬(Cowichan) — 알파인 시프 울로 만든 제품. 북미의 원주민인 코위찬족이 만든 스웨터를 코위찬 스웨터라고 부른다.

코튼 덕 — 두꺼운 면으로 만든 능직 원단. 면이 얇으면 데님이 된다. 헤비듀티에서는 형뻘인 소재다. 주로 방수가공을 해서 군용 작업복이나 더플백, 사냥 의류에 사용한다.

코튼 플란넬 — 느슨하게 꼰 면사를 능직이나 평직으로 짠 다음 표백과 염색을 거쳐 기모를 세운 원단. 촉감이 부들부들해서 속옷에 적합하다. 바둑판무늬로 염색한 넬 셔츠는 쉽게 볼 수 있다.

콜드 웨더 부츠 — 한랭지용 부츠. 펠트나 울 등의 방한 소재를 사용한 이중 구조가 많다.

콜로라도 익스프레스(Colorado Express) — 덴버의 K. 코시버가 매년 두 번 펴내는 아웃도어 전문지. 창간 초기에는 로키산맥 가이드나 백패킹 특집으로 독자를 늘렸지만, 요즘에는 다운 세탁법같이 셀프 에이드 관련 내용을 다룬다. 지역 정보도 많다.

퀼트(퀼팅) — 면이나 합성섬유의 표면에 누비질을 해서 스티치가 실용성과 장식을 겸하는 전통 방식. 보온성이 뛰어나서 주로 방한 의류에 사용한다.

크러셔(크래시 햇) — 말아서 수납할 수 있는 부드러운 펠트 모자.

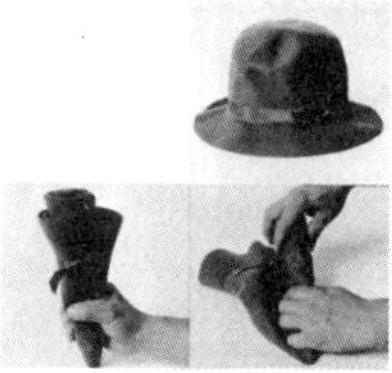

크로스컨트리 스키 — 스키는 지금 완전히 스키장 스키가 됐다. 하지만 본래의 형태인 크로스컨트리 스키 투어야말로 헤비아이한 겨울 스포츠다. 트레일 워킹의 겨울판인 크로스컨트리 스키 투어는 눈 덮인 자연을 접하는 데 가장 적합한 스포츠다.

크루저(캐빈 크루저) — 완벽한 거주 설비를 갖춘 대형 요트. 크루저를 타고 연안을 항해하는 걸 크루징이라고 하는데, 이건 아무래도 돈이 많은 사람만 할 수 있는 놀이다.

클래식 캐틀맨 크리스 — 텐갈론 햇의 중절 방식의 하나. 윗부분과 양쪽이 움푹 들어갔다.

클램프 라이트 — 집게가 달려서 어디든 설치할 수 있는 간이 라이트.

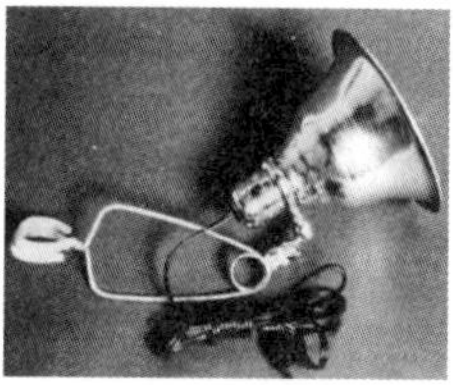

키드니(kidney) 워머 — 키드니는 신장(腎臟)이다. 즉, 허리 위쪽까지 뒷단을 늘려 디자인한 다운 조끼에서 이 부분이 키드니 워머다. 허리를 따뜻하게 하기 위한 설계의 결과물.

태피터(taffeta) — 평직 원단. 약간 빳빳하지만 튼튼하고 방수성이 뛰어나다. 보통

아노락이나 스톰 파카의 안감에 사용하고, 방수 코팅을 해서 우산에 사용하기도 한다.

테니스 햇 — 면으로 만든다. 땀이 차는 걸 막는 구멍이 네 개 뚫렸다. 파일로 만든 건 여름에 적합하다.

토트백 — 토트란 '들고다니다'라는 뜻이다. 요트 등에서 잡다한 물건을 쌓아서 자동차가 있는 곳까지 가거나 집에서 식료품 등을 차나 배가 있는 곳까지 옮길 때 사용하는 손잡이가 달린 커다란 가방이다. 코튼 덕으로 만든다.

통나무집 — 직접 통나무집을 짓는 게 헤비아이 청년의 꿈이다. 짓는 방법은 생각보다 어렵지 않다. 북유럽이나 북미 대륙에 핸드 메이드 통나무집이 많다.

트래퍼 넬슨 — 북미 원주민이 사용하던 나무 지게에 가방을 달 수 있게 만든 물건. 여기서 풀 프레임 백이 탄생했다. 궁극의 헤비트래 아이템.

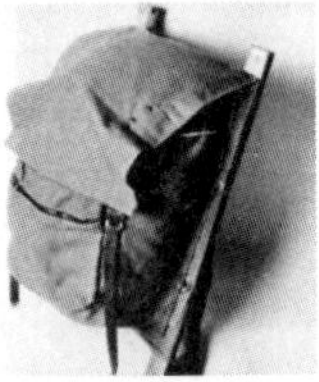

트레이닝슈즈 — 스니커는 미국식 명칭이다. 트레이닝을 할 때 신는 신발은 트레이닝슈즈. 밑창에는 웨이브, 석션 컵, 와플 등이 있고, 어퍼도 나일론이나 가죽 등이 있다. 조깅도 트레이닝의 일부라 트레이닝슈즈를 신는다. 트랙, 잔디, 흙, 아스팔트 등 노면에 따라 선택하는 게 상식.

트레일 쇼츠(부시 쇼츠) — 치노 클로스나 코듀로이를 사용한 반바지. 벨트 구멍과 앞주머니가 하나다. 앞뒤로 네 개 주머니가 있고, 똑딱단추로 잠글 수 있는 덮개가 있는 게 특징.

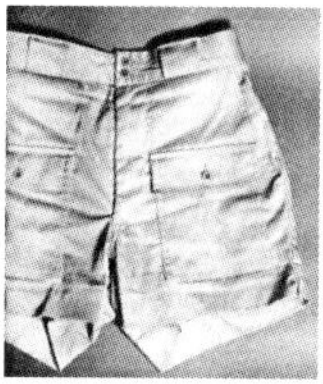

트레일 워킹 — 걷기를 목적으로 한 아웃도어 활동. 백패킹과 트래킹도 이런 사고에 기초한다. 일본에는 산이 많고 평지가 적어서 걷는 게 곧 등산이 되곤 하지만 걷기를 가장 중요하게 생각하자. 빙설이나 바위, 높은 곳만 목표로 하는 여행자도 걷기에 대해서는 겸허해지길 바란다.

트레일 팬츠 — 부시 팬츠라고도 한다. 벨트 구멍과 앞주머니가 이어져 있고, 밑위가 깊고, 허벅지 쪽은 넉넉하게 주름이 잡혀 있다. 코듀로이나 치노 클로스 원단이 본격적이다.

트위드 — 손으로 짠(홈 스판) 평직 혹은 능직 양모 원단. 소재가 굵은 잡종 양모라서 다듬어지지 않은 듯한 헤비듀티 소재.

트윌 — 꼬인 실로 촘촘히 짠 능직 원단이다. 나일론 트윌, 코튼 트윌 등이 있다.

파이버 다운 — 합성섬유를 다운처럼 가공해 퀼트 소재로 만든 것. 다운에 섞는 경우도 있다. 신소재 폴라가드는 물에 강해서 평판이 좋다.

파이버 필 — 퀼트에 다운이 아니라 파이버 다운을 충전하는 것, 혹은 그렇게 한 것.

패니어(pannier) 백 — 자전거 화물대 양쪽에 다는 팩으로, 패니어는 짐칸을 뜻한다.

팩 바스켓 — 미국 동부의 전통적인 헤비듀티 아이템으로 등나무와 흰 물푸레나무를 엮은 바구니 형태의 백팩. 짐을 싸기 편하고, 짐이 쉽게 망가지지 않는다. 메기도 쉽다.

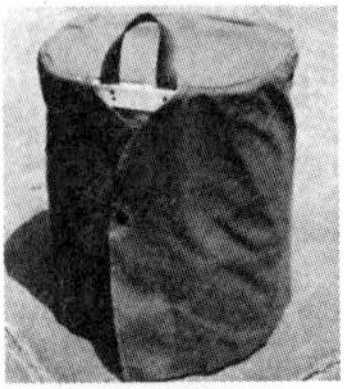

팩 소 — 조립식 톱.

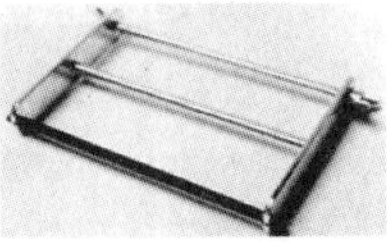

퍼(fur) — 모 섬유를 분류하면 크게 울과 퍼로 나뉘고, 퍼는 토끼나 비버 등의 털을 가리킨다. 양모를 원료로 하는 울은 무겁고 감촉이 부드럽지 않지만, 퍼는 가볍고 부드러워서 고급품으로 취급된다.

퍼니 팩 — 벨트팩(힙색)의 별칭. 허리에 끈으로 둘러매는 작은 주머니. 스키를 탈 때 사용하는 사람이 많은데 백팩에 넣어두고 어택 백처럼 쓸 수도 있다. 앞에 차고 카메라를 넣거나 자주 사용하는 물건을 넣어두기 좋다.

퍼스트 에이드 — 서바이벌 도구의 하나인 구급용품. 반창고, 연고, 진통제, 붕대, 핀셋, 가위 등을 갖춰놓자.

퍼티그 팬츠 — '카고 팬츠' 항목을 참고할 것.

페이스 마스크 — 혹한기에 칼바람이나 우박으로부터 얼굴을 보호하고 동상을 방지하기 위한 안면 커버.

펜들턴 — 미국 오레곤주 포틀랜드에서 탄생한 울 제품 전문 브랜드로, 아웃도어

셔츠의 대명사다. '펜들턴 클래식'으로 불리는 전통적인 울 셔츠는 고급스러우면서 미국적인 촌스러움까지 갖췄다. 고집스럽게 자기 길을 계속 걸어온 헤비트래 브랜드.

펠트 라이너 부츠 — 어퍼 안감으로 두꺼운 펠트를 사용해 단열 효과를 내는 구조의 부츠.

폭스파이어(Foxfire) — 전미 베스트셀러가 된, 미국 조지아주의 한 사립고등학교 학생들의 연구 리포트. 남부 산악 지방에 남아 있는 전통, 민예, 건축, 각종 생활의 지혜 등을 취재하고 연구한 자료를 사진으로 정리했다. 고등학교 교사인 엘리엇 위깅턴(Eliot Wigginton)의 노력에 의한 책이다. 제1호는 1967년부터 시작되며, 하드커버본은 뉴욕의 출판사 더블데이(Doubleday)에서 출판됐다.

폴딩 나이프 — 나이프의 형식 중 하나다. 칼날을 손잡이에 넣을 수 있는 나이프로 더 작은 것은 포켓 나이프라고 한다.

폴딩 소 — 접이식 톱. 나무 커버에 수납되는 방식의 삼각형 톱.

폴딩 체어 — 캔버스 원단으로 만든 전통적인 접이식 의자.

풀 프레임 팩 — 백팩의 일종. 트래퍼 넬슨이나 나무로 된 지게가 근간이 된 알루미늄 프레임에 팩을 더한 방식의 백팩. 60쪽의 「운반학」 참고.

프로판 스토브 — 캠핑용 스토브의 일종. 가스는 프로판이다. 부탄보다 온도가 높은 불을 피울 수 있다.

프리스비 — 던지면서 주고받고 노는 플라스틱 소형 원반. 프리스비는 제품명이다.

프리포트 — 미국 북동부 메인주에 있는 마을. L.L. 빈이 있어서 유명하다.

플라노 — 양복 원단으로 사용되는 약간 두꺼운 플란넬의 일종. 촉감이 좋고 부드럽다.

플라이낚시 — 새의 깃털이나 작은 동물의 털을 벌레처럼 만들어 미끼로 사용하는 낚시를 말한다. 일본에도 '텐카라(天から) 낚시'라는 깃털 바늘 낚시가 있었다. 플라이 공예를 하나의 예술로 취급하는 미국에서 낚시라고 하면 플라이낚시와 루어낚시를 말한다.

플란넬 셔츠 — 넬 셔츠.

플란넬 — 그냥 '넬'이라고도 불리는 부드럽고 가볍고 표면에 기모가 있는 직물. 발상지는 영국.

피셔맨 스웨터 — 알파인 시프 울, 혹은 탈지울에 다시 물개나 양 유지를 침투시킨 실로 짠 스웨터. 무겁지만 물을 튕겨내고 물을 뒤집어 써도 체온을 유지한다.

피셔맨 햇 — 오일스킨을 소재로 한 것과, 고무로 코팅한 게 있다. 주 목적은 방수.

피싱 백 — 숄더백 형태의 물고기 보관용 가방. 안쪽에 플라스틱을 사용해서 물고기를 저온으로 유지한다.

피코트(pea coat) — 원래는 배 갑판에서 망을 보는 선원이 입는 코트이다. 네이비 블루의 멜턴 원단은 헤비듀티 소재다. 더블 브레스트이며 사선 주머니가 달린다. 기장은 팔 길이만 하다.

필드 캡 — 미국인이 좋아하는 아웃도어용 캡.

필슨 — 알래스카 골드러시 때 사금 캐는 용으로 만든

옷이 필슨 크루저다. 그 이후 겉옷의 고전이 돼, 필슨이라고 하면 크루저를 말할 정도로 유명하다. 필슨은 시애틀의 헤비듀티 의류 전문 브랜드다. 회사명이 그대로 제품명이 되는 게 훌륭하다.

하버 색 — 어깨에 걸치는 가방. 예전에는 아웃도어 활동에서 등에 메는 것보다 하버 색 형태의 가방이 주류였다. 지금은 대부분 낚시용이다.

허거식 — 소프트 팩으로 등을 감싸는 것처럼 딱 맞게 설계한 것. 마운틴 스키처럼 예민하게 움직여야 하는 스포츠에도 편하게 멜 수 있다.

헌터 부츠 — 밑창은 비브람 솔, 끝은 스퀘어 토. 끈으로 묶어서 신는다. 물에 강한 제품이 많다.

헌팅 글러브 — 아크릴 니트에 부드러운 가죽을 덧댄 사냥용 장갑.

헌팅캡 — 사냥용 모자로 오발을 방지하기 위해 쓰는 빨간 양면 캡도 헌팅캡의 한 종류다.

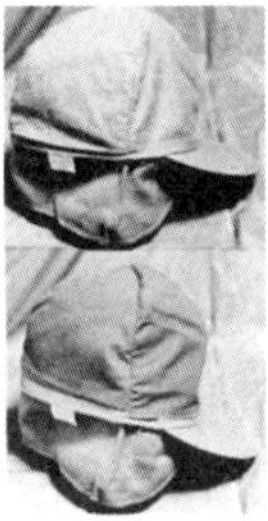

홀 어스 카탈로그 — 카탈로그 문화의 고전으로 미국의 자연 친화 운동에 불을 붙였다. 카탈로그 형식을 취해 현대 문명의 안팎을 다시 검토했다. 헤비듀티를 이해하려는 사람은 반드시 읽어야 할 책.

후디드 트레이너 — 후드가 달린 트레이너. 앞 지퍼가 달린 시모후리가 헤비아이.

호루라기 — 위급한 상황에서 구조를 요청할 때 사용한다. 가끔 새가 날아들기도 한다. 도시에서는 괜찮은 헤비아이 액세서리가 되기도.

휘프 코드(whip cord) 클로스 — 새끼줄 무늬를 두껍고 입체적으로 짠 원단. 두껍고 이중으로 짠 게 많다.

휴대용 싱크대 — 싱크대 안에 물이 저장되어 있어서 펌프를 누르면 물이 나온다.

휴대용 화장실 — 접이식 의자 밑에 봉지를 달아 용변을 해결한다.

CPO 셔츠 — 멜턴 원단으로 만든 헤비듀티 셔츠. 롱 테일과 주머니에 덮개가 달렸다.

D링 — 암벽화 등의 끈 걸이 시스템으로는 아일렛과 후크와 D링 조합이 있다. 발등 부분을 후크로 하고 발끝에 D링을 박은 게 발에 딱 맞는다. 종주용 암벽화 가운데는 아직 모든 신발 고리가 D링인 게 있다.

헤비듀티 비망록

— 『홀 어스 카탈로그』와 만나다

1969년 여름, 단 하루 차이로 우드스톡 페스티벌을 놓친 나는 뉴욕 5번가의 더블 데이 서점에서 좀 이상한 책을 발견했다. 산더미처럼 쌓인 책을 사람들이 앞다투어 사가기에 다가가 살펴보니 각종 제품의 카탈로그를 모아놓은 책이었다. 표지에는 'Whole Earth Catalog Spring 1969'라고 써 있었다. 무슨 의미가 있는지, 왜 '전 지구 카탈로그'인지, 왜 인기가 있는지 전혀 이해가 안 됐지만, 일단 사긴 했다.

그때는 몰랐던 책을 시간이 흐르고서 방문한 집에서도 발견했다. 주인에게 하나하나 설명을 들으니 현대 문명을 처음부터 다시 검토하면서 앞으로 인류가 존재하기 위한 방식에 관한 책이라는 걸 알게 됐다. 특히 '유목(Nomadics)'이라는 코너에는 등산, 캠핑, 서바이벌, 자연보호와 관련한 책과 도구를 다뤘다. L.L. 빈도 있었는데, 예전에 요코하마의 고서점에서 카탈로그를 본 적이 있는 터라 기억하고 있었다. 그때 미국에도 보이스카우트 말고도 캠핑을 하거나 카누를 타는 사람들이 있다는 걸 알았다. 중학생 때 등산과 하이킹을 시작해서 그때까지 계속해왔던 나는 이 코너 덕에 이 책이 친구처럼 느껴졌다.

— 백패커가 있었다
그 다음다음 해인 1971년, 여름은 하와이에서 보내고, 가을에는 미국 서해안에서 텍사스의 휴스턴까지 자동차로 여행을 하면서 미국 젊은이들의 생활이 완전히 바뀐 사실을 알았다. 그들은 어딜 가든 조깅이라는 이름으로 거리를 달렸다. 그전까지만 해도 미국인이 거리를 달리는 모습은 전혀 상상할 수 없었다. 교외에는 커다란 배낭을 메고서 하이킹을 하는 젊은이들이 있었다. '자동차 사회'인 미국에서 하이킹이라니, 어안이 벙벙해졌다. 이 사람들은 '백패커', 커다란 배낭은 '백팩', 백팩을 메고 하는 하이킹은 '백패킹'으로 불렸다. 소형 륙색은 '데이팩'으로 불리면서 등산이나 하이킹 같은 원래의 목적을 넘어 젊은이들의 일상에 녹아들어 있었다. 하지만

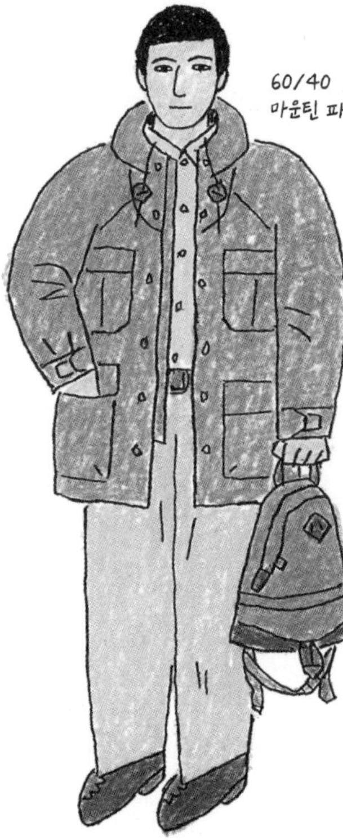

어릴 때부터 등산과 하이킹을 계속해온 나는 이것만은 내가 선구자라고 생각했다.

그런데 내가 해온 등산은 유럽식으로, 갑자기 등장한 미국식과는 전혀 달랐다. 유럽식 배낭은 륙색의 무게중심이 위로 가도록 짐을 싼다. 가방 끈을 조른 뒤 덮개로 덮고, 스트랩을 조여서 가방과 몸의 거리를 좁힌다. 미국식은 훨씬 간단했다. 정해진 곳에 물건을 넣고 지퍼로 잠그면 끝이었다. 이렇다 할 수고나 요령이 필요 없었다. 윈드브레이커도 유럽식은 입고 벗는 게 번거롭긴 해도 바람을 막기 위해 앞이 막힌 풀오버였다. 미국식은 풀오버를 포기하고 입고 벗기 편한 앞 열림 방식을 택했다. 여기에 지퍼와 똑딱단추, 양쪽으로 나눈 가슴 주머니와 머프 포켓, 등 쪽에 달린 보온용 주머니(종이 한 장만 넣어도 효과가 있다.)까지 더해서 마운틴 파카라는 스테디셀러를 만들어냈다. 유럽식과 비교하면 누구든 금방 쓸 수 있는 미국식 합리주의의 산물이었다. 재미나 깊이가 없다고 생각할 수도 있지만, 어쨌든 미국식은 신선함을 무기로 잠들어 있던 유럽식을 자극했다.

물론 미국에도 전통적인 아웃도어 아이템은 있었다. 미국인은 등산을 하지 않지만, 사냥과 낚시라는 유럽 이민자나 북미 원주민의 전통이 있고, 그를 위한 아이템이 있으며, 많지는 않지만 지금도 생산된다. 양산품에 기반을 둔 축융 가공[짜낸 천을 오그라뜨려 조직을 조밀하게 한 뒤 표면의 보풀을 서로 엉키게 해서 올이 보이지 않게 하는 마무리 가공] 모직 재킷이나 알파인 시프 털실 스웨터, 수렵용 부츠나 지게 같은 것 말이다.

— 어스 무브먼트

나는 옷이나 도구도 기능 그대로의 것을 좋아하고, 기능적인 물건은 반드시 형태도 아름답다는 격언을 믿는다. 그런 만큼 미국에서 각광받기 시작한 튼튼하고 기능적이면서 새로운 물건이 마음에 든 건 당연했다. 이런 물건을 즐겁게 사용하는 건 물론이고, 이런 물건이 부족한 일본에 두루 알리고 싶었다.

알리고 싶은 건 또 있었다. 미국에서는 자연식과 유기농 음식, 돔 하우스와 오두막, 폐기물 재활용이나 태양열 등을 강조했고, 이런 건 모두 '지구'로 수렴됐다.『마더 어스 뉴스』라는 잡지도 발간됐고, '마더 어스 제너럴 스토어'라는 통신판매업도 시작됐다. 「뉴스 프롬 마더 어스 뉴스」라는 라디오 방송까지 있었다. 여기서 떠올린 게 1969년에 처음 본『홀 어스 카탈로그』였다. 이런 건 그 책에 카탈로그 형태로 소개돼 있었다. 그렇게 밑에 깔린 복선을 알게 되면서 수수께끼가 풀렸다. 어쨌든 내 마음에 든 걸 미디어를 통해 알려야겠다고 생각해서 실행에 옮겼다.

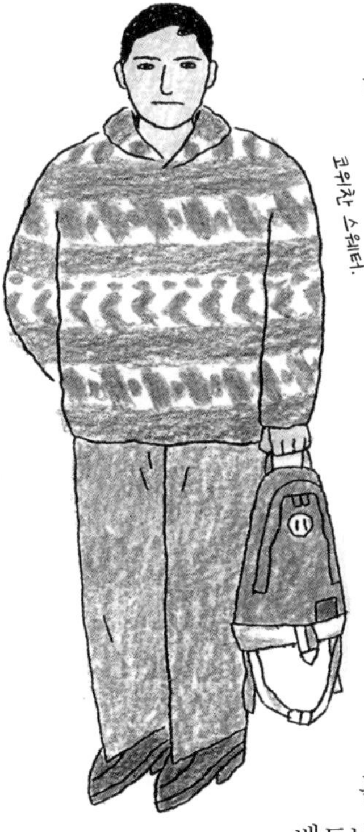

그런데 처음 내가 생각한 미디어에 『멘즈 클럽』은 없었다. 아이비의 든든한 지지를 받던 『멘즈 클럽』은 갑자기 나타난 미국의 아웃도어나 친환경 아이템은 거의 다루지 않았다. 단골 필자였던 내게도 그때는 의뢰가 거의 없었다. 그나마 다룬 게 데님을 포함한 카우보이 의류였다. 군용품도 마찬가지였다. 아무리 튼튼하고 기능적이어도 베트남에서 사람들이 죽어가는 마당에 군용품을 다룰 생각은 없었을 테니까. 『멘즈 클럽』에서 본격적으로 헤비듀티를 다룬 건 아웃도어 활동으로도 유명한 다트머스 대학교를 취재하면서부터였다.

그때 쓴 글이 「'진짜'를 찾아 떠나는 여행」이었다. 1975년부터 『멘즈 클럽』에 격월로 일러스트레이션과 함께 연재했다. 내 마음에 든 물건을 마음대로 '진짜'라고 소개했는데, 일본 전국은 물론이고 미국과 캐나다까지 가서 취재를 했다. 이때 '기능적이고 튼튼한 것이야말로 진짜'라는 마음을 밝히기 위해 '헤비듀티'라는 말을 처음 썼다. 그리고 언젠가부터 '기능적이고 튼튼한 것 = 진짜 = 헤비듀티'가 됐다.

— 헤비아이의 길

거듭 말하지만 헤비듀티는 내가 만든 말이 아니다. '튼튼한'이라는 뜻의 원래 있던 말이다. 미국에서 나온 카탈로그에서 자주 봤는데, 튼튼하고 기능적인 물건을 소개할 때마다 사용하면서 특별한 의미를 띠게 됐다. 「'진짜'를 찾아 떠나는 여행」의 부제가 '헤비듀티 서베이'여서 언젠가부터 일반적으로 인식됐다. 시간이 꽤 흐른 뒤 이 말이 『현대 용어 기초 지식』에 실렸다는 말을 들었다.

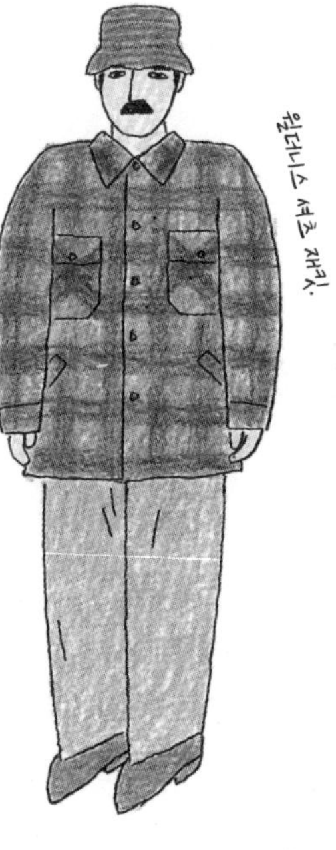

유쾌했지만 한편으로는 장난을 들킨 아이가 된 기분이 들었다. 헤비듀티라는 말이 미국에서도 통할까? 안 통하는 건 아니지만, 1970~80년대 일본에서와 같이는 통하지 않는다.

어쨌든 헤비듀티 아이템을 조합해보니 꽤 제대로 된 드레스 차트가 완성됐고, 그게 지금까지 『멘즈 클럽』에서 쌓아온 아이비 차트와 닮았다는 걸 깨달았다. 그래서 헤비듀티로 아이비를 패러디해보자는 생각에 농반진반으로 쓴 글이 『멘즈 클럽』 1974년 9월호에 실린 「헤비아이당 선언」이다. 헤비아이는 '헤비듀티 아이비'를 줄인 말이다. 이 말도 독자성을 갖출 정도로 일본 패션계에 자리를 잡았다. 예전에 랄프 로렌(Ralph Lauren)이 일본에 왔을 때 한 기자가 헤비듀티 아이비를 어떻게 생각하는지 물었다. 나는 당연히 그가 그 말을 모를 거라고 생각했다. 그런데 통역사가 '헤비듀티 아미(army)'라고 잘못 전하면서 그는 군용품에 대한 질문으로 알아듣고 "저도 그런 기능 중심 디자인에 영향을 많이 받았죠."라고 대답했다. 그 자리에 있던 『멘즈 클럽』 스태프에게 이 이야기를 듣고 웃은 적이 있다.

— 헤비듀티 시대

모든 게 「헤비아이당 선언」 때문은 아니겠지만, 그 전후로 일본 패션계와 일상에 작은 변화가 생겼다. 일본에서는 그 전까지만 해도 등산이나 하이킹을 할 때 말고는 륙색 같은 걸 메지 않았지만, 이때부터 젊은이들을 중심으로 데이 팩을 메는 유행이 생겼다. 운동화도 마찬가지다. 학교를 졸업하고 사회에 나가면 아무도 운동화를 신지 않았지만, 1970년대부터는 성인도 운동화를 신기 시작했다.

「'진짜'를 찾아 떠나는 여행」에서 미국의 새로운 운동화를 소개하면서 일본에 나이키를 처음 알리기도 했다. 「일본에서 만드는, 미국에서 가장 인기 있는 운동화」라는 기사였는데, 취재를 요청한 일본 회사에 세 번이나 거절당한 끝에 사명을 공개하지 않는다는 조건으로 이야기를 들을 수 있었다. (하지만 취재 허락을 받자마자 극진한 대우에 모형까지 만들어서 보여줬다. 이제야 밝히는

1975년 8월 25일, 미국 메인주 프리포트의 L.L. 빈 구사옥 앞에서. 처음 L.L. 빈을 방문했을 때의 기념사진.

그 회사는 '니혼 고무'다.) 잡지가 시중에 풀리자마자 '그 나이키라는 운동화는 왜 일본에서 살 수 없냐'는 문의가 잡지사 사무실에 쏟아졌다고 한다.

「헤비아이당 선언」을 쓴 이듬해인 1977년, 그동안 『멘즈 클럽』에 연재한 헤비듀티에 관한 글을 묶은 『헤비듀티의 책』이 나왔다. 나로서는 이 책으로 헤비듀티에 대해 일단락한 셈이다. 즉, 내게 헤비듀티의 시대는 1970년부터 1977년까지다.

1980년대에 들어서면서 『멘즈 클럽』의 헤비듀티는 끝났다. 하지만 그 사이에 헤비듀티는 기본이 됐다. 1984년 무렵에 등장한 여피는 L.L. 빈의 하버 색에 메인 헌팅 슈즈 차림으로 메디슨가를 거닐었고, 1987년 무렵에 등장한 시부카지는 헤비아이의 부활이라고 할 만했다. 요즘에도 사람들이 과거의 헤비아이 시대보다 더 헤비한 륙색에 하이킹 슈즈를 신고, 힙합 스타일에 워치 캡을 쓰고, 가방에 초크 포켓(chalk pocket, 원래 등산용이라는 걸 아는지 모르겠지만)을 매단 모습을 보면 헤비듀티는 여전한 듯하다. (『멘즈 클럽』 2004년 11월호에 실린 「원조 '아메카지' 회상록」을 고쳐 썼다.)

순환의 고리
박세진(패션 칼럼니스트)

— 미국에 기능 중심의 옷이 있었다

자신을 꾸미는 패션과 작업의 도구로서 옷, 이렇게 둘을 분리해서 생각하면, 이건 우선 옷에 관한 이야기다. 특히 미국은 각종 노동자를 위한 작업복이 발달한 나라다. 물론 다른 나라에도 전통적인 작업복이 있지만, 넓은 땅에 맨손으로 들어간 사람들이 초석이 된 나라에서 작업복은 좀 더 큰 의미를 가진다.

그곳의 옛날 옷에서 유의해서 볼 부분은 기능성이다. 지금은 비를 막으면서 땀은 빼고, 열기나 냉기를 막는 각종 기능성 섬유가 예전보다 훨씬 발달했지만, 100여 년 전에는 오랜 역사를 함께해온 섬유인 면, 울, 가죽 같은 게 손에 쥐어진 주된 소재였다. 그걸 가지고 여러 기능성 옷을 만들어냈다.

탄광 노동자를 위한 바지였던 리바이스의 청바지는 데님이라는 빳빳한 천을 '리벳(rivet)'이라는 금속으로 고정시켰다. 탄광 노동자나 농장의 일꾼을 위한 부츠를 만들던 레드 윙은 뭔가 떨어져 발가락이 다치는 문제를 해결하기 위해 앞 끝에 가죽을 두 겹으로 덧대서 다른 부츠에 비해 약간이라도

방어 능력을 높였다. 이건 '스틸 토(steel toe)'라는 이름으로 앞코에 아예 금속을 덧대는 쪽으로 발전했다. 겨울에 낚시를 하러 갔다가 얼어 죽을 뻔한 에디 바우어는 구스 다운을 층층으로 나눠 온몸을 덮을 수 있는 파카를 개발했다. 메인의 벌목꾼과 사냥꾼, 낚시꾼이 입을 옷과 장비를 고안한 L.L. 빈은 눈길에 미끄러지지 않고 방수까지 되는 덕 부츠를 개발했다. 칼하트는 작업자가 자꾸 무릎을 굽히느라 바지의 무릎 쪽만 먼저 닳아 못 쓰게 되니까 아예 그 부분에 천을 두 겹 대서 더블 니 팬츠를 개발했다. 그 밖에도 LC 킹의 포인터 브랜드, 골든 베어, 쇼트 뉴욕, 랭글러 등이 이런 식으로 조막만 하고 원시적인 기능을 극대화해서 각종 직업에 종사하는 이들을 위해 특화된 옷을 만들었다.

이건 모두 작업을 위한 도구다. 기능성은 물론 견고함도 중요하다. 하여간 잘 만들어야 한다. 옷이 멋지고 예쁘고, 그런 건 여기서 큰 문제가 되지 않는다. 엉덩이가 잘 닳는 작업이라면 엉덩이에 천을 더 대고, 무릎이 잘 닳는 작업이라면 무릎에 천을 더 댄다. 아주 간단하다. 부러진 의자를 못질해서 고치거나 지붕에서 물이 새는 자리에 나무를 덧대는 것같이 일이 진행된다.

— 그리고 1960년대 중반 미국에서 히피가 등장했다

그 출발에 대해서는 여러 설이 있지만, 아무튼 모두 전통이나 제도같이 기성의 가치관에 묶인 삶을 거부하고 자연, 사랑, 영혼의 해방을 이야기했다. 히피 문화는 여러 갈래로 나뉘었는데, 누구는 명상을 강조하기도 하고, 누구는 보헤미안이 되기도 하고, 누구는 유기농을 먹자고 하기도 했다. 그중 하나가 자연, 특히 산과 가까이하는 거였고, 특별한 일이 아닌 이상 여가 생활의 하나로 등산이라는 게 성립되지 않았던 나라에 마운틴 트래킹, 등반, 클라이밍 같은 걸 하는 사람들이 생겨났다. 신체를 단련하고, 자연스럽고 잘 만든 옷을 입는다. 처음에는 낡은 티셔츠에 청바지만으로도 충분했지만, 좋은 옷이란 언제나 필요한 법이다. 다만 '좋은' 게 뭔지가 조금씩 다르긴 하다.

— 이본 취나드라는 사람이 있었다

이본 취나드는 1938년생으로 미국 메인의 루이스톤이라는 곳에서 태어났다. 어렸을 때 캘리포니아 남부로 이사를 간 뒤 등산과 암벽등반을 시작했는데, 여기서 요세미티에 있는 '캠프 4' 아래에 모여서 먹고 살며 암벽등반을 탐구하던 집단과 만난다. 로열 로빈스(Royal Robbins)나 톰 프로스트(Tom Frost) 같은 사람들로 미국 암벽등반의 개척자들이고, 1960년대 중반에는 일종의 자연주의 히피로 분류되기 시작한다.

캠프 4는 밸리의 북쪽 사이드 요세미티 폭포 근처에 있는 캠핑장의 이름이다. 그리고 요세미티에는 엘 캐피탄(El Capitan)을 중심으로 거대한 암벽이 있다. 맥 컴퓨터를 사용한다면 기본 바탕 화면으로 볼 수 있는 바로 그 암벽이다.

취나드도 산을 타러 왔지만, 고물상에서 화덕과 집게, 망치 등을 구입해 대장장이 일까지 시작했다. 이 장비를 이용해서 처음 만든 게 피톤(piton)이었다. 피톤은 바위가 갈라진 틈에 박는 철로 된 쐐기다. 이걸 가지고 요세미티 센티넬 록 북벽을 오르면서 테스트를 했는데, 이 크로뮴 몰리브덴 철로 만든 피톤이 꽤 괜찮았는지 금방 소문이 퍼졌고, 사람들이 찾기 시작했다. 없으면 직접 만들어서 사용하는 셀프 에이드, DIY의 삶이다. 참고로 셀프 에이드는 self와 aid를 결합한 일본식 조어다.

이후 몇 년 동안 취나드의 생활을 보면, 4월에서 6월까지는 요세미티의 거벽 등반, 한여름이 오면 와이오밍(Wyoming)이나 캐나다 같은 곳에 있는 높은 산을 오르고, 가을에는 다시 요세미티로 돌아와

11월까지 등반을 했다. 그리고 겨울에는 피톤을 만들었다. 그가 사용하는 피톤 제작 장비들은 차에 넣을 수 있는 크기여서 서핑을 하면서도 짬짬이 만들 수 있었다고 한다.

그러던 와중에 베트남전쟁에 징집된 취나드는 주한 미군으로 한국에 오게 된다. 그게 1963년이다. 하지만 군대 문화는 영 맞지 않았고, 멋대로 돌아다니면서 반항을 하다가 결국 변압기 스위치를 조절만 하면 되는 한직을 맡게 됐다고 한다. 시간이 많아지니 다시 본격적으로 등산을 다니기 시작하는데, 엘 캐피탄에서 암벽을 타던 사람이었으니 역시 암벽인 인수봉이 눈에 띄었고, 미국에 연락해서 장비를 받는다. 더 필요한 장비는 쌍림동에 있는 대장간에서 직접 만들었다고 한다.

당시 인수봉은 일본인이 개척해놓은 기존 루트 몇 개를 국내 산악인들이 올라가는 식이었는데, 취나드는 여기에 몇 개의 루트를 더 개척한다. 1963년 9월 선우중옥, 이강오 등과 함께 개척한 두 개의 루트는 나중에 '취나드 A'와 '취나드 B'라는 이름이 붙는다.

잡지 『사람과 산』 2008년 5월호에서는 취나드 루트를 "특히 제4피치는 손발을 이용한 재밍과 스태밍 등 크랙 등반 기술이 총동원되고, 밸런스가 바탕이 되는 코스다. 그때로부터 반백 년 가까이 지났고, 장비도 눈부시게 발전했으나 지금도 난이도가 높은 상급자 루트임은 틀림없다."라고 평가한다.

취나드는 1964년에 제대해 미국으로 돌아가는데, 취나르 루트를 함께 개척한 이들 가운데 선우중옥은 1971년에 초청으로 미국에 가서 취나드의 사업을 돕고, 부인은 회사의 디자이너로 일하기도 했다. 장비를 구하기 어려웠던 1970년대 초, 한국 등산가들이 취나드 이큅먼트의 도구를 많이 사용할 수 있었던 건 이들 덕분에 제품이 한국에 들어왔기 때문이라고.

위에서 말했듯 등반 장비도 시간이 지나며 보다 자연 친화적으로 바뀐다. 바위에 구멍을 뚫어야 하던 피톤이나 하켄 중심의 취나드 이큅먼트의 장비도 1970년대 초반에 초크와 너트 중심으로 바뀌며 되도록 암벽을 파괴하지 않는 방식을 유도한다.

아무튼 1960년대 중반까지만 해도 등산이나 클라이밍을 할 때 입던 옷은 그냥 티셔츠에 면바지를 자른 거였고, 요즘처럼 컬러풀한 옷은 입지 않았다고 한다. 그런데 취나드가 1970년에 등산을 하러 스코틀랜드에 갔다가 럭비 셔츠를 가져온다. 럭비 셔츠는 럭비 선수들이 입는 유니폼으로 보통 면으로 만들고, 칼라가 달리고, 줄무늬가 많다(이건 필수는 아니다). 이 옷은 튼튼하고 컬러풀해서 암벽등반을 하기에 그냥 반팔 티셔츠보다 좋았다.

이후 럭비 셔츠를 비롯해 폴리우레탄 레인 커버, 울 장갑을 수입하고 손으로 짠 모자를 팔기 시작했고, 1973년 이 사업에 '파타고니아'라는 상표를 붙인다. 장비를 만들던 회사는 '블랙 다이아몬드'라는 회사가 됐는데, 1980년대 말 수익성 악화로 파산 신청을 하고, 이후 다른 회사가 사업체를 인수해 지금까지 운영하고 있다. 아무튼 파타고니아는 이후 여러 옷을 내놓는데, 특히 등산 의류 분야의 발전 방향에 몇 가지 영향을 미친다.

예전에는 산을 오르면서 추위를 막을 필요가 있을 때 보통 면, 울, 다운을 겹쳐 입었다. 하지만 면 종류를 베이스로 입으면 땀이 났을 때 옷이 젖었다가 얼어버릴 위험이 있다. 겨울철 옷으로 면이 위험할 수 있는 점인데, 청바지나 면바지를 입고 북한산이라도 올라가면 잠시 쉬는 동안 흘린 땀이 얼어버리는 경우가 흔하고, 이는 저체온증을 유발할 수 있다. 그래서 수분을 거의 흡수하지 않는 합성섬유인 폴리프로필렌으로 만든 보온 속옷을 처음으로 선보였다. 그때까지만 해도 폴리프로필렌은 항해용 로프나 일회용 종이

기저귀의 안감 같은 걸로 사용될 뿐이었다.

그러면서 레이어드 개념을 제시했다. 보통 '레이어 시스템'이라고 부르는데, 맨 안쪽에 땀을 처리하는 베이스 레이어, 중간에 보온을 담당하는 다운 재킷 등으로 이뤄진 미드 레이어, 그리고 가장 바깥에 방수, 방풍을 해주는 셸 레이어를 입는 식이다.

이건 등산복이든 뭐든 옷을 입을 때 자연스럽게 나오는 결론이기도 한데, 파타고니아를 통해 이런 레이어 시스템이 아웃도어 커뮤니티에 구체적으로 규정돼 소개되고, 그 기본으로 폴리프로필렌 이너 레이어가 등장했다. 요즘 등산복을 보면 하나의 옷도 립스톱 셸, 다운 보온재, 몸에 닿는 안쪽은 플리스나 나일론 안감같이 레이어 시스템으로 구성돼 있다.

합성섬유 내의 외에 또 하나의 기여는 신칠라(Synchilla)다. 지금은 플리스나 유니클로의 '후리스'라는 이름으로 더 잘 알려져 있는데, 스웨터를 대체할 합성섬유 원단을 만들기 위해 매사추세츠에 있는 몰덴 밀(Malden Mills)이라는 원단 공장과 함께 개발했다.

몰덴 밀의 아론 포이어스테인(Aaron Feuerstein)은 저렴하게 만들 수 있으면서 효과도 좋은 이 새로운 섬유가 널리 쓰이도록 일부러 상표로 등록하지 않았다. 물론 몰덴 밀은 회사 이름을 폴라텍으로 바꾸고 여전히 다양한 종류의 플리스를 내놓지만, 다른 곳에서도 같은 방식으로 만들 수 있어서 우리는 유니클로의 후리스도 저렴한 가격에 만날 수 있게 됐다.

그야말로 '히피 정신'이라 할 수 있을 것 같은 이야기지만, 몰덴 밀은 1995년에 공장 세 채가 불타 사라지는 큰 화재를 겪으면서 결국 2001년에 도산한다. 이후 주인이 몇 번 바뀌다가 2007년 폴라텍으로서 다양한 제품군을 개발했고, 미군을 포함한 많은 아웃도어 브랜드에 플리스와 네오 셸을 공급한다.

덧붙여 시간을 약간 앞으로 돌리면, 1968년 여름 쉬나드와 더글러스 톰킨스, 딕 도웍스, 크리스 존스, 이렇게 네 명이 캘리포니아에서 아르헨티나 남부까지 자동차로 여행을 떠나고 거기서 파타고니아의 피츠로이산(3,405미터)을 오른다. 파타고니아 로고에 있는 바로 그 산이다. 이 과정을 「마운틴 오브 스톰스(Mountain of Storms)」라는 다큐멘터리에 담기도 했다. 이 가운데 톰킨스는 등산 브랜드 노스페이스를 만든다. 참고로 노스페이스의 로고는 요세미티의 암벽인 하프 돔이다.

이외에도 요세미티 아래에 모여 있던 사람 가운데 많은 이가 아웃도어 브랜드, 등산

장비 브랜드, 캠핑 브랜드를 만들었다. 이렇게 등산복이라는 게 등장했고 이 아웃도어 의류들은 미국 특유의 잘 만들어지고, 듀러블(durable)하고, 헤비듀티한 옷으로 편입됐다.

— 등산복은 일본에 가서 패션이 된다
세계대전이 끝난 후 서양 의복이 일본에 본격적으로 들어갔는데, 특히 이시즈 겐스케(石津謙介)의 '반'이라는 브랜드는 미국 동부의 아이비리그에 다니는 학생들이 평소 입고 다니는 옷의 모습을 바탕으로 한 뉴잉글랜드풍 패션으로 인기를 끌었다. 남자들은 쓰리 버튼 재킷, 버튼 다운 셔츠, 치노 팬츠에 페니 로퍼, 여자들은 화이트 블라우스에 롱스커트, 플랫 슈즈에 리본 벨트 등 트래디셔널한 미국 동부 스타일이다.

이런 식으로 일본의 미국식 옷, 서구식 패셔너블함은 트래디셔널한 미국 동부 패션에 기반을 두고 시작했는데, 그러다가 1970년대 초반에 잡지 『멘즈 클럽』, 그리고 1976년 창간된 잡지 『뽀빠이(Popeye)』 등에서 미국의 서해안 스타일의 패션을 본격적으로 소개하기 시작했다.

당시 미국은 베트남전쟁이 끝난 뒤 미국으로 돌아온 젊은이들을 통해 자신과 인간에 관해 다시 생각해보며 건강을 생각하고 자연과 함께하는 아웃도어 활동이 널리 유행했다. 이런 게 히피 문화의 일부가 되어 쥐나드나 톰킨스 같은 사람들이 산을 타던 시절이었다.

특히 일본에서는 미국의 카탈로그식 통신판매용 잡지가 인기를 끌었는데, 당시 미국인들의 문화를 그대로 보여주기 때문이다. 이렇게 마운틴 파카나 다운 재킷, 워크 부츠나 백팩 등 패션과는 무관해 보이던 물건들이 '헤비듀티'라는 이름으로 패션화되기 시작한다.

이렇게 새로 들어온 헤비듀티도 아이비 패션 때와 마찬가지로 꾸미는 방식, 끈 길이, 바지 길이, 유명 브랜드 등이 매뉴얼화돼 소개된다. 1976년 즈음부터 미국의 아웃도어 제품들이 본격적으로 일본으로 들어오기 시작하는데, 당시 유행한 게 시에라 디자인의 마운틴 파카, L.L. 빈의 빈 부츠, 필슨의 크루저 재킷, 에디 바우어의 패딩이나 덕 캔버스로 만든 크로스 백, 아디다스의 컨트리 운동화 같은 제품이었다.

이 패션은 다운 베스트 위에 마운틴 파카를 입고, 여기에는 부시 팬츠에 워크 부츠를 신는 식이다. 조깅을 할 때는 로고가 새겨진 그레이 티셔츠에 짧은 스포츠 반바지, 코치 재킷, 신발은 나이키의 흰색 런닝화, 여기에는 역시 흰색 양말을 신어야 하는 식으로 매뉴얼을 준수한다.

어떤 나라의 삶을 기반으로 한 문화가 다른 문화에 들어왔을 때 처음에는 교조적 분위기가 나는 건 피하기 어렵다. 자생적으로 만든 게 아니라서 자세한 설명을 덧붙여야 하기 때문이다.

아이비 패션을 들고 온 이시즈 겐스케나 헤비듀티를 들고 온 고바야시 야스히코 같은 사람들은 미국의 실용적이고 합리적인 옷과 삶의 방식이 일본에 뿌리내리길 기대했겠지만, 일은 그렇게 쉽고 빠르게 돌아가진 않는다. 우선 매뉴얼을 따라 입고, 그러다가 자기네 나라에 맞게 조절이 되고, 그걸 좋아하는 사람들이 제조업에 뛰어들고, 그렇게 오리지널 제품이 나와야 하는 긴 사이클을 거쳐야 한다. 물론 이것도 인기가 내내 유지돼야 가능하다.

위에서 말한 제품들 가운데 마운틴 파카라는 옷에 잠깐 주목할 필요가 있다. 시에라 디자인은 1965년 조지 막스(George Marks)와 밥 스완슨(Bob Swanson)이 시작한 아웃도어 브랜드다. 이들 또한 아웃도어 활동을 즐기던 사람들이었고, 가방과 텐트 같은 걸 만들어서 판매했다.

보통 방한용 아우터로 사용하는 군용 점퍼나 가죽 재킷 등에 불만이 많았던 이들은 1968년 연구

끝에 가로 실에 면 58퍼센트, 세로 실에 나일론 42퍼센트 정도를 혼합해 만든 '60/40' 또는 '60/40 클로스'라고 부르는 원단을 만들어 마운틴 파카를 출시했다.

지금이야 더 좋은 기능성 소재가 많아졌지만, 당시로서는 마찰에 강하고 통기성과 함께 방풍, 방수 기능을 확보한 새로운 소재였다. 물에 젖으면 면 부분이 팽창해 안으로 물이 들어오는 걸 막는다. 그리고 총장이 긴 편이고 커다란 주머니가 달려서 여러 용도로 활용할 수 있다.

등에도 '맵 포켓'이라고 부르는 주머니가 달렸는데, 이름처럼 지도를 넣거나 날씨가 추우면 신문지 같은 걸 넣어 방한 기능을 강화할 수 있다. 등에 주머니를 달아놓은 옷은 예로부터 헌팅 재킷 등에서 많이 볼 수 있다. 필슨의 매키노 크루저처럼 도끼질을 할 때 방해되지 않도록 등 쪽에 커다란 주머니를 붙여놓은 경우도 있다. 겉모습을 보면 M-51이나 M-65 같은 군복의 영향도 느낄 수 있다. 이런 식으로 옛날 옷의 실용적인 부분을 계승해서 발전시키는 거다.

마운틴 파카는 셸 형식 아우터의 기본형이고, 이후 나온 거의 모든 아웃도어용 기능성 아우터가 여기에서 응용됐다고 해도 과언이 아니다. 특히 오리지널식 60/40은 지금도 나오고, 역시 유니클로 같은 브랜드에서도 60/40 원단에 원형 특유의 자연스러운 컬러를 살린 마운틴 파카를 내놓고 있다.

고어텍스처럼 완전 방수가 되는 옷이 나오고, 게다가 그런 옷보다 무거운데 여전히 인기가 있는 건 일단 요즘의 기능성 옷에서는 잘 볼 수 없는 옛날 섬유 분위기의 촉감이 있기 때문이다. 면도 아니고 나일론도 아니면서 양쪽 특성이 모두 드러난다.

게다가 미국 옷 특유의 부실함(튼튼한데 부실하다. 미국 옷에서는 이건 모순되는 이야기가 아니다.)이 있어서 이음새 등을 보면 얼룩덜룩한 부분이 있고, 면 염색이어서 탈색이 진행되는데, 그것도 역시 불규칙적이다. 이런 부분은 오래 입어야 제대로 나타난다.

이런 식으로 실용적인 목적을 위해 만들어서 사용한 옷은 일본으로 건너가 그들에게 없던 새로운 멋을 드러내는 패션이 된다. 또한 멋지게 보인다, 또는 볼품없어 보인다는 인식을 뛰어넘어 '잘 만든'이라는 말에도 다른 의미가 포함된다. 즉, 잘 만든 옷은 멋지게 보이기도 한다. 코듀라(Codura)로 만든 크로스 백을 메고 로드 바이크를 타고, 틈이 날 때 훌쩍 백패킹을 떠나 셀프 에이드를 실현하는 삶도 멋지다. 이 모든 게 패션이 된다.

— 패셔너블함이 무엇인지에 대한 생각이 바뀐다
1970년대에 나온 말이지만, 지금도 헤비듀티는 의미가 있다. 우선 레플리카(replica)의 탄생이다. 1990년대에 들어서 청바지를 복각하는 패션이 유행한다. 역시 생긴 모습보다 만듦새, 제작 방식을 탐구하는 영역이다. 여기서 염두에 둬야 할 게 청바지를 복각하겠다고 나선 이들이 헤비듀티의 시대를 거친 사람들이라는 점이다. 전 세대가 하이패션이 아닌 실용적인 미국 옷을 가져와 그걸 멋지다고 여기는 걸 봤고, 거기서 한 번 더 나아가 그저 가져오는 게 아니라 똑같은 걸 만들려고 했다. 복각은 결국 제조 공정의 복원으로, 그 시대의 기계를 사용하고 그걸 만든 사람들의 생각을 좇아야 한다.

그리고 좀 더 크게 볼 수도 있다. 예컨대 20세기에 들어서도 하이패션은 오랜 기간 종사한 숙련공이 한 땀 한 땀 정성 들여 만드는 옷이었고, 그에 비해 작업복은 공장에서 대량생산으로 뽑아낸 옷이었다. 하지만 공장에서 대량생산된 옷에 웰 크래프트(well craft)가 들어가버렸다. 공장의 기계를 가동하고 재봉틀을 돌리는 것도 숙련공이 필요한 일이고, 분명 누가 어디서 만들었는지에 따라 그 결과물이 다르게 나온다.

이렇게 해서 '잘 만든' 청바지, 티셔츠, 후드 같은

'공산품'이라는, 모순돼 보이지만 분명 존재하는 영역이 등장한다. 발렌시아가에서 대량생산된 티셔츠를 내놓고, 웨어하우스 같은 레플리카 브랜드가 히말라얀의 파카를 복각하고, 구찌에서 일본산 셀비지 데님을 가져다 청바지를 만들게 됐다.

— 이 모든 것들이 최신 트렌드를 구성한다

최신 패션 사진을 보면 유독 눈에 띄는 게 있는데, 예컨대 낡아 빠진 아웃도어용 플리스에 1980년대 콘서트 티셔츠, 샌들에 양말, 아니면 커다랗고 못생긴 운동화를 신은 모습이다. 여기에 단색 컬러의 커다란 패딩에 등산용 백팩이나 웨이스트 백 같은 걸 두른다.

이런 건 간단히 '못생긴'으로 묶을 수 있는데, '어글리 프리티(Ugly Pretty)'나 '고프코어(Gorpcore)'라고 한다. 둘은 맥락이 약간 다른데, 어글리 프리티는 못생긴 게 패셔너블해지고 있다는 거고, 고프코어는 캠핑과 아웃도어에 관련된 못생긴 제품들을 말한다.

고프코어에서 '고프'는 그래놀라(granola), 오트(oats), 건포도(raisins), 피넛(peanuts)의 약자인데, 혹자는 Good Old Raisins and Peanuts의 약자라고도 한다. 어쨌든 양쪽 다 트레킹이나 캠핑을 할 때 들고 가는 견과류 믹스라는 뜻이다.

아웃도어 의류를 심플하고 깔끔하게 도시의 삶에 적용한 놈코어 트렌드의 발전형이지만 고프코어는 더 못생긴 쪽이다. 그렇게 파타고니아의 신칠라 풀오버나 레트로 X 재킷, 유니클로의 후리스나 히트텍, 리바이스의 청바지, 노스페이스의 윈드브레이커, 스톤 아일랜드의 재킷, 등산용 서모 바지, 웨이스트 백, 단색 컬러의 빈티지 패딩, 테바의 샌들 같은 헤비듀티의 제품들과 그 후손들이 다시 활용되기 시작했다.

태도의 측면에서도 마찬가지다. 이런 옷들은 한국은 물론이고 외국에서도 결코 패셔너블하게 받아들여진 아이템들은 아니다. 예컨대 북한산 가는 길에 잔뜩 줄지은 형형색색의 마운틴 파카를 보면서 '아저씨 패션'이나 '중장년 패션'이라고 빈정거린 것처럼 외국에서는 흰 양말에 스포츠 샌들을 신은 모습을 '관광객 패션'이라고 놀렸다.

제대로 된 옷을 잘 입는다는 건 고급 패션의 오랜 기준이지만, 지금의 트렌드 측면에서 보자면 그것들은 점차 촌티 나는 이미지가 되고 있다. 남에게 잘 보이기 위해 잘 차려입은 옷, 하지만 자기에게 불편한 옷은 패셔너블하기보다는 세상의 질서에 순응하며 거기에 뒤처지지 않도록 열심히 쫓아간다는 인상을 준다. 물론 적절한 복장은 필요할 때가 있지만, 그렇지 않은 순간까지 지배받을 필요는 없다.

발렌시아가의 2018년 봄여름 남성복 패션쇼는 회사의 중역 정도로 근무하다가 일을 마치고 집에 가서 육아를 하는 모습을 표현했다. 등장하는 남성들은 회사에서 정확한 슈트에 잘 세탁된 셔츠 등을 잘 갖춰 입겠지만, 아이랑 산책을 할 땐 그럴 필요가 전혀 없다. 그래서 무심하게 사이즈도 잘 안 맞고, 촌티도 나고, 컬러도 이상하지만, 비가 오면 입던 거 위에 비닐 옷을 걸치고, 추우면 패딩을 입고, 더우면 티셔츠만 입는 등 자연스럽고 본능적인 의상 선택의 결과를 보여준다.

그리고 셀프 케어(self care) 트렌드가 있다. 이는 다양성 중시와 큰 관련이 있다. 기존에 패션에서 보여준 패셔너블함이란 사실 패션 브랜드들이 미디어를 통해 만들어낸 것들이다. 근육질 남성이 더 멋지다, 또는 마른 여성이 더 멋지다 등은 그런 식으로 많은 이들의 눈에 익숙한 표준이 됐다. 그러다 보니 나도 저래야 된다고 생각하고, 그렇지 않은 사람들을 보며 자기 관리가 부족하다고 비난하는 지경에 이르렀다. 미디어가 덮어씌운 기준이 자기 검열과 제어의 도구가 되어 기존의 권력 관계를 스스로 강화하는 것이다.

이런 기존의 문화에 반발해 세상의 흐름에

따라 인종과 젠더 등 이슈에서 다양성이 포섭하는 범위가 넓어지고 관련 규제도 정착된다면, 사람들의 생각과 시선은 바뀔 테고, 무엇이 멋진 모습인지에 대한 감각도 달라지게 된다. 최종적으로는 각자 자신의 모습에 자신감을 가지고 그것에 긍정하자는 방향으로 향한다. 즉, 마르든 뚱뚱하든 몸의 생김새보다는 건강하게 유지되는 몸이 더 낫고 그건 각자 다른 모습이다. 그 건강함이 어떤 모습인지 남의 사정을 일일이 따라다니며 알 수는 없는 법이다. 그러므로 그런 건 상관 말고 남의 몸을 가지고 이래라저래라할 시간에 각자의 생활에 충실한 게 더 중요하다.

한국의 아저씨 패션이나 중장년 패션, 그리고 고등학생들의 노스페이스 눕시 파카 또한 외국의 관광객 패션과 공통점이 있다. 지극히 자기 중심적이고 편리하고 실용적이라는 거다. 양말에 스포츠 샌들을 신은 모습을 보고 킥킥거리는 사람이 있을진 몰라도, 그 사람이 체스터 코트에 벨루가 구두를 신고 여행을 할 때 생기는 불편함과 피곤함을 대신해줄 것도 아니다.

이런 식으로 튼튼하고 실용적인 걸 입고, 그런 삶을 일구는 헤비듀티의 정신은 여전히 살아남았다. 결국 패션에서는 히피가 승리하고 있다는 이야기다.

찾아보기

고바야시 야스히코(小林泰彦)
화가 겸 일러스트레이터. 1935년 도쿄 출생. 사회문화, 여행, 등산, 하이킹 등을 그림으로 옮기며 이따금 기행문도 쓴다. 일본 패션계에 '헤비듀티'라는 말을 정착시켰다. 지은 책으로 이 책을 포함해 『세계의 마을』(1970), 『그림책 작은 교토 여행』(1977), 『진짜를 찾아 떠나는 여행』(1983), 『낮은 산 배회』(1984), 『마을 산책 조사단 해외편』(1993), 『옛 도구의 고현학』(1996), 『일본의 낮은 산 100곳』(2001), 『고바야시 야스히코의 수수께끼 비밀 도쿄 산책』(2013) 등이 있다.

옮긴이. 황라연
도쿄 거주 외국인 노동자. 1986년 서울 출생. 1999년 부모님의 파견 근무로 일본 땅을 밟는다. 현지 학교 입학 후 빠르게 일본 생활에 적응, 패션에 눈뜬다. 고등학교 때부터 아르바이트로 한정템을 사기 시작한다. 2004년 귀국 후 중앙대학교 일어일문학과에 입학, 방송 및 통역 일을 하며 학업보다 패션에 열중해 한정판 컬래버 희귀템에 집착하는 시간을 보낸다. 2017년부터 도쿄에 산다.